steron
Digne
EONE
Lac de
Castillon
VERDON
Annot
Entrevaux
SSE
Castellane
le Moustiers
iez
Grand Canyon
de Verdon
Lac de
Ste. Croix
Aups
eyan
OVENCE

# Mein kulinarisches Tagebuch aus der Haute Provence

# Mein kulinarisches Tagebuch aus der Haute Provence

Mit 125 Rezepten

GEORGEANNE BRENNAN

VORWORT VON PATRICIA WELLS

*Illustrationen von Jeffrey Fisher*

CHRISTIAN VERLAG

Aus dem Englischen übersetzt von Susanne F. Kammerer
Redaktion: Gertraud Bellon
Korrektur: Dr. Anita Meschendörfer
Umschlaggestaltung: Caroline Georgiadis
Herstellung: Dieter Lidl
Satz: DTP Josef Fink, Gräfelfing



Die Originalausgabe mit dem Titel *The Food and Flavors of Haute Provence* wurde erstmals 1997 im Verlag Chronicle Books, San Francisco, veröffentlicht.


Buch- und Umschlagdesign: Gretchen Scoble

Druck und Bindung: Mladinska Knjiga, Ljubljana
Printed in Slovenia



ISBN 3-88472-370-7

HINWEIS

Alle Informationen und Hinweise, die in diesem Buch enthalten sind, wurden vom Autor nach bestem Wissen erarbeitet und von ihm und dem Verlag mit größtmöglicher Sorgfalt überprüft. Unter Berücksichtigung des Produkthaftungsrechts müssen wir allerdings darauf hinweisen, dass inhaltliche Fehler oder Auslassungen nicht völlig auszuschließen sind. Für etwaige fehlerhafte Angaben können Autor, Verlag und Verlagsmitarbeiter keinerlei Verpflichtung und Haftung übernehmen.

Korrekturhinweise sind jederzeit willkommen und werden gerne berücksichtigt.

*Für Ethel und Oliver, in Liebe*

## DANKSAGUNG

*Zuerst möchte ich Donald Brennan danken, mit dem ich diese Odyssee begonnen habe und der ein so wichtiger Teil davon ist. Dann danke ich all meinen Freunden, den alten wie den neuen, überall in der Haute Provence, von denen ich soviel gelernt habe, die mit mir vieles geteilt und die mein Leben und das meiner Familie auf unschätzbare Weise bereichert haben: Georgina und Denys Fine, Marie und Marcel Palazoli, Adèle und Pascal Degremont, Joanne Kaufman, M. und Mme. Lamy, Mlle. Lamy, M. Ricci, M. und Mme. Caplan, Anne und Jacques Deregnaucourt, M. Blanc, M. de Geeter, Mark und Nina Haag, M. und Mme. Cruvelier, M. und Mme. Chabot, M. Richi sowie Luc und Nelly Chaffard. Ich möchte auch all den Menschen in den Dörfern danken, die sich Zeit genommen haben, meine Fragen zu beantworten und mir Geschichten vom Leben in der Haute Provence zu erzählen.*

*Besonderer Dank gilt Sharon Silva für ihr sorgfältiges und einfühlsames Lektorat, Gretchen Scoble für die Gestaltung und Jeffrey Fisher für seine bezaubernden Illustrationen.*

*Ebenso danke ich Charlotte Kimball, Kalifornien, für ihre begeisterte Mithilfe beim Recherchieren und Rezeptetesten und für ihre Unterstützung bei diesem Projekt, wie auch Tom Olson und seiner Familie. Ein Dankeschön auch an meine Agentin Susan Lesher und die Lektoren Bill LeBlond und Leslie Jonath, die von Anfang an von diesem Buch überzeugt waren, und an ihre wunderbare Assistentin Sarah Putman. Herzlichen Dank auch meinen Kindern Ethel, Oliver, Tom und Dan und meinem lieben Mann, der als erster meine Geschichten über das Essen, die Menschen und das Leben in der Haute Provence erzählt bekam und der anschließend das gesamte Buch wieder und wieder durchlas.*

# Inhalt

VORWORT 13

EINFÜHRUNG 17

WILDKRÄUTER & LAVENDEL 27
*Kräuter trocknen* 35
*Herbes de Provence herstellen* 35
*Kochen mit Kräutern* 35
*Rezepte* 37

OLIVEN & OLIVENÖL 55
*Olivenöl und seine Güteklassen* 64
*Aromatisierte Olivenöle herstellen* 64
*Oliven entbittern, einsalzen und einlegen* 65
*Rezepte* 69

WILDPILZE & TRÜFFELN 87
*Trüffeln putzen* 97
*Trüffeln hobeln* 98
*Pilze putzen* 98
*Wildpilze sammeln* 98
*Pilze trocknen* 98
*Pilze einlegen* 99
*Pilzfond* 100
*Rezepte* 101

KÄSE 119
*Aromatisierte Käsecremes zubereiten* 128
*Rezepte* 129

GEMÜSE 143
*Paprika rösten* 150
*Knoblauch rösten* 150
*Tomaten-Coulis* 151
*Rezepte* 152

SCHAF, ZIEGE & SCHWEIN 185
*Rezepte* 196

WILD & FISCH 213
*Stockfisch entsalzen* 224
*Stockfisch pochieren* 225
*Schnecken züchten und vorbereiten* 225
*Rezepte* 226

MANDELN, NÜSSE & MARONEN 249
*Maronen rösten* 254
*Maronen kochen* 255
*Rezepte* 256

HONIG & FRÜCHTE 273
*Früchte in der Sonne trocknen* 282
*Früchte in Alkohol einlegen* 283
*Kristallisierten Honig flüssig machen* 283
*Rezepte* 284

BIBLIOGRAPHIE 308

REGISTER 309

# Frühling

## MENÜ 1

*Salat von wildem Spargel*

*Mit Tapenade gefüllte Hähnchenbrust*

*Fricot von Dicken Bohnen*

*Gestürzte Vanillecreme mit Himbeeren und Erdbeeren*

## MENÜ 2

*Grüner Salat mit Ziegenkäse und gerösteten Mandeln*

*Lammkeule mit einer Kruste aus Kräutern der Provence*

*Gedünstetes Blattgemüse mit schwarzen Oliven*

*Wildkräutersalat*

*Blätterteig-Tarte mit Kirschen*

## MENÜ 3

*Löwenzahnsalat mit Speckstreifen und hart gekochten Eiern*

*Fettuccine mit Erbsen und rohem Schinken*

*Brotpudding mit kandierten Walnüssen*

## MENÜ 4

*Barigoule von Artischocken und Dicken Bohnen*

*Gegrillte Schweinekoteletts mit Salbei*

*Wildkräuter-Galettes*

*Eiscreme mit grünen Mandeln und Mandelbaisers*

# Sommer

## MENÜ 1

*Lauchtarte mit getrockneten Morcheln*

*Brathuhn mit Thymianfüllung*

*Frischer Tomatenteller*

*Ragout von grünen Bohnen und Kartoffeln*

*Kantalupmelonenhälften mit Vin de noix*

## MENÜ 2

*Kürbiscremesuppe mit Fenchelaroma*

*Pasta mit Kirschtomaten und Ziegenfrischkäse*

*Blattsalat mit Vinaigrette*

*Pfirsich-Nektarinen-Gratin*

## MENÜ 3

*Sandwiches mit Tapenade, gerösteter roter Paprika und Ziegenfrischkäse*

*Schweinemedaillons mit grünen Oliven*

*Kürbisblütenreis*

*Tomaten auf provenzalische Art*

*Melonensorbet*

## MENÜ 4

*Melone mit luftgetrocknetem Schinken*

*Polenta-Terrine mit geröstetem Knoblauch und schwarzen Oliven*

*Grüne Bohnen mit Vinaigrette*

*Pfirsich-Beignets*

# Herbst

## MENÜ 1

*Tapenade von grünen Oliven und Mandeln*

*Endivien-Maronen-Salat mit Speckstreifen*

*Ravioli mit Kürbisfüllung und Walnusssauce*

*Tarte Tatin mit marinierten Birnen*

## MENÜ 2

*Häppchen mit pikanter Leberpastete*

*Pfifferling-Pasta-Auflauf*

*Gedünstetes Blattgemüse mit schwarzen Oliven*

*Warmes Feigendessert mit Ziegenfrischkäse*

## MENÜ 3

*Gegrillte Echte Reizker mit Knoblauch und Petersilie*

*Hähnchenbrust mit Honig-Lavendel-Glasur*

*Gebackene neue Kartoffeln mit Rosmarin und Salbei*

*Crêpe-Päckchen mit getrockneten Früchten, Nüssen und Rum*

## MENÜ 4

*Birnen-Trauben-Salat mit Ziegenhartkäse*

*Forelle mit gerösteten Mandeln*

*Waldpilzgratin*

*Honig-Quitten-Eiscreme*

# Winter

## MENÜ 1

*Warmer Kartoffel-Trüffel-Salat*

*Daube vom Rind mit getrockneten Steinpilzen*

*Pellkartoffeln mit Petersilienbutter*

*Blattsalat mit Vinaigrette*

*Rosmarin-Orangen-Sorbet*

## MENÜ 2

*Fenchelsalat mit Zitronenvinaigrette, schwarzem Pfeffer und Ziegenhartkäse*

*Hühnerragout mit schwarzen Oliven*

*Kürbisgratin*

*Dessertkuchen mit Äpfeln und getrockneten Aprikosen*

## Menü 3

*Chicorée und Feldsalat*

*Schnecken auf provenzalische Art*

*Schweinebraten mit Rotweinglasur*

*Apfel-Quitten-Puffer*

*Frisches Apfelkompott*

## Menü 4

*Krautsalat mit rohem Schinken*

*Stockfisch-Kartoffel-Terrine*

*Blattsalat mit Trüffelöldressing*

*Pain perdu mit Honigkruste*

# Vorwort

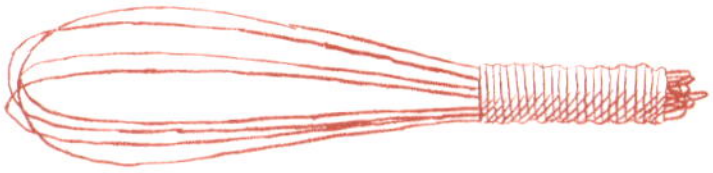

Reich an Erfahrung und Kenntnissen führt uns Georgeanne Brennan durch ihre provenzalische Wahlheimat, eine eigene Welt, die gleichzeitig romantisch, ländlich und erdverbunden ist, und – wie die Franzosen zu sagen pflegen – *sans façon,* ganz schlicht, daherkommt.

Ihre Provence ist nicht die Provence der heißen Sandstrände oder der an Berghänge geschmiegten »In«-Dörfchen, sondern ein vom Aussterben bedrohter kleiner Kosmos von lebenserfahrenen französischen Landwirten, Kleinbauern, Hirten, Imkern, Wilderern, Käsern, Jägern, Hausfrauen und Rentnern, die ihr Leben im Einklang mit dem Kreislauf der Natur leben, so wie es ihre Vorfahren schon seit Jahrhunderten getan haben.

Ich spreche von der trockenen, bergigen Provence, die nicht ans Mittelmeer grenzt, von dem wunderbaren Land mit seinem würzigen Lavendelduft und den violetten Hügeln, von einer Welt der knorrigen Olivenbäume, der weiten Flächen aromatischen Feldthymians und der stämmigen Eichen und Pinien. Diese größtenteils landwirtschaftlich genutzte Region, manchmal auch »verlorene« oder »verborgene« Provence genannt, ist in ihrer Abgeschiedenheit noch immer unberührt von der Glitzerwelt der benachbarten Städte Cannes und Nizza.

Hier haben sogar die Namen der Ortschaften einen beschwingten, fröhlichen und Vertrauen erweckenden Klang – Manosque, Sisteron, Sault, Moustiers, Digne und Forcalquier. Manche Dörfchen erwecken den Eindruck, als seien sie geradewegs den Seiten eines Märchenbuchs entsprungen: Sanft geschwungene schmiedeeiserne Balkone, Geschäfte mit himmelblauen Fensterläden, Springbrunnen und Kirchtürme mit reich dekorierten Glockentürmen bestimmen die Szene. Winzige Märkte drängen sich auf Dorfplätzen, auf denen Bauersfrauen im Schatten alter Kastanienbäume alabasterfarbene Torten von cremigem Ziegenkäse, garniert mit frischer *sarriette* – Bohnenkraut –, anbieten.

An Straßenständen wird alles verkauft, was mit Lavendel zu tun hat, vom Lavendelduftkissen bis zum aromatischen Honig, der aus den violetten Blüten gewonnenen wird. Bäckereien locken mit *fougasse*, einem flachen, geschlungenen Hefebrot, das einem Spinnennetz ähnelt und nach knuspriger Baguette schmeckt. Andernorts in der Region wird die *fougasse* als eine Art löchrige Pizza mit Kapern und Anchovis belegt oder – gefüllt mit Mandeln und Fenchelsamen und mit Orangenblütenwasser aromatisiert – als Dessert serviert. In der Tat könnte man die Märkte an der Zahl ihrer fahrbaren Pizza-Imbissbuden messen, die unter den ausladenden, Schatten spendenden Platanen geparkt sind. Einmal habe ich auf der Place du Bourguet in Forcalquier tatsächlich sechs solcher Imbisswagen in einer Reihe, Stoßstange an Stoßstange, stehen sehen.

Zu allen Jahreszeiten gleicht die Haute Provence einem bunten Kaleidoskop von Farben und Düften, beginnend mit den Wildblumen im erwachenden Frühjahr und den lilafarbenen Blüten der Iris im Mai. Nach Honig duftender, goldener Besenginster taucht im Juni die Hänge in ein lebhaftes helles Ocker, und wenn der Juli naht, ist die Zeit des alles beherrschenden, intensiv blauen Lavendels gekommen, der Besitz von allen Sinnen ergreift. Im späten Oktober, nach der Weinlese, zeigen sich die Weinberge in warmen Orange- und Goldtönen, und die knorrigen schwarzen Reben verlieren allmählich ihre Blätter.

In der Haute Provence lernt man den *vin de pays*, den regionalen Wein, kennen und schätzen (die angenehm säurereichen Weißweine und die leichten, fruchtigen Rotweine), und man erfährt Interessantes über die Gegend (beispielsweise, dass in den Wintermonaten nicht weniger als 1037 Stunden lang die Sonne am strahlend blauen Himmel der Haute Provence steht, während Paris mit nur 539 Sonnenstunden auskommen muss).

Am bemerkenswertesten ist jedoch, wie die Menschen im Einklang mit ihrem Alltag leben, wie sie fähig sind, sich auch über kleine Dinge zu freuen. Eines Morgens beobachtete ich eine junge Frau, wie sie auf dem Markt von Forcalquier eine Melone auswählte. In aller Ruhe nahm sie eine Melone nach der anderen in die Hand, hob sie in die Höhe, um ihren Duft in sich aufnehmen zu können, und konzentrierte sich ganz darauf, die süßeste und reifste – eben die perfekte – Frucht auszusuchen. Zeit war dabei nicht der maßgebliche Faktor, sondern hervorragende Qualität. Noch bevor die Melone den Weg vom Markt in die Küche zurücklegte, gereichte sie, eine einfache frische Frucht, ihrer Käuferin bereits zur Freude.

Wie Georgeanne Brennan betont, wird in diesem trockenen, mystischen Land nicht das Geringste verschwendet: Das zart pfeffrige, leicht knackige Gewürzkraut, das überall wild wächst – wir nennen es Portulak, in Frankreich heißt es *pourpier* –, eröffnet einem einfachen gemischten Salat eine ganz neue Dimension. Und Zucchiniblüten, die anderswo unbeachtet am Strauch verwelken, bekommen hier die höheren Weihen verliehen, indem sie gefüllt und frittiert, gratiniert oder als Chiffonade unter einen Salat gemischt werden.

*Mein kulinarisches Tagebuch aus der Haute Provence* bietet eine große Auswahl authentischer Rezepte, doch mehr noch, Georgeanne nimmt uns auch mit zum Pilzesammeln in die Wälder, sie zeigt uns die wogenden Lavendelfelder, von denen die Bienen ihren Honig gewinnen, und führt uns zu den Straßenrändern, an denen sie Schnecken aufliest. Wir dürfen teilhaben an Georgeannes Familienleben und an der vergnüglichen Vorstellung, dass ihre in den Vereinigten Staaten geborenen Kinder ihre eigenen Körbchen zum Schneckensammeln basteln und sich über eine geschenkte Angelrute freuen.

Fast wie eine Art Archäologin zeitgenössischer Lebensverhältnisse beschreibt sie eine Lebensweise, die langsam von der modernen Welt aufgesogen wird. Ihr Bild vom heutigen Leben in der Haute Provence ist umfassend und ungefiltert und kommt ohne Schönfärberei aus. Als langjährige Bewohnerin dieser ländlichen Region nördlich von Nizza führt Georgeanne ein Leben, von dem viele Menschen nur träumen: Ziegen züchten, eigenhändig Frischkäse aus Ziegenmilch herstellen und mit der Sau Lucretia ein tierisches Mitglied in der Familie willkommen heißen. Wir erleben mit, wie Georgeanne zaghaft ihre erste Blutwurst brät (und zwar von einer eben geschlachteten Ziege), oder wie sie (erfolglos) versucht, eine gut verborgene schwarze Trüffel aufzuspüren, die man dort finden kann, wo – angelockt durch den intensiven Duft des Pilzes – Schwärme winziger Fliegen über dem Boden schwirren. Alles, was am ländlichen Leben interessant und wissenswert ist, ob es sich auf den Feldern, in Bauernhäusern oder in privaten Küchen abspielt, erfahren und erleben wir aus erster Hand.

Und natürlich kommt die Autorin des inzwischen zu einem modernen Klassiker gewordenen *Potager* stets auf ihre große Liebe, den Gemüsegarten, zurück. Sie führt uns durch die Jahreszeiten und lässt sich über die Schulter schauen, wenn sie eine *barigoule* von Artischocken und nussigen Dicken Bohnen, besprenkelt mit Thymian, kreiert, wenn sie frische Ravioli mit Knoblauch und Spinat füllt und ihre kulinarische Kreativität in Gratins mit Sommerkürbis, neuen Kartoffeln und süßlich milden Paprikaschoten einbringt.

Hier kann sowohl der Anfänger als auch der erfahrene Koch noch etwas dazulernen: Ob Sie nun jemals selbst grüne Oliven entbittern, eigenhändig Schnecken einlegen, selbst Blutwurst herstellen, auf die Wildschweinjagd gehen, eine schwarze Trüffel ausgraben, wilden Portulak in Ihrem eigenen Garten ernten, den Wald auf der Suche nach Wildpilzen durchstreifen, in der eigenen Küche über offenem Feuer winterliche *daubes* köcheln lassen oder grüne Mandeln unter selbst gemachte Eiscreme ziehen werden – hier können Sie jedenfalls mit Georgeanne Brennan all das erleben und sich von ihrer Lebensfreude anstecken lassen.

Realistisch und pragmatisch wie Georgeanne ist, hat sie Küchenschätze ausgewählt, deren Zutaten im üblichen Sortiment eines Supermarkts zu finden sind: Brathuhn mit Thymianfüllung, gegrillte Schweinekoteletts mit Salbei, ein einfacher Petersiliensalat mit Zitronenvinaigrette oder ein erfrischendes Rosmarin-Orangen-Sorbet. Sie macht ihre eigene Welt zu der unseren, weckt in uns die Lust, selbst auf Freiluftmärkten – wo diese auch immer zu finden sein mögen – bummeln zu gehen und Neues zu entdecken, sie ermutigt uns, unser Repertoire zu erweitern und unsere Fähigkeiten zu vervollkommnen. Sie gibt den Anstoß dazu, selbst nach dem besten Ziegenfrischkäse zu suchen, nach den delikaten, frühmorgens gepflückten Kürbisblüten, den ersten Walnüssen und Mandeln des Jahres, die, wenn sie noch grün sind, eine besonders feine Qualität besitzen, sie weist uns auf den Unterschied zwischen einem aromatischen, reinen Lavendelhonig und einer Mischung aus verschiedenen Blütenhonigsorten hin und öffnet uns die Augen für die Vielfalt und den Überfluss in unserer Welt, auch vor der eigenen Haustür.

PATRICIA WELLS
*Chanteduc, Provence*

# Einführung

Die Haute Provence, nur eine gute Autostunde entfernt von der Glamourwelt der Côte d'Azur und dem städtischen Raffinement von Aix-en-Provence und Avignon, ist immer noch eine unberührte und geheimnisvolle Region, in der die Menschen ihren Lebensrhythmus dem Herzschlag der Jahreszeiten anpassen und stets aufs Neue mit der Natur ringen müssen. Im Winter herrscht der Mistral, ein mächtiger Wind, der eisig von den Alpen her bläst. Im Frühling lassen Regen und Schneeschmelze die Bäche und Flüsse anschwellen und über die Ufer treten, so dass sie Bäume entwurzeln und Brücken mit sich reißen. Der Sommer bringt eine oft unbarmherzige Hitze, die erst wieder abklingt, wenn der Herbst mit seinen Regenfällen Einzug hält.

Es ist eine ärmliche Gegend, die aus kahlem Kalksteingebirge, rotem felsigem Boden, engen Tälern, niedrigen Sträuchern, wilden Kräutern und Eichen- und Pinienwäldern besteht. Wo der Mensch Hand angelegt hat, sind Lavendelfelder, Olivenhaine, Weizenfelder, einige Obstgärten und Weinberge entstanden. Schafe gehören im Winter zum gewohnten Bild, und die weißen Kästen der Bienenkörbe auf Wiesen und Feldern zeigen an, dass es bald Frühling und Sommer wird. Außerhalb der Dörfer und Weiler, in der weiten, ländlichen Abgeschiedenheit, beleben die vereinzelten Bauernhäuser und Schafställe, die *bergeries*, mit ihren roten Ziegeldächern und den dicken Steinmauern die Täler und Berghänge. In den kleineren Dörfchen besteht der Wochenmarkt oft aus nicht mehr als zwei oder drei Ver-

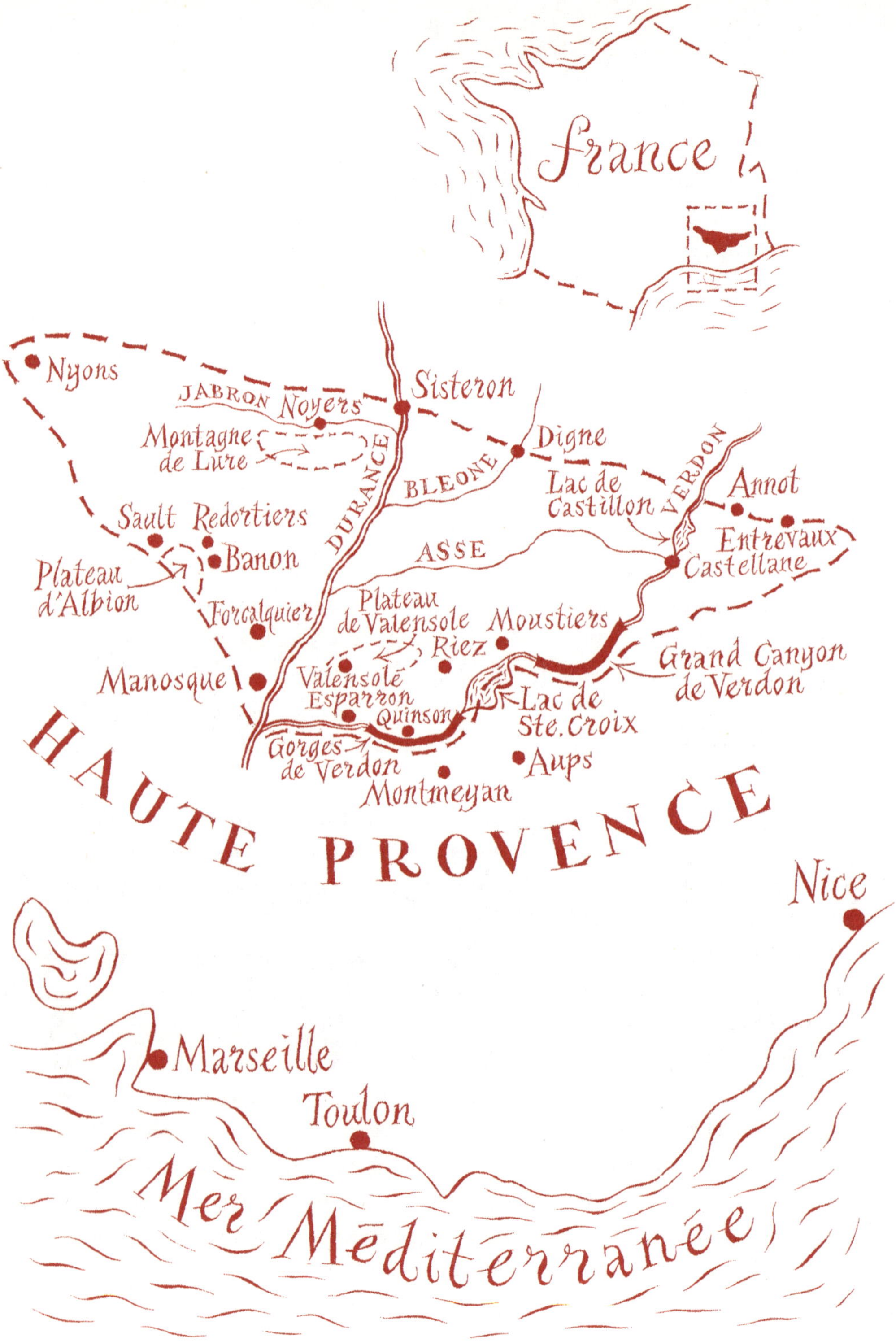
France
Nyons
JABRON
Noyers
Sisteron
Montagne de Lure
Digne
DURANCE
BLEONE
VERDON
Lac de Castillon
Annot
Sault
Redortiers
Entrevaux
Banon
ASSE
Castellane
Plateau d'Albion
Forcalquier
Plateau de Valensole
Moustiers
Riez
Grand Canyon de Verdon
Manosque
Valensole
Esparron
Quinson
Lac de Ste. Croix
Gorges de Verdon
Aups
Montmeyan
HAUTE PROVENCE
Nice
Marseille
Toulon
Mer Méditerranée

käufern, die ihren Stand nahe dem Dorfplatz aufbauen und regionale Produkte wie Lavendelhonig, Ziegenfrischkäse, Wildpilze oder Kräuter anbieten. Auch in den wenigen größeren Städten wie Sisteron, Digne und Manosque sind die typisch regionalen Produkte der Stolz der Verkäufer: Oliven und Olivenöl, eingemachte Quitten und Feigen, Pasteten und Würste aus Wildfleisch, Honignougat, Gemüse und Obst aus eigenem Anbau.

Der Versuch, das Gebiet der Haute Provence geographisch zu beschreiben, könnte folgendermaßen aussehen: Es umfasst Teile von vier verschiedenen Bezirken, und zwar den nördlichen Rand des Var, die unteren Regionen der Alpes-de-Haute-Provence, wo das Klima den Anbau von Oliven ermöglicht, einen Streifen des Vaucluse und den östlichen Zipfel des Drôme. Stellt man die Frage nach einer präzisen Eingrenzung der Region, fallen die Antworten darauf emotional und dogmatisch aus – und stets völlig unterschiedlich. Einige der Befragten bestehen darauf, dass nicht das kleinste Stückchen des Var dazuzuzählen sei, während wieder andere die entsprechenden Teile des Drôme oder Vaucluse unbedingt ausschließen möchten. Manche sind der Überzeugung, nur das Departement Alpes-de-Haute-Provence abzüglich der alpinen Regionen sei die wahre Haute Provence, andere wiederum meinen, sie beginne mit den Gorges du Verdon oder dort, wo der Rosmarin gerade aufhört, wild zu wachsen. Die Haute Provence ist ebenso Ansichtssache, ein Ort, der sich durch seinen Charakter und sein Wesen definiert, durch die Übereinstimmung von regionaler Kultur und Landschaft, wie sie ein bestimmtes Ganzes, eine geographische Einheit ist. Jemanden nach einer klaren Definition zu fragen, ist, als ob man nach *dem* Rezept für eine *daube* vom Rind fragt. Es existieren vielerlei Versionen von Wahrheit, bei denen man sich lediglich auf bestimmte gleichbleibende Elemente verständigen kann.

Die Haute Provence ist das Land des Lavendels und der Wildkräuter. Sie liegt höher als das angrenzende Rhônetal und höher als alle Täler und Hügel der ans Mittelmeer grenzenden Regionen der Provence; das Klima ist streng, jedoch wesentlich milder als das der benachbarten Alpen, wo nicht Olivenöl, sondern Butter das Aroma der Speisen bestimmt. Die Flüsse Durance und Verdon ziehen sich in ihrem unteren Mittellauf durch die Haute Provence. Das Tal der Durance ist fruchtbar, ähnlich der Region, der die Rhône üppiges Wachstum beschert, doch erheben sich hier zu beiden Seiten des Tals die lavendelbedeckten Hochebenen, die zum Symbol für diese Gegend geworden sind. Der Verdon schlängelt sich durch eine gewaltige steinige Felsschlucht, die so tief und lang ist, dass man sie den Grand Canyon von Europa nennt. Von dort aus fließt der Verdon in einen See und aus diesem in weitere enge Schluchten, um sich schließlich mit der Durance zu vereinigen – und damit letztendlich mit der Rhône.

Sisteron befindet sich in der Mitte des nördlichen Randes der Haute Provence an einer Engstelle der Durance und wird daher als Tor zur Provence bezeichnet (oder als Tor zu den Alpen, je nachdem, von welcher Richtung man ausgeht). Es liegt ungefähr eineinhalb Autostunden nordöstlich von Aix-en-Provence und rund zweieinhalb Autostunden nordwestlich von Nizza. Grenoble im Norden erreicht man mit dem Auto in weniger als einer Stunde. Fährt man von Sisteron aus nach Westen, kommt man durch das Tal von Jabron und über die Gebirgspässe der Montagne de Lure nach Süden bis zu den sturmgepeitschten Ausläufern des Plateau d'Albion, auf dem heute Lavendel angepflanzt wird, und zu den Bergen von Contadour und Redortières, die in den Romanen von Jean Giono, der bis zu seinem Tod im Jahr 1962 über das Leben und die Ortschaften der Haute Provence schrieb, so lebendig geschildert werden. Man kann aber auch immer weiter nach Westen fahren, durch die Berge und kleinen Täler hindurch, um schließlich den letzten Außenposten der Haute Provence, Nyons, eine der wichtigsten Olivenstädte, zu erreichen (manche würden Nyons nicht einmal zur Haute Provence zählen, mit der Begründung, es sei zu sehr vom Norden – von den Alpen und Lyon – beeinflusst, nicht jedoch vom Süden).

Wendet man sich von Sisteron nach Südosten, erreicht man Digne-les-Bains; von dort aus geht es weiter nach Süden über das lavendelbewachsene Plateau de Valensole hinunter in die altrömische Stadt Riez, die am Fuße des Plateaus liegt. Von Riez steigt der Weg auf der gegenüberliegenden Seite des Plateaus in südlicher Richtung wieder an, um dann nach einem kurzen Abstieg nach Quinson an der Grenze des Departement Alpes-de-Haute-Provence zu führen. Quinson ist nur etwa 20 Kilometer von Montmeyan entfernt, das gerade über der Grenze im Var liegt. Entscheidet man sich, ausgehend von Riez, für den Nordosten, erreicht man ansteigend bald Moustiers-Ste.-Marie, während man nur zwei bis drei Kilometer in östlicher Richtung auf das Ufer von Le Lac de Ste.-Croix trifft, den größten künstlich angelegten See Europas, der durch das Aufstauen des Verdon entstanden ist und eine Länge von fast 35 Kilometern hat. Südlich davon liegt, nur 20 Kilometer entfernt, Aups im Var. Wählt man von Moustiers die östliche Richtung und fährt entweder am rechten oder linken Steilhang des Grand Canyon du Verdon die engen, in den Fels gehauenen Sträßchen hinauf, landet man in luftiger Höhe über dem Verdon, der als dünner, silbriger Faden in der Tiefe zu erkennen ist. Auf dem Weg zur nordöstlichen Grenze der Haute Provence passiert man Castellane und

Annot und erreicht schließlich Entrevaux am äußersten Rand des Departement Alpes-Maritimes. Von hier fällt das Land nach Süden, in Richtung Nizza, das nur etwa 140 Kilometer entfernt ist, rapide ab. Ist man erst einmal in Nizza, kommt es einem vor, als ob die Haute Provence einer völlig anderen Welt angehörte.

Im Jahr 1970 beschlossen mein Mann und ich, dem Aufruhr, der während des Vietnamkrieges in den Vereinigten Staaten herrschte, zu entfliehen, und so kauften wir ein Haus in der Haute Provence. Wir wollten in diesen Teil der Welt, an diesen Ort zurückkehren, den wir liebten und von dem wir hofften, dass dort ein ruhiges, sinnerfülltes Leben für uns und unsere zweijährige Tochter möglich sei. Uns schwebte ein kleines, aber behagliches Bauernhaus in der herrlichen Gegend um Aix-en-Provence vor, wo wir Freunde hatten und ich kurze Zeit zur Schule gegangen war. Die Preise, im Vergleich zu unserem Wohnort in Südkalifornien zwar nicht teuer, lagen jedoch ganz eindeutig jenseits unserer begrenzten Möglichkeiten. So kam es, dass der verständnisvolle Immobilienmakler, der die Höhe unseres Notgroschens wohl erahnte, uns auf den Weg zu einem Bauernhaus in der Nähe von Quinson schickte, das von seinem Büro in Peyrolles-en-Provence eineinhalb Stunden in nordöstlicher Richtung entfernt lag.

Je weiter wir uns auf engen, gewundenen Sträßchen von Peyrolles entfernten, desto einsamer und wilder wurde die Landschaft. Nach der kleinen Karte, die der Immobilienmakler für uns gezeichnet hatte, bogen wir schließlich in eine unbefestigte Straße ein und kämpften uns bis zu dem Haus vor, das auf dem Plan mit einem Kreuz gekennzeichnet war und wohl unser Ziel darstellen sollte. Als wir anklopften und erklärten, weshalb wir hier waren, wurden wir vom Bauern und seiner Familie sehr herzlich empfangen. Wir waren nämlich die ersten Amerikaner seit dem Zweiten Weltkrieg, die diese abgelegene Region besuchten, und man dankte uns überschwänglich, gerade so, als wären wir Abgesandte der amerikanischen Streitkräfte, die zu Kriegszeiten Beistand geleistet hatten.

Wir folgten M. Moret, dem Eigentümer, ins Bauernhaus seiner verstorbenen Schwiegermutter, das er und seine Frau für umgerechnet 5000 Dollar verkaufen wollten. Der Wind heulte, die Weinreben standen kahl da, und die Häuser, die die Straßen des winzigen Dörfchens säumten, hatten alle Fensterläden gegen die Kälte geschlossen. Nirgends hohe schlanke Zypressen oder Ulmenalleen, nirgends von eleganten Menschen bevölkerte Cafés, was in der Gegend von Aix zum gewohnten Bild gehört. Das Haus hatte einige Jahre leer gestanden, sanitäre Einrichtungen waren nicht vorhanden, ein großer Riss zog sich durch eine der steinernen Außenwände, innen blätterte der Verputz ab, doch gab es einen Brunnen und elektrische Leitungen aus der Vorkriegszeit, also auch eine Glühbirne in jedem Raum. Wir kauften das Haus zusammen mit einem anderen Pärchen und zogen im darauf folgenden November ein. Das Abenteuer des gemeinsamen Wohnens dauerte nur ein paar Monate; wir zogen bald erneut um, in ein Haus ähnlichen Jahrgangs, doch ohne Elektrizität, das wir zuerst mieteten und schließlich kauften. Meine Phantasie und Leidenschaft wurden geweckt und gefangen genommen von der schlichten Einfachheit und Schönheit des Landlebens und des Landes, in dem ich mich so schnell so sehr zu Hause fühlte.

Wir hielten eine Ziegenherde und stellten auch selbst Ziegenkäse her, den ich auf dem Markt verkaufte, und wir zogen Schweine auf. Unser Sohn kam im darauf folgenden Jahr zur Welt. Es war ein hartes Leben, aber auch ein zutiefst befriedigendes und lohnenswertes. Ich hatte nämlich das Glück, zu jener Zeit in der Haute Provence zu leben, als das Leben noch vom Lauf der Jahreszeiten bestimmt wurde, von der Notwendigkeit, die Vorratskammer mit selbst angebauten und hergestellten Produkten zu füllen und einen bescheidenen Lebensunterhalt zu verdienen. Es gab kaum Telefone und Fernsehgeräte, das Wasser kam aus tiefen Brunnen, und die abgelegenen Bauernhöfe wurden von fahrenden Bäckern, Fischhändlern, Fleischern und Lebensmittelhändlern versorgt. Regelmäßig nach Nizza oder Marseille zu fahren – nur an diesen Orten gab es Supermärkte – kam für die Bauern und Handwerker, die mit den Schullehrern, dem einen oder anderen Künstler und ein paar wenigen Großgrundbesitzern den größten Teil der Bevölkerung ausmachten, nicht in Frage.

Mein Leben war genau wie das Leben meiner Nachbarn. Aus purer Notwendigkeit heraus bestand der Großteil unserer Nahrung aus dem, was wir in der Umgebung selbst anbauten, sammelten, züchteten und jagten, ergänzt durch Pasta, Reis, Polenta und Brot. Der Honig stammte von den Bienenkörben in den Lavendelfeldern, die das nahe gelegene Plateau de Valensole bedeckten. Käse wurde aus der Milch der eigenen Ziegen und der Schafe hergestellt, die auf den mit Feldthymian, Rosmarin und Wacholder bewachsenen Hängen grasten. Zum alltäglichen Essen gehörten Oliven und Olivenöl, Wein, saisonale Gemüse aus dem *potager,* dem Küchengarten, und Früchte aus den kleinen Obstgärten oder von einzelnen Bäumen, ergänzt durch gelegentlich in den Flüsschen gefangene Forellen, durch Wildhasen und Wildschweine, Fasane, Vögel, Pilze und Trüffeln aus den Wäldern. Von den in der Umgebung überwinternden Herden konnte man ab und zu ein Lamm oder einen Hammel kaufen, und jede Familie mästete ein junges Schwein bis zur Schlachtreife, um den Haushalt mit *pâté, jambon cru* – dem luftgetrockneten Rohschinken – und vielen anderen köstlichen Spezialitäten zu versorgen, die sich aus diesem Tier herstellen ließen.

Kleine und größere »Rituale« begleiteten die Aussaat, Aufzucht und Ernte wie auch die Vor- und Zubereitung von Nahrungsmitteln. Ende Oktober feierte man das erste Sammeln der fleischigen *sanguin*-Pilze (Echte Reizker), indem zum Abendessen als erster Gang die ganzen Pilzhüte serviert wurden, die man mit Olivenöl beträufelt und mit Knoblauch aromatisiert hatte, um sie anschließend über der Feuerstelle oder im Freien über Holzkohle zu grillen. Die ersten Dicken Bohnen des Frühjahrs wurden roh mit etwas Salz zu einem anisduftenden Pastis gegessen. Am Tag, als das Schwein geschlachtet wurde, gab es zum Mittagessen traditionell *boudin noir* – Blutwurst aus frischem Blut, Zwiebeln, Knoblauch und Kräutern – mit Apfelbrei und Kartoffelpüree, und zwar für alle, die an diesem Morgen mitgeholfen hatten. Auch heute noch gehört es zu meinen Lieblingsessen, nicht nur wegen des Geschmacks, sondern auch weil es mich so sehr an diese kalten, nebligen Morgen voll Kameradschaft erinnert, als der fahrende Fleischer kam, ein Gläschen Eau de Vie leerte, mit uns über die Neuigkeiten und das Wetter redete, dann seine Messer wetzte und schließlich prüfte, ob das heiße Wasser in der großen Öltonne auch wirklich heiß genug war.

Auch wenn Tiefkühlfach oder -truhe, Swimmingpool und Satellitenfernsehen in der Region heute so alltäglich sind, wie es damals Wasser aus dem Brunnen und ein zweiflammiger Herd waren, so haben das Dorf und die Landschaft, wie ein Großteil der Haute Provence, doch ihren besonderen Charakter bewahrt. Regionale Feste und besondere Anlässe werden auch weiterhin auf traditionelle Art und Weise gefeiert, und das allseits sehr geschätzte Boule-Spiel liegt in der Beliebtheitsskala immer noch weit vor Golf, auch wenn nun dort ein Golfplatz geplant ist, wo sich einst eine Schäferei befunden hatte. In der winzigen *épicerie,* dem Lebensmittellädchen, gibt es regionalen Lavendelhonig in Töpfchen zu kaufen, mit einem Zweig wildem Winterbohnenkraut garnierten cremigen Ziegenkäse – den gleichen, den ich auch hergestellt habe – und, auf Vorbestellung, das für diese Gegend typische tiefgrüne und ungefilterte Olivenöl, das noch so reichhaltig ist, dass es bei kühleren Temperaturen fest wird. Natürlich ist die gehaltvolle Ernährung, die einmal die unerlässliche Grund-

lage für die harte Feldarbeit war, nicht mehr typisch, doch sind die Zutaten auch weiterhin untrennbar mit dem Geschmack und den Aromen der Haute Provence verbunden. Das Essen hat sich verändert, es ist leichter geworden und wird heute mit geringerem Zeitaufwand zubereitet als vor einem halben Jahrhundert oder auch nur vor 30 Jahren.

Im Jahr 1973, nachdem unser Sohn geboren war, kehrten wir nach Kalifornien zurück, behielten aber unser kleines Stückchen Haute Provence und verbrachten immer mal wieder einen Sommer dort, später auch andere Jahreszeiten. Zuerst war es schwer, sich wieder in den Vereinigten Staaten einzuleben, ohne die ganzen Düfte und Rituale, die mir ans Herz gewachsen waren und die eine besondere Verbindung zu dem Land und dem Leben um mich herum dargestellt hatten. Wir legten einen Gemüse- und einen Kräutergarten an, kauften Schweine von Farmen, bereiteten selbst Pastete und Würste zu und konnten schließlich sogar ein- oder zweimal eine Quelle für Ziegenmilch finden, um selbst Käse herzustellen. Heute kann ich im Supermarkt in der kleinen Stadt, in der ich wohne, aus einer begrenzten Auswahl an Ziegenkäsen wählen, und obwohl ich immer noch einen Gemüse- und einen Kräutergarten sowie Obst-, Nuss-, und Olivenbäume habe, kaufe ich – wie heutzutage viele Amerikaner – auf dem lokalen Bauernmarkt frisch geerntetes saisonales Obst und Gemüse und andere regionale Produkte. Aus diesen frischen Zutaten nach einfachen Rezepten einfache Gerichte zuzubereiten, hat sich in den Vereinigten Staaten mittlerweile genauso durchgesetzt, wie es in der Haute Provence schon lange Brauch ist.

Die Geschichten, die von den Menschen und den Ortschaften der Haute Provence handeln, habe ich hier genau so niedergeschrieben, wie ich sie erlebt habe; die Namen der Personen wurden jedoch geändert, um deren Privatsphäre zu schützen. Die Rezepte selbst sind oft eine Kombination von traditionellen Zubereitungen, die mir von Freunden und Nachbarn verraten wurden, als ich bei ihnen in der Küche saß, zuhörte, öfter noch ihnen half beim Kräuterhacken, Zwiebelschneiden, beim Füllen von Würsten und beim Teigausrollen. Manche Rezepte sind ganz und gar nicht traditionell, verwenden jedoch regionale Zutaten, die Zutaten des *terroir* – Wildkräuter und Lavendel; Oliven und Olivenöl; Wildpilze und Trüffeln; Käse; Gemüse; Schaf, Ziege und Schwein; Wild und Fisch; Mandeln, Nüsse und Maronen; Honig und Früchte. Die Bedeutung der typischen Zutaten des *terroir* der Haute Provence spiegelt sich im Aufbau des Buches wider. Jedes Kapitel enthält Anleitungen zur Herstellung grundlegender Elemente der provenzalischen Vorratskammer. Dazu gehören unter anderem das Trocknen von Kräutern und das

Zusammenstellen der Kräutermischung *herbes de Provence*; das Entbittern, Einsalzen, Einlegen und Würzen von Oliven; das Aromatisieren von Frischkäse; das Trocknen und Einlegen von Pilzen; das Entsalzen und Pochieren von Stockfisch und das Einlegen von Früchten in Alkohol.

Die Zutaten der Rezepte überschneiden sich jedoch. Deshalb war für die Zuordnung der Rezepte zu den einzelnen Kapiteln maßgeblich, welche Zutat im Rezept so dominiert, dass das Gericht durch sie seinen besonderen Charakter erhält. Manchmal ist dies auf den ersten Blick ersichtlich, wie bei dem Rezept *Wildkräutersalat,* das im Kapitel »Wildkräuter & Lavendel« zu finden ist, oder dem Rezept *Pâté maison* im Kapitel »Schaf, Ziege & Schwein«. Das Rezept für das *Ragout aus Schweinefleisch, Maronen und Winteräpfeln* findet sich jedoch nicht im Kapitel vom Schwein. Ich habe es dem Kapitel »Nüsse, Mandeln & Maronen« zugeordnet, da die Maronen bei diesem Gericht das gewisse Etwas ausmachen.

Das Kapitel »Wild & Fisch« handelt ausschließlich von Süßwasserfischen – Forelle, Flussbarsch, Flusskrebs und Karpfen – und gesalzenem Fisch – Stockfisch und Anchovis –, da die Haute Provence lange Jahre zu isoliert lag, um frischen Fisch vom Mittelmeer in ihrer Küche verwenden zu können, der sonst so typisch für die Küche der Provence ist. Obwohl frischer Fisch und Meeresfrüchte aus dem Mittelmeer heutzutage auf den lokalen Märkten erhältlich sind, habe ich mich doch dafür entschieden, den Schwerpunkt auf die regionalen Produkte zu legen.

Mir ist klar, dass wohl nur wenige Leser in der glücklichen Lage sind, selbst *boudin noir* – Blutwurst – herzustellen, trotzdem habe ich ein Rezept dafür in das Kapitel »Schaf, Ziege & Schwein« aufgenommen, zusammen mit anderen Gerichten, die in der Haute Provence traditionell am Schlachttag zubereitet werden. Wenn die Zutaten zur Hand sind, ist die Zubereitung verhältnismäßig einfach.

In diesem Buch finden sich nur wenige Rezepte mit Rindfleisch. Da Rinderzucht in der Haute Provence keine Tradition hat, war es immer schon notwendig, das Fleisch zu kaufen, was von jeher teuer war. In einigen der abgelegeneren ländlichen Gegenden gab es bis etwa 1925 überhaupt keine Fleischergeschäfte; als es dann welche gab, hatten sie nur eine Stunde am Tag geöffnet. Auch heute noch müssen sich viele Menschen in abgelegenen Dörfern damit begnügen, dass einmal in der Woche an einem bestimmten Tag der fahrende Fleischer vorbeikommt, seinen Verkaufswagen auf dem Marktplatz parkt und dort Rind-, Lamm- und Schweinefleisch, Innereien und Wurstspezialitäten verkauft. Rindfleisch kostet immer noch mehr als anderes Fleisch, doch eine *grillade* vom Rind ist eine willkommene, wenn auch nicht alltägliche, Abwechslung auf dem Tisch des Hauses.

Die Köche der Haute Provence, besonders die des letzten Jahrhunderts, haben mit den Zutaten ihrer Region, ihres *terroir,* Hunderte von aromatischen Gerichten kreiert. Gratins, *fricots*, Ragouts, *daubes*, Suppen, Salate, Nudelgerichte, Tartes und *grillades* bilden den Großteil des Repertoires von *la bonne cuisine du terroir,* mit vielen Rezepten auf Gemüsebasis, die stets nach dem Jahreslauf variieren. Im Sommer ein Zucchinigratin, ein Kürbisgratin im Herbst, eines aus Kartoffeln und Steckrüben im Winter, im Frühjahr ein Spargelgratin – das heißt mit den Jahreszeiten kochen, die sich ebenso in der Zubereitung von *fricots, sautés,* Ragouts, *daubes,* Suppen und Salaten widerspiegeln. Nudelgerichte zum Beispiel werden im Frühling mit frischen Erbsen kombiniert, im Sommer mit Tomaten und im Herbst mit frischen Pilzen.

Tartes, ob pikant oder süß, werden oft mit Blätterteig hergestellt, der in Frankreich sogar in den kleinsten Lebensmittelläden frisch angeboten wird; auch wenn der mit viel Butter zubereitete Teig nicht typisch für die Tradition der Haute Provence ist, wird er doch heutzutage in der Küche so häufig verwendet, dass ich in dieses Buch Rezepte mit Blätterteig aufgenommen habe – wobei ich vorschlage, ihn wie die Franzosen fertig zu kaufen. Der Belag für die Tartes ändert sich mit den Jahreszeiten, wie das in dieser Region auch bei vielen anderen Zubereitungen der Fall ist. Gewürzt wird immer mit Kräutern; an Zwiebeln und Knoblauch wird gewöhnlich nicht gespart, und *jambon cru*, Speckstreifchen und Oliven spielen eine große Rolle. Olivenöl aromatisiert die Gerichte, doch auch Butter wird verwendet, heute sogar mehr als früher. Beim Kochen geht man auch mit dem einheimischen Wein großzügig um.

Die Rezepte dieses Buches sollen vor allem zeigen, wie kulinarisch sinnvoll und leicht es ist, mit lokalen und regionalen Zutaten der Saison zu kochen – eine Tradition, die in der Haute Provence Küche und Leben schon seit langem prägt.

# Wildkräuter & Lavendel

## REZEPTE

*Wildkräutersalat*

◆

*Löwenzahnsalat mit Speckstreifen und hart gekochten Eiern*

◆

*Kichererbsensalat mit Basilikum*

◆

*Petersiliensalat mit Zitronenvinaigrette*

◆

*Wildkräuter-Galettes*

◆

*Kürbiscremesuppe mit Fenchelaroma*

◆

*Gegrillte Wachteln im Wildkräuterbett*

◆

*Lammkeule mit einer Kruste aus Kräutern der Provence*

◆

*Entbeinte Lammkeule vom Grill mit Kräutern der Provence*

◆

*Salbei-Kaninchen mit Kartoffeln*

◆

*Gegrillte Schweinekoteletts mit Salbei*

◆

*Schweinekoteletts vom Grill mit Lavendel, Thymian und Rosmarin*

◆

*Brathuhn mit Thymianfüllung*

◆

*Hähnchenbrust mit Honig-Lavendel-Glasur*

◆

*Rosmarin-Orangen-Sorbet*

◆

*Gebackene Feigen mit Honig und Lavendel*

Der Duft und Geschmack von Wildkräutern und Lavendel durchdringt die Landschaft, die Küchen und die Vorratskammern überall in der Haute Provence und ist ein Teil ihrer Identität. Auf dem Land, der gestrüppreichen *garrigue,* wachsen hauptsächlich holzige, harzige Kräuter wie Rosmarin, Thymian, Wacholder, Salbei und Winterbohnenkraut. Wenn man durchs Gestrüpp streift und das Dickicht beiseite drückt, füllt sich die Luft mit ihrem kräftigen Aroma. Steigt man die Hänge höher hinauf, wird der durchdringende Duft des Oregano immer intensiver; entlang den Ufern von Quellflüssen stößt man auf Lorbeerbäume. Die Lavendelfelder der Haute Provence sind legendär; sie liegen im Lavendeldreieck, das sich von Castellane im Osten über das Plateau de Valensole im Zentrum zum Plateau d'Albion erstreckt und nach Westen und Norden bis zum östlichen Rand des Vaucluse und des Drôme reicht. Wenn der Lavendel im Juli in voller Blüte steht, trägt der Wind seinen intensiven Duft kilometerweit mit sich. All die winterharten, holzigen Kräuterstauden gedeihen das ganze Jahr über prächtig auf dem kargen und steinigen Boden dieses Landstrichs. Beim Betreten einer Küche in der Haute Provence wird man von einer Mischung aus den Düften begrüßt, die einen zuvor schon beim Spazierengehen durch die Hügellandschaft begleiteten, denn sie geben allen Gerichten hier, von Omelettes bis zu *daubes*, die besondere Würze.

Grüne Wildgemüse und -kräuter, nicht nur zum Würzen, sondern auch als Hauptzutat verwendet, gedeihen auf dem Land vom Herbst bis weit ins Frühjahr

daubes – Schmoren

im Überfluss, da zu dieser Zeit ihr Wasserbedarf durch Regenfälle und die Schneeschmelze gedeckt wird.

Am weitesten verbreitet sind Fenchel, Endivie, Löwenzahn, Portulak, Petersilie, Borretsch, Kopfsalat, Feldsalat, Pimpernelle und Malve, dazu Knoblauch und Lauch. Auch wenn die grünen Wildkräuter und -gemüse nicht den kräftigen Duft ausströmen wie die harzigen verholzten Wildkräuter, so besitzen sie jedoch alle ihren einzigartigen Eigengeschmack und spezielle Aromen, die aus der Küche und der Kultur der Haute Provence nicht wegzudenken sind. In der Winterzeit ist es ein Muss, mindestens einmal eine *salade sauvage* aus selbst gesammelten Wildpflanzen wie Löwenzahn, Portulak, Rucola, Petersilie, Zichorie und den ersten Trieben des roten Mohns und des Fenchels zuzubereiten. Aus den Lauchzwiebeln, die im ausgehenden Winter und im Frühling auf Weinbergen und an Straßenrändern wachsen, macht man pikante Omelettes oder verzehrt sie mit einer einfachen warmen Vinaigrette. Wenn im Sommer der Fenchel blüht, werden Stücke des Blütenstengels zum Füllen von Fisch verwendet, der dadurch einen leicht anisartigen Geschmack erhält, während im Spätherbst und im Winter das klein gehackte Grün vom wilden Knoblauch Suppen und Salate bereichert.

Diese wild wachsenden Würzkräuter besitzen im Vergleich zu ihren kultivierten Verwandten ein ausgeprägteres und kräftigeres Aroma: sie sind daher beim Kochen sparsamer zu verwenden als gezüchtete. Die Mengen an Kräutern, die in diesem Buch benutzt werden, beziehen sich auf selbst gezüchtete oder gekaufte.

Die Kräuter der Haute Provence sind sowohl in den städtischen Gegenden als auch auf dem Land überall gegenwärtig, denn sie sind in der Alltagsküche und im täglichen Leben genauso wichtig wie frische Baguette. Fast jeder hat zu Hause ein oder zwei Töpfe Lavendel, manchmal auch Petersilie und Basilikum. In große Terrakottatöpfe oder im Garten in der Nähe der Küchentür gepflanzte Lorbeerbäume stutzt man wie Büsche. Salbei und Rosmarin werden, falls sie nicht in Töpfen wachsen, an den Rändern des *potager*, des Küchengartens, kultiviert oder in dekorative Bepflanzungen einbezogen.

Wem es nicht möglich ist, selbst Kräuter zu ziehen, der kann sie auch auf Freiluftmärkten kaufen, die ein- bis zweimal in der Woche selbst in kleinen Dörfchen abgehalten werden. Hier bieten die Verkäufer lange Zweige von kräftig grünem frischem Lorbeer an sowie Bündel von weichem, grauem Salbei, von Rosmarin und Thymian, alles mit Schnur zusammengebunden. Wenn die Kräuter blühen – Rosmarin im Winter, Salbei und Thymian im späten Frühjahr – sehen die Bündel aus wie Wildblumensträuße. Auch Petersilie und Basilikum kann man auf dem Markt in Sträußen kaufen, und zum Selbstpflanzen werden kleine Setzlinge angeboten, die einzeln in Zeitungspapier verpackt sind.

Basilikum gehört zu den am häufigsten verwendeten Kräutern der Region. Es wächst jedoch nicht wild, da es frostempfindlich ist, sondern wird jedes Jahr aufs Neue in den Garten oder in Töpfe ausgesät oder gepflanzt. Vom Frühsommer bis zum ersten Frost werden dann die Blätter nach Bedarf abgeschnitten. Kerbel, der ebenfalls angebaut werden muss, wird oft zusammen mit verschiedenen Blattsalaten kultiviert. Mein Nachbar Maurice züchtet in jedem Winter und Frühling in seinem kleinen Gewächshaus eine wunderbare Mischung aus milden und bitteren Blattsalaten und Kerbel. Maurice stammt nämlich aus Nizza, wo Kerbel zur traditionellen Salatmischung *mesclun* gehört. Ebenfalls in seinem Gewächshaus, oder im Sommer in seinem Garten, gedeiht der *céleri à couper*, der intensiv schmeckende Schnittsellerie, der weniger als Gemüse denn als Aroma gebende Zutat dient.

Von allen für die Haute Provence typischen Kräutern ist der Feldthymian oder *serpolet* der Grundpfeiler der regionalen Küche. Seine knorrigen und verdrehten grauen Zweige ähneln denen eines Bonsais, und seine grau schimmernden grünen Blätter scheinen ebenfalls miniaturisiert. Feldthymian findet man in einzelnen Flecken hier und da an Feldrändern, auf Hängen mit niedrigem Bewuchs und an Waldrändern, außerdem breitet er sich auf offenem Gelände teppichartig aus. Im Mai, wenn der Feldthymian Blüten trägt, sind diese Flächen in einen zartlila Farbton getaucht, und Bienen umschwärmen die Blütenpracht. Traditionsbewusste widmen sich noch immer der Herstellung von *farigoule* (Thymianlikör), indem sie frisch gesammelte Blüten in Eau de vie einlegen und mit Zucker versetzen, was ein leicht bräunliches Getränk mit Honig-Thymian-Geschmack ergibt. Jeder pflückt ein bis zwei Bündel und hängt diese zum Trocknen auf. Ich schneide nur die ersten 15 bis 20 Zentimeter ab – wie es mir meine Nachbarn beigebracht haben – und lasse die Pflanze zu einem Viertel stehen, damit noch genügend gesunde, unberührte Substanz vorhanden ist und sie erneut austreiben kann. Vor langer Zeit wurde ich schon dazu angehalten, niemals eine Feldthymianpflanze auszugraben oder eine solche zu sehr zurückzuschneiden; es ist wichtig, nur die oberen Zweige zu beschneiden, damit der Bestand des Feldthymians in der Natur gesichert bleibt.

Neben dem Thymian gehört das Winterbohnenkraut, *sarriette,* zu den typischen Kräutern der Haute Provence. Stengel des Winterbohnenkrauts zieren häufig die Oberseite von selbst hergestelltem Ziegenkäse der Region; im Frühling gilt Winterbohnenkraut als unerlässlich bei der Zubereitung von frischen Dicken Bohnen und später im Jahr bei der Zubereitung von Palbohnen. Sein provenzalischer Name *pebre-d'ai*, Eselspfeffer, weist bereits auf den pfeffrigen Geschmack hin, der in gewisser Weise dem des Thymians ähnelt, jedoch kräftiger und ausgeprägter ist. Das Kraut bedeckt den Boden in einem ungleichmäßig wachsenden Knäuel und unterscheidet sich für den Laien kaum von der Menge der anderen graugrünen Bodendecker. Wenn ich auf der Suche nach Winterbohnenkraut bin, gibt es so manches Kräutlein, das mich gewissermaßen in die Irre führt, meine Nachbarn jedoch finden aufgrund ihrer Erfahrung immer, was sie suchen. Wie Thymian wächst auch Winterbohnenkraut in meinem Kräutergarten in Kalifornien.

Ebenfalls zu den beliebtesten Kräutern der Provence zählt Rosmarin, der sowohl in der Landschaftsgärtnerei als auch in der Küche Verwendung findet. Seine dicken, störrischen, aufrecht wachsenden Triebe sind dicht mit nadelähnlichen Blättchen besetzt. Die Pflanzen wachsen schnell zu undurchdringlichen und herrlich duftenden Hecken heran, die gern um Swimmingpools oder private Innenhöfe und Terassen herum gepflanzt werden. Der kriechende Rosmarin windet sich mit seinen gedrehten Zweigen über Stützmauern, von denen er wie grüne Wasserfälle herunterhängt. In der Küche würzt man mit den aromatischen Blättchen Fleisch, insbesondere Lamm, doch passt Rosmarin zu fast allen Gerichten, auch zu pochierten Früchten und zu Broten. Die verholzten Zweige können, nach Entfernen der Blätter und Einweichen in Wasser, als Spieße verwendet werden.

Wacholder ist eher ein Gewürz als ein Kraut, da die Beeren und nicht der pflanzliche Teil verwertet werden. Die Sträucher wachsen in Waldgebieten, und ihre lilablauen Beeren besitzen einen würzigen, harzigen Geschmack, der an ihre bewaldeten Standorte erinnert. Besonders gern werden Wildgeflügel, *pâtés* und *daubes* mit Wacholder gewürzt. Wenn ich im Herbst durch die Wälder streife, fülle ich mir stets die Taschen mit einigen Hand voll Wacholderbeeren, die mir dann für ein ganzes Jahr reichen.

Aus botanischer Sicht ergibt sich bei der wilden *marjolaine* ein kleines Namensproblem. Der botanische Name des wild wachsenden Majorans ist *Origanum vulgare*, französisch *origan (*Oregano), während die Zuchtvariante als *O. marjorana* bezeichnet wird. In der Provence versteht man unter *marjolaine* aber durchweg die kräftig würzige Wildpflanze. Oregano und Majoran sind allerdings eng miteinander verwandt und unterscheiden sich hauptsächlich darin, dass Majoran kleinere Blätter und einen milderen Geschmack aufweist. In den betreffenden Rezepten habe ich angegeben, ob Majoran oder Oregano vorgesehen ist.

In Kalifornien habe ich Majoran wie auch Oregano im Garten, die ich frisch und getrocknet verwende, während ich in Frankreich wilde *marjolaine* nehme.

*Marjolaine* ist leicht zu finden, und zwar auf den Hängen bei Esparron-de-Verdon, St. Martin-de-Brome und in der Nähe von Moustiers-Ste.-Marie sowie in den tiefer gelegenen Regionen um Aups. Nach den purpurrosafarbenen Blüten bilden die Pflanzen weiche, flaumige grüne Bällchen aus. Dies ist der ideale Zeitpunkt zum Sammeln und Trocknen der Kräuter. In der Haute Provence wird *marjolaine* selten frisch verwendet, was wohl eher an der Tradition als am Geschmack liegen mag. Ich jedoch gebe das Kraut frisch an zahlreiche Gerichte und bin der Ansicht, dass es hervorragend zu allem passt, was Tomaten enthält, außerdem zu Suppen – besonders zu kräftig gewürzten – und dass es unbedingt über eine ofenfrische Pizza gestreut werden muss. Dennoch verwende ich es etwas sparsamer als Majoran.

Wilder Salbei besitzt einen derart ausgeprägten Geschmack, dass vielfach kultivierter Salbei vorgezogen wird, der selbst noch ziemlich kräftig schmeckt. Eines Tages, als Victorine, eine meiner Nachbarinnen, mit ihrem Grill hantierte, der bereits mit Schweinekoteletts bestückt war, erklärte sie mir, dass Salbei und Schweinefleisch die ideale Kombination sei. Sie war gerade auf dem Weg in ihren Garten, um Salbei für die Koteletts zu pflücken, die anschließend auf einem Bett von Salbei gegrillt werden sollten. Wie Rosmarin ergänzt auch Salbei Gemüse wie Kartoffeln und Riesenkürbis, aber auch Huhn, Lamm und Rind. Es steht eine reiche Auswahl verschiedener Sorten zur Verfügung, der gewöhnliche graue Salbei befriedigt jedoch alle meine kulinarischen Ansprüche. Im späten Frühjahr bildet er lange Blütenstengel aus. Die leuchtend purpurfarbenen Blüten ergeben frittiert eine köstlich knusprige Garnitur.

Bei Lavendel denkt man eher an die Blüten als an ein essbares Kraut, und nicht alle Köche in der Haute Provence, die Wert auf traditionelle Küche legen, verwenden ihn. Manche nehmen Lavendel jedoch gern, um Süßspeisen wie Eiscreme und Desserts zu aromatisieren und Fleisch- und Gemüsegerichten, besonders gebratenen und gegrillten, sowie Ziegenkäse ein feines Aroma zu geben. Vor allem in innovativen regionalen Restaurants wird seine Verwendung immer beliebter. Neben den Feldern mit den langen Lavendelreihen, die zum gewohnten Bild gehören, gibt es immer noch den wild wachsenden Lavendel; angebaut wurde Lavendel erst nach dem Ersten Weltkrieg. Doch auch dann wurde der wilde Lavendel noch bis in die späten vierziger Jahre kommerziell genutzt, wie es bereits seit etwa 1800 üblich war.

Der wilde Lavendel, lange Zeit extensiv in der Parfümherstellung verwendet, wurde von den Einheimischen nach dem Motto »Wer zuerst kommt, mahlt zuerst« geerntet und an die Industrie und an Handelsmakler verkauft. Mit der Expansion der Parfümindustrie nahm auch die Bedeutung des Lavendels zu, und im frühen 20. Jahrhundert begrenzte man die Ernte des wilden Lavendels schließlich durch ein Anfangs- und Enddatum. Kleine tragbare Destillierapparate wurden überall auf dem Land in Betrieb genommen, und die Lavendeldestillation wurde als Familienunternehmen betrieben.

Die Sammler unterschieden zwei Arten von wildem Lavendel; die eine nannten sie *lavande fine* oder *lavande vrai (Lavandula angustifolia),* die andere *lavande aspic (L. latifolia)*. Eine dritte Art, *lavendin* genannt, tauchte vereinzelt auf. Die Stiele von *L. latifolia* waren länger und trugen größere und mehr Blüten, aus denen auch mehr ätherisches Öl gewonnen werden konnte, doch besaßen die Blüten einen weniger intensiven Duft und eine blassere Blaufärbung als bei *L. angustifolia*. Im Jahr 1927 durchgeführte Laboranalysen ergaben, dass der *lavendin*, auch *lavande grosse,* genannte Lavendel eine Kreuzung aus *L. angustifolia* und *L. latifolia* war. Die Hybride musste vegetativ durch Triebstecklinge vermehrt werden, da sie sich nur sehr schlecht aus Samen ziehen ließ. Es wurden Kreuzungsversuche durchgeführt; bis zum Jahr 1975 bestanden fast alle kommerziellen Pflanzungen aus einer von drei *lavendin*-Hybriden. Das Ernten von wildem Lavendel auf den Hängen hatte nun genauso ein Ende wie die meisten der kleinen Familiendestillerien. Der mit Abstand größte Teil der Ernte wird heutzutage für die Herstellung von Parfüm, Arzneimittel und Seife benötigt. Der Rest kommt als Trockenblumen auf den Blumenmarkt. *Lavande fine*, der in höheren Lagen angebaute Lavendel, erlebt zur Zeit jedoch ein Comeback aufgrund seines intensiven Dufts und der besonderen Qualität seiner ätherischen Öle.

Auf den regionalen Märkten, in Supermärkten und Touristenläden werden getrocknete Lavendelbündel wie auch holzige Kräuter einzeln oder in Kombination mit anderen Kräutern angeboten. Es gibt sie außerdem kombiniert in fast pulverisierter Form. Diese Kräutermischungen, *herbes de Provence* genannt, enthalten Rosmarin, Thymian, Lorbeer, Winterbohnenkraut, Majoran, Oregano, Salbei und seltener auch Lavendel – die typischen Gewürze für *grillades* vom Rind, Lamm und besonders für Huhn.

Wenn man nicht sicher sein kann, dass abgepackte Kräuter noch aromatisch sind, ist es auf jeden Fall vorzuziehen, seine Kräuter selbst zu trocknen und zu mischen. Die ätherischen Öle von getrockneten Kräutern verflüchtigen sich bereits nach einigen Monaten, so dass ihnen nur noch wenig Würzkraft bleibt, sie vielleicht sogar für einen schalen Beigeschmack im Essen verantwortlich sind. Kräuter zu trocknen ist eine unproblematische Angelegenheit, besonders im Sommer, wenn es warm ist und die Pflanzen im Überfluss vorhanden sind. In den meisten Küchen und Vorratskammern der Haute Provence hängen Sträuße von Thymian, Lorbeer und Oregano an Haken oder Nägeln. Dies schafft nicht nur eine rustikale, gemütliche Atmosphäre im Haus, es spricht auch Bände über das Essen, das hier zubereitet und verzehrt wird.

## KRÄUTER TROCKNEN

Holzige Kräuter sollten vorzugsweise dann geschnitten werden, wenn sie zu blühen beginnen; ich schneide und trockne sie allerdings einfach dann, wenn ich gerade welche brauche, und war mit dem Ergebnis bisher immer zufrieden. Um Thymian, Rosmarin, Lorbeer, Salbei, Oregano, Majoran und Winterbohnenkraut einzeln oder vermischt in lockeren Sträußen zu trocknen, bindet man sie am unteren Ende mit Küchengarn oder Schnur zusammen und hängt sie kopfüber an einem trockenen Ort auf. Wenn sie in einem dunklen Raum hängen, bleibt ihre Farbe besser erhalten. Und je höher die an diesem Ort herrschende Temperatur ist, desto schneller trocknen sie. Bei Lavendel sollten vor dem Trocknen die unteren Blätter vom Stiel entfernt werden. Man kann die Stengel und Zweige zum Trocknen auch einzeln auf Zeitungspapier oder auf einem Gestell ausbreiten, dann sollten sie jedoch täglich gewendet werden. Nach dem Trocknen können sie hängend aufbewahrt und nach Bedarf verwendet werden, oder man pflückt die Blätter ab und wirft die Stiele weg. Die Stiele können auch gesammelt und auf einem Holz- oder Holzkohlenfeuer verbrannt werden, damit ihr Rauch das Grillgut aromatisiert.

## HERBES DE PROVENCE HERSTELLEN

Natürlich existieren zahlreiche Varianten der getrockneten Kräutermischung *herbes de Provence,* von denen jede einzelne ihre überzeugten Anhänger hat. Ich persönlich mag diese Mischung am liebsten: eine Hälfte Thymian, ein Viertel Winterbohnenkraut, ein Achtel Rosmarin, ein Achtel Salbei plus eine Prise Lavendelblüten und etwas zerbröselten Lorbeer. Ein Teelöffel dieser Mischung reicht aus, um ein Brathähnchen zu würzen. Will man die Mischung abwandeln, kann der Rosmarin auch durch Majoran oder Oregano ersetzt werden.

## KOCHEN MIT KRÄUTERN

Ätherische Öle verleihen den Kräutern ihr spezielles Aroma. Sie intensivieren sich in solchen Kräutern, die ihren Charakter auch in getrocknetem Zustand bewahren, was nicht bei allen der Fall ist. Gut zum Trocknen eignen sich Rosmarin, Lorbeer, Salbei, Oregano, Majoran und Thymian, doch sollten sie beim Kochen nicht allzu großzügig verwendet werden, da es schnell passieren kann, dass sie ein Gericht dominieren. Umgekehrt sollte man frische Kräuter nicht zu zurückhaltend einsetzen, sonst kommen sie nicht genügend zur Geltung.

Getrocknete Kräuter geben ihr Aroma nach und nach ab. Sie sind deshalb besonders geeignet für Schmorgerichte, Marinaden, Saucen und Dressings, denn bei diesen Zubereitungen haben sie ausreichend Zeit, ihr Aroma zu entfalten.

Frische Kräuter, insbesondere die grünen, setzen ihr Aroma sofort frei und können über gegartes oder rohes Gemüse gestreut oder in sautierten oder pfannengerührten Gerichten, Grillgerichten, Omeletts und anderen Zubereitungen mit kurzer Gardauer verwendet werden. Frische grüne Kräuter kann man ruhig verschwenderisch unter Salate mischen, während eine größere Menge frischer holziger Kräuter gut mit Schmorgerichten harmoniert. Ziemlich verbreitet ist auch die Verwendung von frischen Kräutern bei Gerichten mit langer Gardauer; diese erhalten durch eine weitere Beigabe von frischen Kräutern kurz vor dem Servieren eine zusätzliche Aromakomponente.

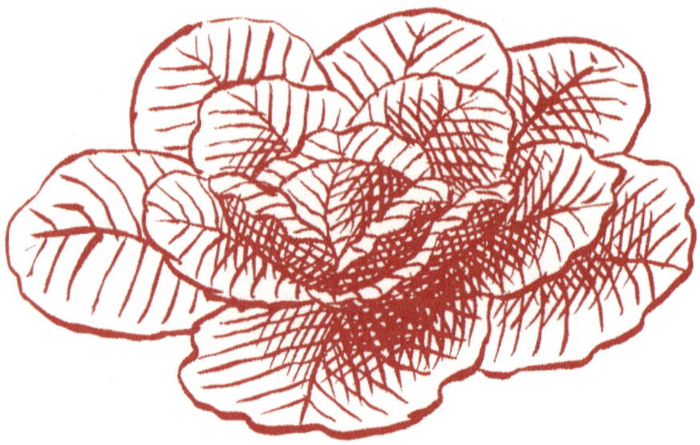

# Wildkräutersalat

*Der klassische Wildkräutersalat sollte eine ausgewogene Mischung aus Kräutern und Blattsalaten mit kräftigem, bitterem Geschmack und solchen mit mildem, neutralem Geschmack sein. Zur ersten Kategorie gehören Löwenzahn, Endivie, Borretsch und Brunnenkresse, zur zweiten Feldsalat, Portulak und Petersilie.*

*Auch aus gezüchteten Kräutern und Salatarten kann man einen ähnlich würzigen Salat zubereiten, wenn man dazu Kopfsalat, Blattspinat, Portulak, Kerbel, Feldsalat und Kapuzinerkresse für die milde Komponente verwendet und gezüchteten Frisée, glatte Endivie, Radicchio (alle der Familie der Endivien zugehörig), Rucola (Rauke), Sauerampfer und Löwenzahn für die bittere Komponente.*

*Ob der Salat nun aus wild wachsenden oder aus kultivierten Kräutern und Blattsalaten zubereitet ist, auf jeden Fall sollte er vollmundig und sehr aromatisch sein. Er kann ganz nach persönlichem Geschmack aus den vorgeschlagenen Zutaten zusammengestellt werden. Den Salat nicht zu sparsam mit Salz und Pfeffer abschmecken.*

FÜR 4 BIS 6 PERSONEN

Etwa 400 g gemischte zarte junge Kräuter und Blattsalate (siehe oben)
4 EL natives Olivenöl extra
2 EL fein gehackte Schalotten
3 EL Rotweinessig
1 TL Salz
1 TL schwarzer Pfeffer aus der Mühle

◆ Die Kräuter und Blattsalate sorgfältig waschen und putzen; Stiele, dicke Blattrippen und verwelkte oder beschädigte Blätter entfernen. Größere Blätter zerpflücken. In einer Salatschleuder oder mit einem Tuch gründlich trocknen. Beiseite stellen.
◆ Das Olivenöl in eine große Salatschüssel geben. Die Schalotten, den Essig, das Salz und den Pfeffer hinzufügen und gründlich verrühren.
◆ Die Kräuter und Blattsalate in die Salatschüssel geben und behutsam mit zwei großen Löffeln so lange mischen, bis alle Blätter gut mit der Vinaigrette überzogen sind. Etwa 10 Minuten stehen lassen, damit der Salat im Geschmack etwas milder wird und sich die Aromen besser verbinden, dann servieren.

# Löwenzahnsalat mit Speckstreifen und hart gekochten Eiern

*Vom Spätherbst bis zum beginnenden Frühjahr sieht man den Löwenzahn an den Rändern von Weinbergen, Obstgärten, Straßen und Bächen sprießen. Am mildesten ist er, wenn man ihn erntet, bevor sich die charakteristischen gelben Blüten ausbilden. Schön ist ein mit dem Pflücken von Löwenzahnblättern verbundener Spaziergang über Land.*

FÜR 4 PERSONEN

Etwa 400 g Löwenzahnblätter mit Wurzeln oder eine Mischung aus gezüchteten Löwenzahnblättern und jungem Blattspinat
1 TL fein gehackter Knoblauch
6 EL natives Olivenöl extra
3 EL Rotweinessig
½ TL Salz
1 TL schwarzer Pfeffer aus der Mühle, grob gemahlen
60 g *roulade* oder Pancetta, ersatzweise luftgetrockneter durchwachsener Speck), in 2 cm lange und ½ cm breite Streifen geschnitten
2 hart gekochte Eier, fein gehackt
2 EL fein gehackte rote Zwiebeln

◆ Den Salat sorgfältig waschen und putzen; verwelkte oder beschädigte Blätter entfernen. Bei Verwendung von wild wachsendem Löwenzahn die Wurzeln ebenfalls vorbereiten und zum Salat geben. Den Salat in einer Salatschleuder oder mit einem Tuch trocknen. Beiseite stellen.
◆ In einer kleinen Schüssel den Knoblauch mit dem Olivenöl vermischen, danach mit dem Essig, dem Salz und dem Pfeffer zu einer Vinaigrette verrühren. In einer kleinen Pfanne den Speck bei mittlerer Temperatur in etwa 3 bis 5 Minuten leicht knusprig braten. Mit einem Sieblöffel aus der Pfanne heben und auf Küchenkrepp legen, damit das überschüssige Fett aufgesogen werden kann.
◆ Die Vinaigrette in eine große Schüssel umfüllen. Den Salat dazugeben und behutsam mit zwei Löffeln mischen, bis alle Blätter mit der Vinaigrette überzogen sind. Mit den gehackten Eiern, den Speckstreifen und den gehackten Zwiebeln garnieren. Sofort servieren.

# Kichererbsensalat mit Basilikum

*In diesem einfachen Salat aus Hülsenfrüchten harmoniert das Aroma des Basilikums hervorragend mit dem nussigen Geschmack der Kichererbsen. Mit einer Vinaigrette oder einer frischen Tomatensauce als Dressing kann dieser Salat als erster Gang serviert werden oder aber als Begleitung zu anderem Gemüse oder zu Fleischgerichten.*

FÜR 6 BIS 8 PERSONEN

400 g getrocknete Kichererbsen
2 l Wasser
2 frische Lorbeerblätter oder 1 getrocknetes Lorbeerblatt
1 Zweig frischer Thymian
1½ TL Salz
1½ TL schwarzer Pfeffer aus der Mühle
4 EL gehacktes frisches Basilikum, zusätzlich 1 Stengel Basilikum als Garnitur
2 EL fein gehackte rote Zwiebeln
4 EL natives Olivenöl extra
2 EL Rotweinessig

◆ Die Kichererbsen verlesen, dabei kleine Steine und andere Verunreinigungen entfernen. Wenn die Kichererbsen erst kurze Zeit zuvor geerntet wurden, muss man sie nicht einweichen; sonst müssen sie über Nacht großzügig mit Wasser bedeckt eingeweicht werden. Vor dem Kochen abgießen, gut spülen und mit dem Wasser in eine Kasserolle geben. Den Lorbeer, den Thymian und je 1 TL Salz und Pfeffer hinzufügen und zum Kochen bringen. Dann 2 bis 3 Stunden mit halb aufgelegtem Deckel köcheln lassen, bis die Kichererbsen weich sind.
◆ Die Kichererbsen abgießen und bei Zimmertemperatur abkühlen lassen. In eine Servierschüssel umfüllen, das gehackte Basilikum und die Zwiebeln, das Olivenöl, den Essig und den Rest Salz und Pfeffer unterrühren. Mit dem Stengel Basilikum garnieren.

# Petersiliensalat mit Zitronenvinaigrette

*Petersilie verwendet man gewöhnlich als Würzkraut, doch sie schmeckt auch ohne andere Zutaten ausgezeichnet. Ihr reiner Geschmack und ihre knackig-frische Beschaffenheit machen sie zum perfekten Salatgenuss – entweder allein oder gemischt mit anderen Kräutern oder Salaten. Petersilie und junger Blattspinat, Petersilie und Frisée beziehungsweise glatte Endivie oder Petersilie und junger Kopfsalat eignen sich als Kombinationen.*

FÜR 4 PERSONEN

6 EL natives Olivenöl extra
2 EL frisch gepresster Zitronensaft
1 TL Salz
1 TL schwarzer Pfeffer aus der Mühle
1 Schalotte, grob gehackt
Etwa 300 g frische glatte Petersilie, grob gehackt

◆ Das Olivenöl mit dem Zitronensaft, dem Salz, dem Pfeffer und der Schalotte in eine Salatschüssel geben und mit einem Löffel oder einer Gabel gründlich verrühren. Die Petersilie hinzufügen und mit Hilfe von zwei Löffeln gut mit der Vinaigrette vermischen.

◆ Damit sich die Aromen entfalten können, den Salat etwa 10 Minuten stehen lassen, dann servieren.

# Wildkräuter-Galettes

*Diese dünnen Pfannkuchen ergeben eine wunderbare Vorspeise. Ihr leicht bitterer Geschmack wird durch den Ziegenfrischkäse, den man mit etwas Majoran bestreut, abgemildert. Ohne Käse, nur mit ein wenig Butter bestrichen, sind sie eine passende Beilage für Braten oder Schmorgerichte.*

ERGIBT 18 GALETTES VON 15 CM DURCHMESSER; FÜR 4 PERSONEN

250 g Weizenmehl
450 ml Milch
3 Eier
¾ TL Salz
½ TL schwarzer Pfeffer aus der Mühle
6 EL (etwa 15 g) fein gehackte frische grüne Kräuter wie Löwenzahn und Petersilie oder Basilikum und Petersilie, zu gleichen Teilen
4 EL fein gehackte Frühlingszwiebeln oder junger Lauch
1 bis 2 EL Butter
120 g Ziegenfrischkäse oder Ricotta (nach Belieben)
4 EL fein gehackter frischer Majoran

◆ In einer Schüssel das Mehl nach und nach mit der Milch vermischen und glatt rühren. Danach die Eier, das Salz, den Pfeffer, die Kräuter und die Frühlingszwiebeln oder den Lauch untermischen.
◆ 1 EL Butter in einer Pfanne bei mittlerer Temperatur zerlassen. Sobald die Butter schäumt, so viel Teig in die Pfanne geben, dass ein runder Pfannkuchen von etwa 15 cm Durchmesser entsteht. In etwa 4 Minuten leicht goldbraun backen. Den Pfannkuchen wenden und auf der anderen Seite in etwa 3 Minuten ebenso backen. Auf eine Servierplatte legen und nach Belieben mit etwa 1 EL Frischkäse bestreichen. Warm stellen. Mit dem restlichen Teig wie oben angegeben verfahren, dabei Butter nach Bedarf verwenden.
◆ Mit dem gehackten Majoran garnieren und servieren.

# Kürbiscremesuppe mit Fenchelaroma

*Das leicht anisartige Aroma der Fenchelblätter verleiht dem feinen Kürbisgeschmack eine würzig-frische Note. Man kann Zucchini, gelbe Krummhalskürbisse, Mini-Patissons oder eine Mischung aus diesen verwenden. Zu beachten ist, dass wilder Fenchel eine höhere Würzkraft besitzt als gezüchteter.*

FÜR 4 PERSONEN

2 EL Butter
½ gelbe Zwiebel, gehackt
600 g Sommerkürbis, klein geschnitten (siehe oben)
500 ml Gemüse- oder Hühnerfond
4 EL (etwa 10 g) fein gehackte Blätter vom Zuchtfenchel oder 2 EL vom wilden Fenchel
1 TL Salz
1 TL schwarzer Pfeffer aus der Mühle
125 ml Crème double

◆ In einer Kasserolle die Butter bei mittlerer Temperatur zerlassen. Sobald sie schäumt, die Zwiebel hinzufügen und in etwa 5 Minuten glasig braten. Die Kürbisstücke, den Fond, die Hälfte der gehackten Fenchelblätter, das Salz und den Pfeffer dazugeben. Zum Kochen bringen, dann bei niedriger Temperatur und aufgelegtem Deckel etwa 10 Minuten köcheln lassen, bis der Kürbis gar ist.

◆ Vom Herd nehmen und etwas abkühlen lassen, anschließend in einem Mixer oder einer Küchenmaschine pürieren. In die Kasserolle zurückgeben und die Crème double einrühren. Bis fast zum Siedepunkt erhitzen. In vorgewärmte Suppentassen schöpfen und mit den restlichen gehackten Fenchelblättern bestreuen. Heiß servieren.

# Gegrillte Wachteln im Wildkräuterbett

*In der Haute Provence werden* grives *(Drosseln) von fast jedem Jäger geschätzt und gejagt. Für dieses Rezept sind Wachteln ein adäquater Ersatz. Die Mischung aus milden und bitteren Kräutern ist eine harmonische Ergänzung zum Geflügel, sowohl seinem Saft als auch dem Fleisch. Als Hauptgericht benötigt man für jede Person 2 Wachteln. Zu den Wachteln getoastete Scheiben von Baguette reichen, die mit Knoblauch eingerieben und mit Olivenöl beträufelt wurden.*

FÜR 4 PERSONEN ALS VORSPEISE

Etwa 300 g gemischte Kräuter und Blattgemüse wie Löwenzahn, Rucola, Brunnenkresse und junger Blattspinat in beliebiger Kombination
4 EL natives Olivenöl extra
3 EL Balsamessig
1½ TL Salz
1½ TL schwarzer Pfeffer aus der Mühle
4 Wachteln, je etwa 170 g
6 Stengel frischer Salbei
3 Zweige frischer Rosmarin
5 Scheiben Baguette, je gut 2 cm dick, leicht mit Wasser besprengt

◆ Ein Holzkohlen- oder Holzfeuer vorbereiten.
◆ Die Kräuter und Blattgemüse sorgfältig waschen und putzen; Stiele, dicke Blattrippen und verwelkte oder beschädigte Blätter entfernen. Große Blätter zerpflücken. In einer Salatschleuder oder mit einem Tuch gründlich trocknen.
◆ Das Olivenöl in eine Salatschüssel geben. Den Essig und je ½ TL Salz und Pfeffer hinzufügen und mit einem Löffel oder einer Gabel gut vermischen. Die Kräuter in die Salatschüssel geben, jedoch noch nicht mit der Vinaigrette überziehen. Beiseite stellen.
◆ Die Wachteln zuerst mit dem Salbei und dem Rosmarin, dann mit dem restlichen Salz und Pfeffer (je 1 TL) einreiben. Eine Scheibe Baguette auf einen langen, stabilen Spieß stecken. Danach eine Wachtel längs durch die Körperhöhle

*Fortsetzung nächste Seite*

auf den Spieß stecken und fest an das Brot drücken. Eine weitere Scheibe Baguette aufstecken, dann wieder eine Wachtel. Mit den übrigen Wachteln und dem Brot fortfahren; den Abschluss bildet eine Scheibe Baguette. (Das Brot hält die Wachteln während des häufigen Drehens auf dem Grill an ihrem Platz und saugt zudem den austretenden Saft auf. In Viertel geschnittene Zwiebeln erfüllen denselben Zweck.)

◆ Sobald die Glut eine mittlere Temperatur erreicht hat, den Spieß auf den Grillrost legen. Alle 3 bis 4 Minuten wenden. Etwa 15 Minuten grillen, bis sich ein Schenkel leicht bewegen lässt und der austretende Saft leicht rosa oder klar ist, wenn man mit einem Messer in die dickste Stelle des Schenkels sticht.

◆ Kurz vor dem Servieren die Kräuter in der Salatschüssel mit zwei großen Löffeln gründlich mit der Vinaigrette vermischen. Die Kräuter gleichmäßig auf vier Teller verteilen. Die Wachteln und das Brot von den Spießen nehmen; das Brot entfernen. Jeweils eine Wachtel auf ein Kräuterbett legen und mit einer Geflügelschere halbieren, so dass der Saft über die Kräuter rinnen kann. Sofort servieren.

# Lammkeule mit einer Kruste aus Kräutern der Provence

*Das Sisteron-Lamm ist bekannt für seinen besonderen Geschmack, denn die Tiere ernähren sich von den Wildkräutern und Gräsern der Region. Wenn man eine Lammkeule – ob nun von einem Sisteron-Lamm oder nicht – mit Kräutern wie Thymian, Rosmarin, Winterbohnenkraut und Lavendel einreibt und die Blättchen gut ans Fleisch drückt, erhält man das pikant-kräftige Aroma der* garrigue *der Haute Provence und es ist, als nähme man den Geschmack des Landes in sich auf.*

*Da die Blätter von den Thymian-, Rosmarin-, Majoran- und Winterbohnenkrautstengeln und die Blüten von den Lavendelstielen gezupft werden und über Nacht leicht trocknen können, verlieren sie etwas von ihrer Feuchtigkeit. Auf diese Weise haften sie besser am Fleisch, besitzen jedoch immer noch das volle Aroma frischer Kräuter.*

FÜR 6 BIS 8 PERSONEN

1 Lammkeule, etwa 2,5 kg
Einige Kräuterstengel und Lavendelstiele (Blättchen beziehungsweise Blüten für die Kräutermischung abgestreift)
6 Knoblauchzehen, in dünne Scheiben geschnitten
1 TL Salz
1 EL schwarzer Pfeffer aus der Mühle
8 EL (etwa 20 g) halb getrocknete Kräutermischung aus frischem Thymian, Winterbohnenkraut, Rosmarin und Majoran, zu etwa gleichen Teilen, zusätzlich einige Lavendelblüten

◆ Den Backofen auf 230 °C vorheizen.

◆ Die Lammkeule mit den Kräuterstengeln und Lavendelstielen trockenreiben. Mit einem scharfen Messer 20 bis 25 gut 2 cm tiefe Schlitze in die Lammkeule schneiden. Die Knoblauchscheibchen tief in die Schlitze schieben. Die Keule gründlich mit dem Salz und dem Pfeffer einreiben. Die gesamte Außenseite der Lammkeule mit der Kräutermischung bedecken und diese fest mit der Hand an die Haut und das Fleisch andrücken.

*Fortsetzung nächste Seite*

◆ Die vorbereitete Keule in einen flachen Bräter legen, der gerade so groß ist, dass sie hineinpasst. 20 Minuten braten. Die Temperatur auf 180 °C reduzieren und noch etwa 1 Stunde braten, bis ein in den dicksten Teil der Keule eingeführtes Fleischthermometer 60 °C (medium rare, im Kern blutig) oder 65 °C (medium, rosa) anzeigt.
◆ Zum Tranchieren die Lammkeule auf ein Brett oder ein Platte legen und locker mit Alufolie abgedeckt 15 Minuten ruhen lassen; dann in dünne Scheiben schneiden. Die Scheiben auf einer vorgewärmten Servierplatte anrichten und mit dem Bratensaft aus dem Bräter begießen.

## Entbeinte Lammkeule vom Grill mit Kräutern der Provence

*Als Alternative zur ganzen Lammkeule kann man die Lammkeule auch vom Metzger entbeinen lassen, wobei das Fleisch in einem Stück bleibt und flach ausgebreitet wird. Mit Knoblauch gespickt und mit Salz, Pfeffer und Kräutern gewürzt, gart das Lamm etwa eine halbe Stunde lang bei mittlerer Hitze. Die Dicke der entbeinten Lammkeule variiert zwischen 3 cm und 6 cm, deshalb kann eine Lammkeule an verschiedenen Stellen durchgebraten (well done), rosa (medium) oder im Kern blutig (medium rare) sein, so dass jeder ein Stück nach seinem Geschmack erhält.*

FÜR 8 BIS 10 PERSONEN

1 Lammkeule, etwa 3 kg, entbeint und flach ausgebreitet
Einige Kräuterstengel und Lavendelstiele (Blättchen bzw. Blüten für die Kräutermischung abgestreift)
6 Knoblauchzehen, in dünne Scheiben geschnitten
1 TL Salz
2 TL schwarzer Pfeffer aus der Mühle
8 EL (etwa 20 g) halb getrocknete Kräutermischung aus frischem Thymian, Winterbohnenkraut, Rosmarin und Majoran, zu etwa gleichen Teilen, zusätzlich einige Lavendelblüten

◆ Ein Holzkohlen- oder Holzfeuer vorbereiten.

◆ Die Lammkeule mit den Kräuterstengeln und Lavendelstielen trockenreiben. Mit einem scharfen Messer 20 bis 25 gut 2 cm tiefe Schlitze in das Fleisch schneiden. Die Knoblauchscheibchen tief in die Schlitze schieben. Das Fleisch gründlich mit Salz und Pfeffer einreiben, dann von beiden Seiten mit der Kräutermischung bestreuen und diese fest mit der Handfläche in das Fleisch drücken.

◆ Sobald die Glut eine mittlere Temperatur erreicht hat, das Lammfleisch etwa 20 cm über dem Feuer auf den Grillrost legen und ungefähr 10 Minuten grillen; darauf achten, dass es nicht verbrennt. Wenden und noch 20 Minuten grillen oder so lange, bis ein in den dicksten Teil der Keule eingeführtes Fleischthermometer 60 °C (medium rare, im Kern blutig) oder 65 °C (medium, rosa) anzeigt.

◆ Zum Tranchieren das Fleisch auf ein Brett oder eine Platte legen und locker mit Alufolie abgedeckt 10 Minuten ruhen lassen; dann in dünne Scheiben schneiden und servieren.

# Salbei-Kaninchen mit Kartoffeln

*Während das Gericht gart, werden die Salbeiblättchen knusprig und nehmen das Aroma des Specks an, der die zarten Kaninchenteile umschließt. Kaninchen gehört in der Haute Provence zur Alltagsküche und wird sowohl zu Hause als auch im Restaurant auf vielfältige Art und Weise zubereitet.*

FÜR 4 BIS 6 PERSONEN

1 junges Kaninchen, etwa 1,5 kg
2 große Kartoffeln, vorwiegend festkochend
12 bis 16 Stengel frischer Salbei
1 TL schwarzer Pfeffer aus der Mühle
10 Scheiben durchwachsener Speck

◆ Den Backofen auf 180 °C vorheizen.
◆ Das Kaninchen in Portionsstücke teilen. Man kann dies auch vom Fleischer erledigen lassen. Wenn zum Beispiel in 10 Stücke geteilt wird, erhält man: 4 Läufe, 2 Schenkel, den Rippenabschnitt, den fleischigen Rücken in 2 Teilen und den Kopf als Ganzes. Der Rippenabschnitt und die kleinen Vorderläufe enthalten jedoch nicht so viel Fleisch wie die Schenkel und der Rücken, daher ist es ratsam, die Größe der Kaninchenteile auf den zu erwartenden Appetit der jeweiligen Gäste abzustimmen.
◆ Die Kartoffeln schälen und in etwa ½ cm dicke Scheiben schneiden. Die Kaninchenteile mit 3 oder 4 Salbeistengeln und dann mit etwas Pfeffer einreiben. Jedes Teil mit einer Speckscheibe umwickeln und in einen flachen Bräter legen, der gerade groß genug ist, um die Stücke aufzunehmen. Die restlichen Salbeistengel und die Kartoffelscheiben zwischen die Kaninchenteile stecken.
◆ Im Backofen 35 Minuten braten. Aus dem Ofen nehmen und das ausgetretene Fett abgießen. Dann die Kartoffelscheiben unter die Kaninchenteile schichten, diese wenden, damit die Unterseite nach oben kommt und hier der Speck ebenfalls etwas bräunen kann. Weitere 25 bis 30 Minuten braten, bis das Kaninchen und die Kartoffeln gar sind, was sich durch Einstechen mit einer Gabel prüfen lässt. Aus dem Ofen nehmen und heiß servieren.

# Gegrillte Schweinekoteletts mit Salbei

*Diese einfache* grillade *gehört zu den besten Grillgerichten.*

FÜR 6 PERSONEN

8 EL (etwa 20 g) frische Salbeiblätter
6 mitteldick oder 12 dünn geschnittene Schweinekoteletts, vorzugsweise aus dem Kotelettstück
1 EL schwarzer Pfeffer aus der Mühle
1 TL Salz

◆ Eine flache Auflaufform mit der Hälfte der Salbeiblätter auslegen. Dann die Schweinekoteletts auf beiden Seiten mit dem Pfeffer einreiben und auf die Schicht aus Salbeiblättern legen, mit etwa 2 EL Salbeiblättern bedecken und 1 Stunde ruhen lassen.
◆ Ein Holzkohlen- oder Holzfeuer vorbereiten.
◆ Sobald die Glut eine mittlere Temperatur erreicht hat, die Koteletts in etwa 20 cm Abstand vom Feuer auf den Grillrost legen (den Salbei aufbewahren). 3 bis 4 Minuten grillen, dann wenden und weitere 3 bis 4 Minuten grillen, bis klarer Fleischsaft austritt, wenn die Koteletts mit einem scharfen Messer eingeritzt werden. Bei dünneren Koteletts die Grillzeit entsprechend verkürzen. Mit dem restlichen Salbei bedecken, wenden und nur wenige Sekunden grillen, damit der Salbei knusprig wird, aber nicht verbrennt.
◆ Auf einer Servierplatte anrichten und mit den Salbeiblättern servieren. Mit dem Salz bestreuen.

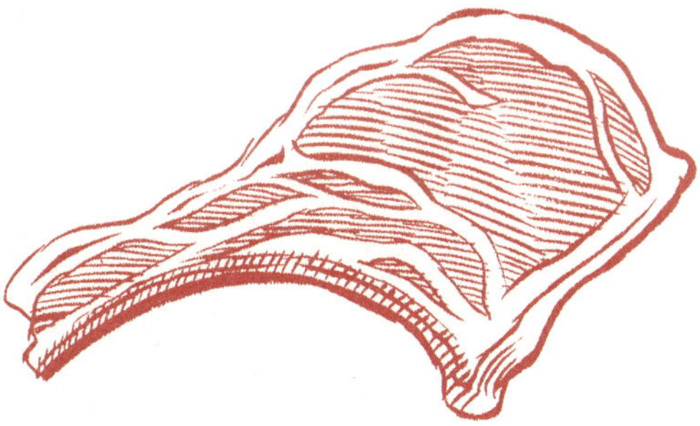

# Schweinekoteletts vom Grill mit Lavendel, Thymian und Rosmarin

*Wenn man das Fleisch mit frischen Kräutern einreibt, diese fest andrückt und dann die Koteletts vor dem Grillen 1 bis 2 Stunden ruhen lässt, wird das Fleisch ganz von dem feinen Kräuteraroma durchdrungen. Durch die sparsam verwendeten Lavendelblüten erhalten die Koteletts, die schnell gar werden, zusätzlich zum Thymian- und Rosmarinaroma eine leicht rauchige Note.*

*In der Haute Provence gibt es in vielen Küchen, Esszimmern oder Wohnzimmern eine Feuerstelle, auf der man* grillades *vom Schwein, Lamm, Rind oder Fisch zubereitet, die dann direkt vom Feuer auf den Esstisch gebracht werden. Das bedeutet doppelten Genuss, da man während des Grillens bereits den Duft der Kräuter aufnehmen kann und anschließend das würzige Fleisch verzehren darf.*

FÜR 4 PERSONEN

1 TL Salz
½ TL schwarzer Pfeffer aus der Mühle
4 Schweinekoteletts, je gut 1 cm dick
½ TL fein gehackte frische Lavendelblüten oder 1 große Prise getrocknete Lavendelblüten
2 TL fein gehackte frische Thymianblättchen
1 TL fein gehackte Rosmarinblättchen

◆ Die Schweinekoteletts auf beiden Seiten mit Salz und Pfeffer einreiben. Die fein gehackten Blüten und Kräuter mischen und die Koteletts auf beiden Seiten gleichmäßig mit der Mischung einreiben, dabei die Kräuter fest andrücken. Locker mit Frischhaltefolie abdecken und 1 bis 2 Stunden bei Zimmertemperatur ruhen lassen.

◆ Ein Holzkohlen- oder Holzfeuer vorbereiten.

◆ Sobald die Glut eine mittlere Temperatur erreicht hat, die Koteletts auf den Grillrost legen. 4 bis 5 Minuten grillen, dann wenden und noch 3 bis 4 Minuten grillen, bis klarer Fleischsaft austritt, wenn die Koteletts mit einem scharfen Messer eingeritzt werden. Sofort servieren.

# Brathuhn mit Thymianfüllung

*Ich bereite dieses Gericht öfters zu. Zuerst reibe ich das ganze Huhn mit Thymian ein und fülle dann die Körperöffnung mit dem aromatischen Kraut. Während das Huhn im Ofen brät, erfüllt herrlicher Thymianduft die Küche.*

FÜR 4 PERSONEN

1 Brathuhn, etwa 1,5 kg
Etwa 60 g frische Zweige Thymian
1 TL Salz
1 TL schwarzer Pfeffer aus der Mühle

◆ Den Backofen auf 180 °C vorheizen.
◆ Das an der Körperöffnung des Huhns befindliche Fett entfernen. Die Haut mit dem Thymian einreiben, dann innen und außen mit Salz und Pfeffer einreiben. Die Thymianzweige in die Körperhöhle stecken und das Huhn in einen flachen Bräter setzen.
◆ Das Huhn 1¼ bis 1½ Stunden braten, bis klarer Fleischsaft austritt, wenn man mit einem scharfen Messer in die dickste Stelle eines Schenkels sticht. Das Huhn aus dem Ofen nehmen und vor dem Tranchieren 5 bis 10 Minuten ruhen lassen. Auf einer vorgewärmten Platte servieren.

# Hähnchenbrust mit Honig-Lavendel-Glasur

*Der ausgeprägt würzige Geschmack und die Aromen der Kräuter verleihen dem Gericht eine kraftvolle holzige Note, vermischt mit einer gewissen Süße. Die Haut des Hühnchens erhält einen tief mahagonifarbenen Glanz, während das Fleisch darunter zart und aromatisch bleibt. Dies hier ist meine persönliche Variante des Gerichts, das ich im Restaurant Les Santons in Moustiers-Ste.-Marie probiert habe.*

FÜR 4 PERSONEN

4 TL zerstoßene Lavendelblüten
2 TL fein gehackte getrocknete Lavendelstiele
1 EL frische Thymianblättchen
2 TL getrocknete Winterbohnenkrautblättchen
12 schwarze Pfefferkörner
1 TL Salz
4 Hähnchenbrusthälften
60 ml kräftig aromatischer Honig, vorzugsweise Lavendel- oder Akazienhonig

◆ Den Backofen auf 230 °C vorheizen.

◆ In einem Mörser 2 TL Lavendelblüten, die Lavendelstiele, den Thymian, das Winterbohnenkraut, die Pfefferkörner und das Salz fein zerstoßen. Jede Hähnchenbrusthälfte mit etwa 1 TL der Mischung einreiben. Die Brustfilets mit der Hautseite nach oben auf ein Backblech legen. 10 Minuten im Backofen garen. Aus dem Ofen nehmen und die Haut gründlich mit dem Honig bestreichen. Die restliche Kräutermischung gleichmäßig über die Brustfilets streuen. Wieder in den Backofen schieben und die Temperatur auf 180 °C reduzieren. Während des Garens wiederholt mit dem ausgetretenen Fleischsaft begießen und noch etwa 20 Minuten garen, bis klarer Fleischsaft austritt, wenn das Fleisch mit einem scharfen Messer angeritzt wird. Häufiges Begießen ist wichtig, da der erwärmte Honig von den Filets auf das Backblech fließt; durch das regelmäßige Begießen erhält das Fleisch den erwünschten Honiggeschmack.

◆ Aus dem Backofen nehmen, mit den zurückbehaltenen 2 TL Lavendelblüten bestreuen und sofort servieren.

# Rosmarin-Orangen-Sorbet

*Das herb-frische Aroma des Rosmarins verleiht dem süßen Orangensorbet das gewisse Etwas. Als Dessert mit Schokoladenkonfekt oder Pralinen servieren.*

ERGIBT ETWA 750 ML

250 g Zucker
250 ml Wasser
2 Zweige Rosmarin, je 10 cm lang
500 ml frisch gepresster Orangensaft, durch ein feines Sieb gegossen
1 EL frisch gepresster Zitronensaft
½ TL fein gehackter frischer Rosmarin, zusätzlich 4 kleine Zweige Rosmarin zum Garnieren
3 EL fein gehackte Schale einer unbehandelten Orange, zusätzlich 4 spiralförmig geschnittene Streifen Orangenschale

◆ Den Zucker, das Wasser und die großen Rosmarinzweige in einen kleinen Topf geben. Das Wasser zum Kochen bringen; dabei umrühren, damit sich der Zucker auflöst. Auf mittlere bis niedrige Temperatur herunterschalten und die Flüssigkeit in etwa 5 Minuten unter häufigem Rühren zu einem dünnen Sirup einkochen lassen. Vom Herd nehmen und 10 Minuten abkühlen lassen, dann die Rosmarinzweige entfernen. Orangen- und Zitronensaft einrühren, den Deckel auflegen und den Sirup für mindestens 6 Stunden oder über Nacht im Kühlschrank gut durchkühlen lassen.

◆ Die gehackten Rosmarinblättchen und die gehackte Orangenschale unter den Sirup rühren. In eine Eismaschine umfüllen und nach den Anweisungen des Herstellers gefrieren. In Dessertschälchen oder Gläsern servieren. Jede Portion mit einem kleinen Rosmarinzweig und einem Streifen Orangenschale garnieren.

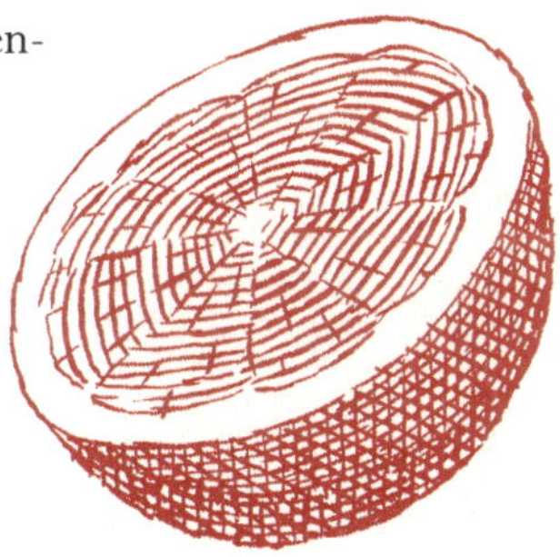

# Gebackene Feigen mit Honig und Lavendel

*Dieses elegante Dessert erhält durch die Beigabe von Lavendel seine besondere Note. Die Crème double kann man auch durch eine Kugel Vanilleeiscreme für jede Portion ersetzen.*

FÜR 6 PERSONEN

12 große, weiche, reife Feigen (eine beliebige Sorte)
80 g Honig
1 TL fein gehackte frische Lavendelblüten oder ¼ TL getrocknete Lavendelblüten
150 ml Wasser
Etwa 180 ml Crème double

◆ Den Backofen auf 150 °C vorheizen.

◆ Die Feigen von allen Seiten mit einer Gabel einstechen. Aufrecht in eine flache Auflaufform setzen, die gerade groß genug ist, dass die Feigen dicht gedrängt hineinpassen. Mit dem Honig beträufeln oder bestreichen und mit den Lavendelblüten bestreuen. Das Wasser in die Auflaufform gießen. Die Feigen 25 bis 35 Minuten backen, bis sie glänzend und prall aussehen; die genaue Garzeit richtet sich nach der Größe und Reife der Früchte. Aus dem Ofen nehmen und etwa 10 Minuten abkühlen lassen. Die Feigen in eine Servierschale setzen, mit dem entstandenen Sirup beträufeln und auf jede der Feigen 1 TL Crème double geben. Warm servieren.

Oliven
&
Oliven öl

## REZEPTE

*Pfeffrige grüne Oliven mit Zitronenaroma*

◆

*Schwarze Würzoliven*

◆

*Tapenade von schwarzen Oliven*

◆

*Tapenade von grünen Oliven und Mandeln*

◆

*Häppchen mit pikanter Leberpastete*

◆

*Klassische Vinaigrette*

◆

*Reissalat mit Tomate und Oliven*

◆

*Oliven-Linsen-Salat*

◆

*Salat von Oliven, gerösteter roter Paprika und Aubergine*

◆

*Sandwiches mit Tapenade, gerösteter roter Paprika und Ziegenfrischkäse*

◆

*Gedünstetes Blattgemüse mit schwarzen Oliven*

◆

*Rosmarin-Pasta mit schwarzen Oliven und Möhren*

◆

*Mit Tapenade gefüllte Hähnchenbrust*

◆

*Hühnerragout mit schwarzen Oliven*

◆

*Kaninchenragout mit grünen Oliven*

◆

*Olivenbrot*

Charakteristisch für die nördlichsten Randgebiete der Haute Provence ist der Olivenanbau, der hier zugleich seine höchste Grenze erreicht. Überall sieht man Olivenbäume stehen, an Straßenrändern, vor Häusern, inmitten von Weinbergen und an Einfahrten. Olivenhaine befinden sich an den Hängen der kleinen Täler, auf von Steinwällen umgebenen Terrassen und auf Hochebenen. Die meisten Anpflanzungen sind gepflegt, die Bäume beschnitten und gesund, der Boden ist gepflügt und die Terrassenumrandung intakt. Manche Haine sind Überreste aus längst vergangenen Tagen, um andere hat man sich zuletzt gekümmert, bevor die Männer in den Ersten Weltkrieg zogen. Solche Haine kann man hoch oben auf einem Hügel oder völlig zugewachsen auf einer Waldlichtung entdecken. Steigt man in nördlicher Richtung hinauf an Sisteron vorbei, werden die Olivenbäume immer weniger, und grasende Milchkühe bestimmen das Bild. Die roten Ziegeldächer der Haute Provence weichen grauem Schiefer, und die Alpen mit ihren gezackten Gipfeln kommen nun in Reichweite.

In der gerade noch vom mediterranen Klima beeinflussten Haute Provence ist es das Aroma des Olivenöls, das die verschiedensten Gerichte verfeinert, obwohl es in der unmittelbar benachbarten Alpenregion Butter im Überfluss gibt. Olivenöl schimmert auf Wildkräutersalaten, auf warmen Kartoffeln und Trüffeln, auf Möhren- und auf Fenchelscheiben. Frisch gefangene Forellen werden mit Olivenöl eingerieben und dann über einem Rebholzfeuer gegrillt. Wildschwein wird in Olivenöl angebraten, bevor man es gemächlich schmoren lässt, und Dicke Bohnen, Artischocken, grüne Bohnen, Auberginen, Mangold und Kohl – die saisonalen Gemüse – werden in Olivenöl zusammen mit Zwiebeln, Knoblauch und Kräutern zubereitet und als *fricot* serviert. *Aïoli,* die beliebte knoblauchduftende Mayonnaise, die zu Schnecken, Stockfisch, gedünstetem Gemüse und vielem anderen serviert wird, schmeckt am würzigsten, wenn man sie mit Olivenöl zubereitet.

Die geernteten Oliven werden eingelegt und zum Aperitif als Begleitung zu einem Gläschen *vin de noix*, Rosé oder Pastis gereicht. Sie ergänzen eine Vorspeise, beispielsweise aus *jambon cru, pâté* und *saucisson.* Schwarze oder grüne Oliven sind Hauptbestandteil der Tapenade; dafür werden sie mit Kapern, Anchovis und Olivenöl zu einer Paste verarbeitet, die man dann auf gerösteten Toast streicht oder zu Gemüse oder Fleisch serviert. Oliven werden als Zutat für Salate und unentsteint zum Aromatisieren von warmen Gerichten verwendet. Für das komplexe Aroma der Oliven sind mehrere Faktoren verantwortlich. Jede Sorte hat ihren eigenen Charakter, doch da man alle Oliven – damit sie überhaupt essbar sind – zuerst entbittern muss, verändert sich ihr Eigengeschmack. Weitere geschmackliche Varianten und Nuancen hängen von der Art und dem Grad der Entbitterung ab, die sich nach ganz persönlichen Vorlieben richten können. Nach dem Entbittern werden die Oliven in verschiedene Aufgussflüssigkeiten oder in Öl eingelegt, was ebenfalls den Geschmack beeinflusst. Schließlich kann man weitere Aromen und Würzmittel hinzufügen: Zitrone und Fenchel, Chilischoten und Knoblauch, Koriander und Dill, Anchovis und kleine Zwiebeln werden für diesen Zweck gern verwendet. Diese können entweder dem ursprünglichen oder einem frischen Aufguss beigefügt werden; man kann die Oliven jedoch auch aus dem Aufguss nehmen und in Olivenöl einlegen, mit oder ohne zusätzliche Würzmittel.

So hängt der Geschmack einer Tapenade oder einer anderen Zubereitung, die Oliven enthält, letztendlich von vielen Faktoren ab. Mit Fenchel und Zitrone aromatisierte grüne Oliven verleihen einem Schmorgericht mit Schweinefleisch eine gänzlich andere Note als zuerst in Salzlake gereifte und später in Öl eingelegte schwarze Oliven. Gerade wegen ihres so unterschiedlichen Geschmacks können Oliven in der Küche äußerst vielseitig eingesetzt werden.

Die meisten Wohnhäuser, ob auf dem Land oder in den Dörfern, besitzen eine *cave* – einen Keller, eine Garage oder einen anderen geeigneten Raum, wo man Wein, Oliven sowie Wurzel- und Knollengemüse kühl lagern kann. Zu Beginn des Jahrhunderts wurden Oliven noch in großen, innen glasierten Terrakottakrügen gelagert, heute benutzt man dafür *bonbonnes* – Ballonflaschen – aus Kunststoff oder

Korbflaschen mit weiter Öffnung, die fünf bis zehn Liter fassen. Dazu gehört gewöhnlich eine hölzerne Schöpfkelle für Oliven. Sie hat einen langen Stiel und eine tiefe, runde Kelle mit Löchern, so dass die Oliven ohne Flüssigkeit aus dem Fass geschöpft werden können.

Ich habe meine Nachbarin Françoise schon immer gern in ihre *cave* begleitet, vor allem, als sie noch in ihrem alten Haus wohnte. Der Keller hatte einen Boden aus gestampfter Erde und eine hohe gewölbte Decke. Die einzige Lichtquelle war eine kleine, von der Decke herabhängende Glühbirne, deren Fassung seit ihrer Installation in den dreißiger Jahren dort hing. Der Keller selbst stammte aus dem frühen 17. Jahrhundert; seine Mauern waren an manchen Stellen fast zwei Meter dick. Zuerst kamen wir durch den äußeren Teil, in dem Kartoffeln, Zwiebeln und Riesenkürbisse zu beiden Seiten eines engen Pfades ausgebreitet waren, der zur inneren *cave* führte, in der Wein und Oliven aufbewahrt wurden. In diesem wesentlich kleineren Raum gab es überhaupt kein Licht. Durch die einzelne Glühbirne in der größeren *cave* wurde die Dunkelheit gerade so weit erhellt, dass wir die engen Hälse der mit Wein gefüllten *bonbonnes* von den weiteren Hälsen der mit Oliven gefüllten unterscheiden konnten. Françoise ertastete die Schöpfkelle im Dunkeln, und da sie die Einzige war, die die Oliven aus dem Keller holte, wusste sie immer genau, wo die Kelle lag. Von einer größeren Zahl Ballons entkorkte sie einen und schöpfte sich nun ihre Schüssel voll mit Oliven – manchmal waren es schwarze, manchmal grüne, manchmal von beiden etwas. Sie steckte den Korken wieder an seinen Platz, und wir machten uns auf den Rückweg in die Küche.

Auch wenn heutzutage weniger Menschen als früher ihre Oliven selbst einlegen, lässt sich doch die Macht der Tradition daran messen, dass Haushaltswarenläden, große Supermärkte und fahrende Händler auf Freiluftmärkten immer noch die speziellen Schöpfkellen für Oliven und die *bonbonnes* mit ihren dicken, flachen Korken als Standardprodukte für den Haushalt anbieten, neben Rechen, Hacken, Küchenutensilien, Hämmern und Gartenschläuchen.

Wie so viele andere Tätigkeiten in der Haute Provence richtet sich auch die Olivenverarbeitung nach dem Jahreslauf. Die zum Einlegen vorgesehenen Oliven werden nicht in einem Schwung abgeerntet, sondern über einen Zeitraum von sechs Monaten verteilt, da sie erst nach und nach von Grün zu tiefstem Schwarz heranreifen. Die grünen Oliven pflückt man, gerade bevor sie zu Violett wechseln, ab dem späten August oder September; das sind die ersten Oliven der Saison. Sobald sich die Oliven violett, jedoch noch nicht schwarz, gefärbt haben, werden sie zum Einlegen geerntet. Wenn sie tiefschwarz sind, erntet man sie zum Einsalzen. Die letzten Oliven, die im ausgehenden Winter schwarz und verschrumpelt am Baum hängen, werden ohne weitere Beigaben in Krüge gefüllt, in denen sie mindestens ein Jahr, vorzugsweise jedoch drei oder vier Jahre reifen.

In diesem einfachen regionalen Produkt spiegeln sich die Jahreszeiten wider. Wenn die grünen Oliven gepflückt und eingelegt werden, quillt der Gemüsegarten noch über von Tomaten und Auberginen, die Felder sind voller saftiger Melonen und die Trauben reifen an den Weinreben. Das Mittagessen wird im Freien unter Maulbeerbäumen eingenommen. Bis sich die Oliven violett gefärbt haben, sind die letzten Früchte des Sommers aus dem Garten verschwunden, und Lauch und Zwiebeln stehen in militärisch exakten Reihen neben den Winterkohlköpfen. Die Kartoffeln sind geerntet und eingekellert, die Weinlese beginnt. Werden schließlich die schwarzen Oliven geerntet, hat der Wind bereits die vertrockneten, gekräuselten Blätter von Bäumen und Reben geweht, und erdig-dunkelbraun liegen die Felder da, in denen bereits der Samen des Winterweizens ruht. Die flachen Regenpfützen sind mit einer dünnen Eisschicht überzogen und den ganzen Tag lang steigt der sich kräuselnde Rauch aus den Schornsteinen der Häuser auf.

Die Olivenverarbeitung ist recht einfach, wenn man ein paar Dinge beachtet. Alle Oliven sind, wie gesagt, zuerst grün, dann violett und schließlich schwarz. Ob man eine grüne Olive isst oder eine schwarze, hängt nicht von der Sorte, sondern von ihrem Reifegrad bei der Ernte ab. Unabhängig von ihrem Reifegrad sind alle unbehandelten Oliven ungenießbar, da sie ein Glucosid enthalten, das sie extrem bitter schmecken lässt. Daher müssen sie zuerst einem Entbitterungsprozess unterzogen werden. Traditionell kann die Entbitterung durch verschiedene Methoden erreicht werden: durch Einweichen in Wasser, das häufig gewechselt werden muss, durch Einweichen in eine gießfähige Paste aus Wasser und Holzasche oder durch Einlegen in Salz. Die unterschiedlichen Methoden können über einen Zeitraum von ein paar Tagen bis zu einem Monat angewandt werden; alle auf diese Weise behandelten Oliven behalten jedoch eine gewisse Bitterkeit zurück.

Manche Olivensorten der Haute Provence werden eingelegt, wenn sie grün sind, da sie sich gerade dann geschmacklich auf dem Höhepunkt befinden, andere vorzugsweise, wenn sie violett oder schwarz sind, und wieder andere in allen drei Stadien. Im Allgemeinen kann man jedoch sagen, dass eine zum Einlegen geeignete Olive, eine gute Tafelolive, dickfleischig ist und einen kleinen Stein besitzt. Es gibt allerdings einige wenige Ausnahmen. Die Sorte Cailletier, bekannter unter der Bezeichnung *olives de Nice* oder Niçoise, bringt kleine Früchte hervor, die kaum größer als die Spitze des kleinen Fingers sind und sehr gut schmecken.

Im Laufe der Jahre hat es sich eingebürgert, die Oliven sowohl nach dem Gebiet zu benennen, in dem sie angebaut werden, als auch nach ihrer Sortenbezeichnung, was leicht zu terminologischer Konfusion führen kann. So kann es passieren, dass ein und dieselbe Olivensorte ein Dutzend verschiedene Namen hat, je nachdem, wo sie angebaut wird. Umgekehrt können verschiedene Olivensorten dieselbe Bezeichnung erhalten, weil sie auf die gleiche Weise zubereitet wurden. Als *à la picholine* beispielsweise kann jede Olive bezeichnet werden, die in eine leicht gekräuterte Salzlake eingelegt wurde. Picholine ist jedoch ebenfalls die Sortenbezeichnung für eine bestimmte – mandelförmige und spitz zulaufende – Olive, die sowohl im kommerziellen Anbau als auch in Gärten und auf dem Land zu den Olivensorten gehört, die am weitesten verbreitet sind.

Maurice, der Mann meiner Nachbarin Françoise, hat keine Ahnung, zu welcher Sorte seine Olivenbäume gehören. »Die Bäume waren schon vor uns hier«, pflegt er zu sagen. Françoise legt ihre Oliven – dickfleischige mit kleinen Steinen – nach der Methode ein, die sie von ihrer Mutter, einer italienischen Einwanderin, gelernt hat. Meine andere Nachbarin, die aus Marseille stammt, bevorzugt eine leicht abgewandelte Methode. Sie und ihr Mann pflanzten Olivenbäume der Sorte Picholine wie auch zahlreiche Bäume mit der Bezeichnung *race de Montfort,* als sie das Grundstück erbten. Zusätzlich pflanzten sie Bäume speziell für die Ölgewinnung.

Maurice, der von Beruf Landwirt ist, hat sich auf den Anbau von Melonen und anderen Früchten spezialisiert, die er auf den Wochenmärkten verkauft. Er besitzt auch einen kleinen Weinberg, dessen Trauben für die hiesige Winzergenossenschaft bestimmt sind, und etliche Getreidefelder. Seine Olivenbäume, insgesamt etwa 20 Stück, stehen verstreut auf seinem zweieinhalb Hektar großen Weinbaugebiet. Im späten Dezember, wenn die Oliven in der Region Haut Var heranreifen, macht sich Maurice mit seiner Familie und seiner Verwandtschaft an die Ernte. Er bringt schließlich zwischen 500 und 600 Kilogramm Oliven in die Genossenschaftsölmühle ins Nachbardorf. Gewöhnlich ergibt seine Ernte eine Ausbeute von 60 bis 80 Liter Öl – genug, um seine Familie damit ein ganzes Jahr lang zu versorgen.

Manche kleinen landwirtschaftlichen Betriebe produzieren mehr Öl, als sie selbst verbrauchen. Dieses Öl bieten sie dann gelegentlich in den örtlichen Lebensmittelgeschäften zum Verkauf an. Auf handgeschriebenen Schildern, die an die Kasse oder ins Ladenfenster geklebt werden, kann man dann lesen: *»Huile d'olive de pays sur commande«.* Ich selbst bestelle mein Olivenöl bei einem örtlichen Lebensmittelgeschäft und hole es eine Woche später dort ab. Es ist in recyclebaren Flaschen abgefüllt, meistens in 1-Liter-Limonadenflaschen mit einem kleinen Korken.

Das Öl ist von einer wunderbar goldgrünen Farbe und leicht trüb. Es stammt aus der Gegend von Aups, vielleicht auch von Salernes oder Quinson, erzählt mir die Frau in dem kleinen Laden. Ich weiß also nie genau, woher mein Olivenöl nun tatsächlich kommt. Doch ich liebe dieses Olivenöl und freue mich jedes Jahr auf die neue Ernte und auf das Ritual, das nötig ist, um an dieses Öl zu gelangen.

Die Olivenernte für die Ölproduktion findet zwischen Dezember und Februar statt, je nachdem, wann der Ölgehalt in den Oliven am höchsten ist. Im Haut Var – in Tavernes, Salernes und Cotignac – beginnt die Ernte normalerweise im Dezember und geht bis in den Januar hinein. In Entrevaux, in der Region Alpes-de-Haute-Provence, sind die Oliven nicht vor Ende Januar oder Anfang Februar soweit, zur selben Zeit werden auch die Oliven in Nyons gepflückt. Nyons, das zu Beginn des 20. Jahrhunderts auf seinen umliegenden Hügeln mehr als eine Million Olivenbäume aufwies und zu den größten Ölerzeugern gehörte, besitzt heute gerade noch knapp 30 000 Bäume, allesamt auf kleine Besitzungen verteilt. Die schlimmen Frostperioden in den Jahren 1929, 1956 und 1985 forderten ihren Tribut; beschädigte Bäume wurden entfernt, jedoch nicht durch neue ersetzt.

Oliven werden nach alter Tradition von Hand gepflückt, gewöhnlich von Familienangehörigen und Freunden. Die meisten kommerziellen Pflanzungen haben auf maschinelle Erntemethoden umgestellt, doch auf kleineren Besitztümern verfährt man immer noch nach der angestammten Methode, selbst in Nyons. Zu Boden gefallene Oliven werden aufgesammelt, dann breitet man Netze zwischen den Bäumen aus. Man pflückt die Oliven einzeln Stück für Stück oder erntet sie durch Abstreifen, wobei nicht nur die Oliven, sondern auch Blätter mit vom Baum gezupft werden. Die Früchte fallen auf die Netze; danebengefallene werden eingesammelt. Am Ende lädt man die Oliven auf und bringt sie in die Mühle.

In modernen Mühlen werden die Oliven gewaschen und Steine, Blätter und andere Verunreinigungen aussortiert. Die ganzen Oliven inklusive Stein werden fein gemahlen und zu einer Paste gemischt. Eine Zentrifuge trennt die Paste dann in Wasser und eine Mischung aus Öl und Wasser, anschließend wird mit einer kleineren Zentrifuge noch mehr Wasser abgeschieden, so dass reines Olivenöl zurückbleibt. Moderne Zentrifugen sind sehr viel leichter zu handhaben und ergeben eine größere Ausbeute an Öl als die traditionellen Ölpressen, doch in der Haute Provence waren bis zum letzten Viertel des 20. Jahrhunderts Ölmühlen mit traditioneller Ausstattung in Betrieb, in denen man nach alten Methoden arbeitete.

Ein paar dieser Mühlen sind noch in Betrieb und verbreiten während der Wintermonate eine ganz besondere Atmosphäre. Viele Einheimische erinnern sich gut an ihre Kindheit, als sie sich nach der Schule oder zur Mittagessenszeit bei der Mühle versammelten, um ihr Stück Brot in das frisch gepresste Öl zu tauchen.

Die Ölmühle in Entrevaux gehört noch zu den traditionellen Mühlen, und genau dorthin führte uns – meine Familie und Freunde aus Annot, ausgerüstet mit Baguettes und einer Flasche Rotwein – an einem eisig kalten Februarnachmittag unser Weg. Die noch mit Wasserkraft betriebene Mühle befindet sich oberhalb des Flusses an einer Flanke der Felsschlucht; sie wurde über einem alten Wasserlauf errichtet, der von einem in einer Nebenschlucht fließenden Bergbach gespeist wird. Das Rauschen des Bergbachs ist allgegenwärtig. Wir traten ein in das Steingebäude und kamen in einen relativ kleinen Raum mit weiß getünchten Wänden und niederer Decke. Ein Viertel des Raumes füllte ein hüfthoher Steinbottich mit einem großen, sich langsam drehenden Mühlstein, der die Oliven wendete und zerdrückte. In einer Ecke befand sich ein mit Holz befeuerter Boiler, von dem aus Rohre zu einem alten Heizkörper neben der Ölpresse führten – in bergigen Regionen im Winter eine notwendige Vorrichtung, damit das Öl flüssig bleibt. Dem Mühlstein gegenüber stand die eisenbeschlagene Presse; in ihr lagen mehr als ein halbes Dutzend flache Kokosfasermatten aufgestapelt, zwischen denen sich die vom Mühlstein zerquetschten Oliven befanden. Die Matten wurden einem Druck von mehreren Tonnen ausgesetzt, so dass die Flüssigkeit an den Seiten heruntertropfte; sie wurde in einem darunter stehenden Bottich aufgefangen. Ursprünglich wurde das frisch gepresste Öl sofort in die bis zur Decke reichenden Fässer gefüllt, die an einer der Wände aufgereiht waren, doch heutzutage folgt erst ein Durchgang durch eine kleine Zentrifuge. Bei den Fässern ist am unteren Ende ein Hahn angebracht; mit der Zeit sammelt sich das Olivenöl, das leichter als Wasser ist, und steigt auf, so dass das Wasser durch Öffnen des Hahns abgelassen werden kann.

Nachdem uns der Müller die verschiedenen Funktionsweisen erklärt hatte, schnitt er eine unserer Baguettes in drei Teile und halbierte diese der Länge nach. Nun klappte er den Grillrost mit dem langen Griff auf, der neben dem Feuer an der Wand gelehnt hatte, legte die Brotstücke darauf und schloss den Rost wieder. Der Müller hielt den Grillrost gerade so lange ins Feuer, bis das Brot leicht angeröstet war. Dann nahm er das Brot heraus, legte es auf den massigen Holztisch und rieb die gegrillte Brotseite mit einer halbierten Knoblauchzehe ein. Er stellte eine große Servierschale mit Olivenöl auf den Tisch und forderte uns auf, das Brot mit der gegrillten Seite nach unten in das Öl zu tauchen. Als wir es wieder aufnahmen, tropfte es nur so von der grüngoldenen Flüssigkeit. Feierlich wurde unser Wein entkorkt, wir bekamen Gläser gereicht und lehnten uns entspannt zurück, um die

Wärme des Raumes zu genießen, das geröstete Brot zu kosten und uns mit den anderen Mühlenbesuchern zu unterhalten – Gästen des Müllers und des Dorfes, die wie wir eine lange Tradition der Gastfreundschaft erfahren durften.

## OLIVENÖL UND SEINE GÜTEKLASSEN

Olivenöl wird in verschiedene Güteklassen eingeteilt, die vom International Olive Oil Council und der EU anerkannt und per Gesetz geschützt sind, um einen gewissen Qualitätsstandard zu gewährleisten. Die höchste Qualitätsstufe wird als *vierge extra* (italienisch *extra vergine*), deutsch »natives Olivenöl extra« und/oder erste Kaltpressung, bezeichnet. (*Vierge* beziehungsweise *vergine* bedeutet »jungfräulich«, daher auch der Name »Jungfernöl«.) Dieses Öl wird ohne Hitzeeinwirkung gewonnen, durch die der Charakter eines Öls beeinträchtigt werden kann. Die erste Kaltpressung ist zweifellos das Olivenöl mit dem besten Geschmack; es sollte einer Speise hinzugefügt werden, die gar nicht mehr oder nur noch leicht erwärmt werden muss. Der Geschmack eines Olivenöls dieser Güteklasse kann sehr variieren, was abhängig ist von den verwendeten Olivensorten, vom Ort und der Art des Anbaus, vom Zustand der Oliven bei der Pressung und von bestimmten Details und Methoden der Pressung und des Gewinnungsprozesses.

Die nächste Güteklasse ist das »native Olivenöl«; darunter fallen Olivenöle von sehr unterschiedlicher Qualität. Da dieses Öl gewöhnlich unter Hitzeeinwirkung gewonnen wird, hat es einen niedrigeren Rauchpunkt als Olivenöl der ersten Güteklasse und wird daher zum Braten und Frittieren verwendet. Die dritte Güteklasse bildet das aus naturreinem und raffiniertem Öl hergestellte »Olivenöl«.

## AROMATISIERTE OLIVENÖLE HERSTELLEN

Den Geschmack von Olivenöl kann man gut mit anderen Aromen kombinieren, beispielsweise mit Rosmarin, Thymian, Wacholder, Trüffel, schwarzem Pfeffer und Zitrone. Dazu steckt man einfach einige Stengel Kräuter, eine Hand voll Wacholderbeeren oder schwarzer Pfefferkörner oder die zerkleinerte Schale mehrerer unbehandelter Zitronen in ein Gefäß und bedeckt alles großzügig mit Olivenöl.

Ich verwende Rosmarin-, Thymian- und Wacholderöl zum Grillen und für Marinaden, dafür eignet sich ein »natives Olivenöl« oder ein möglichst preiswertes »natives Olivenöl extra«. Die mit schwarzem Pfeffer, Zitrone oder Trüffel aromatisierten Olivenöle passen wunderbar zu Salaten und warmem Gemüse und zum Beträufeln von bereits fertigen Gerichten. Für diese Aromen bevorzuge ich natives Olivenöl extra der mittleren Preislage.

Den Krug oder die Flasche sterilisieren und sicherstellen, dass die aromagebenden Zutaten vollständig mit dem Olivenöl bedeckt sind. Kommt Luft an die Zutaten, beginnen sie zu schimmeln. Das Gefäß mit einem Deckel oder einem gut sitzenden Korken verschließen und an einem warmen Ort lagern. Nach ein paar Tagen nimmt das Öl bereits den Geschmack der beigegebenen Zutaten an. Um das Ergebnis zu prüfen, ein wenig Öl auf eine Untertasse gießen und mit einem Stückchen Brot auftunken. Nachdem das Öl den gewünschten Geschmack angenommen hat, die Aromazutaten entfernen und das Öl, falls gewünscht, vom Krug in eine Flasche umfüllen und in den Küchenschrank oder an einen anderen Ort stellen, an dem es vor direktem Licht geschützt ist.

## OLIVEN ENTBITTERN, EINSALZEN UND EINLEGEN

*Nur mit Wasser entbittern*

Diese Methode wird häufig für die grünen Augustoliven und die darauf folgenden schwarzvioletten Oliven verwendet.

*Gesprungene grüne Oliven*

Man nimmt vollständig grüne Oliven, die keinen Anflug von Violett aufweisen, dickfleischig sind und kleine Steine haben. Die Olive mit einem Fleischklopfer oder der Rückseite eines Holzlöffels so anknacken, dass die Haut aufspringt; darauf achten, dass die Steine ganz bleiben. Diese künstlich »gesprungenen« Oliven in ein geschmacksneutrales Fass oder einen Steinguttopf geben und mit kaltem Wasser bedecken. Das Wasser täglich wechseln, und zwar über einen Zeitraum von mindestens 10 bis zu 25 Tagen je nach dem individuellen Geschmack. Je länger die Oliven gewässert werden, desto mehr Bitterstoffe verlieren sie – immer bleibt jedoch etwas von ihrem bitteren Geschmack zurück, was auch ihren kulinarischen Reiz ausmacht. Wenn die Oliven bis zum gewünschten Grad entbittert sind, das Wasser abgießen und die Oliven in ein sauberes, trockenes Gefäß mit Deckel geben. Mit abgekühlter Salzlake bedecken (Seite 68) und mit dem Deckel verschließen. Im Kühlschrank aufbewahren, wo sie 3 Monate haltbar sind. Bereits nach 1 Woche sind die Oliven zum Verzehr geeignet.

*Schwarzviolette Oliven*

Hier nimmt man vorzugsweise dickfleischige violette Oliven, deren Färbung bereits in Richtung schwarz geht. Um den Entbitterungsprozess zu beschleunigen, die Oliven rundherum mit Nadeln einstechen, die durch ein Stück Kork gesteckt wurden. Die Oliven in Wasser legen und fortfahren wie bei »Gesprungene grüne Oliven«. Zum Verzehr bereit sind sie 1 Monat nach dem Einlegen in Salzlake; im Kühlschrank sind sie mehrere Monate haltbar.

*Mit Lauge entbittern*
Als ich diese Methode zum ersten Mal ausprobierte, war ich zugegebenermaßen recht ängstlich, obwohl ich viele Personen kenne, die ihre Oliven immer mit Lauge entbittern. Diese ganzen Warnungen auf dem Laugenbehälter schüchterten mich ein, und ich konnte wirklich nicht glauben, dass etwas so Gefährliches mit Essbarem überhaupt in Berührung kommen sollte. Ich täuschte mich jedoch. Dies ist eine schnelle und wirkungsvolle Methode, Oliven zu entbittern. Sie dauert nur 5 bis 6 Tage, und danach ist nahezu alle Bitterkeit verschwunden. Lauge sollte jedoch auf jeden Fall mit Vorsicht gehandhabt werden und unbedingt außer Reichweite für kleine Kinder sein. Im Gegensatz zu der Methode, bei der reines Wasser verwendet wird, müssen die Oliven hier beschwert werden, damit sie völlig in der Lauge versinken. Kann Luft an die Oliven kommen, verfärben sie sich und werden matschig. Es sollten grüne bis violette Oliven verwendet werden.

Die Oliven in einen laugenresistenten Topf oder Steinguttopf geben. Ich selbst nehme einen Plastikeimer. In einem ebenfalls laugenresistenten Gefäß eine Mischung aus 125 g reiner Lauge auf 4 l Wasser herstellen. Die Lauge muss ausreichen, um die Oliven vollständig zu bedecken. Ein sauberes Handtuch auf die Oliven legen, darauf einen Teller stellen und zum Beschweren einen Ziegelstein auf den Teller legen. Alle 12 Stunden das Gewicht und das Handtuch entfernen und mit einem langstieligen Löffel aus Holz oder Plastik die unteren Oliven zuoberst kehren, dabei von oben nach unten rühren. Bei grünen Oliven wird man fast sofort eine farbliche Veränderung von hellgrün nach dunkelgrün erkennen. Die Prozedur über einen Zeitraum von 4 bis 5 Tagen wiederholen, bis sich die Lauge zum Stein vorgearbeitet hat. Dies kann man erkennen, indem man mindestens täglich eine Olive entnimmt, sie aufschneidet und anhand der fortgeschrittenen farblichen Veränderung im Innern überprüft, wie weit die Lauge noch vom Stein entfernt ist. Sind die Oliven schließlich ganz durchdrungen, werden sie abgeschüttet und abgespült und danach für 6 bis 12 Stunden in frisches, kaltes Wasser gelegt. Den Wasserwechsel mit anschließender Einweichzeit fünfmal wiederholen.

Die Oliven ein letztes Mal abgießen und in saubere, trockene Gefäße füllen. Mit abgekühlter Salzlake (Seite 68) bedecken und die Deckel schließen. Diese Oliven besitzen keine Bitterkeit mehr. Im Kühlschrank sind sie bis zu 1 Jahr haltbar.

*Mit Holzasche entbittern*

Die Verwendung von Holzasche ist ebenfalls eine Form des Entbitterns mit Lauge, da Holzasche Lauge enthält. Am besten eignet sich diese Methode für grüne Oliven. Für knapp 1 kg Oliven benötigt man ungefähr 500 g fein gesiebte Hartholzasche; je feiner die Asche ist, desto besser. Die Asche mit einer ausreichenden Menge Wasser zu einer dünnen Paste vermischen. Dann die Oliven in ein laugenresistentes Fass, einen Steinguttopf oder einen Krug geben und mit der Paste bedecken. Über einen Zeitraum von 5 bis 6 Tagen nun täglich umrühren. Wie bei der Methode mit der gekauften Lauge muss auch mindestens täglich überprüft werden, wie weit die Oliven von der Holzaschenpaste durchdrungen sind. Ist die Lauge bereits bis zum Stein vorgedrungen, die Paste abgießen, die Oliven abspülen und wieder in das Fass, den Steinguttopf oder den Krug geben. Die Oliven täglich durchspülen und das Einweichwasser wechseln, und zwar über einen Zeitraum von 10 bis 25 Tagen beziehungsweise so lange, bis die Bitterkeit nachgelassen hat. Es bleibt auf jeden Fall etwas vom bitteren Geschmack zurück, doch weniger als beim Entbittern mit reinem Wasser.

*Mit Salz entbittern*

Für diese Methode sollte man nur vollreife, tiefschwarze Oliven verwenden; auch leicht verschrumpelte Exemplare sind noch geeignet. Die Oliven rundherum mit Nadeln einstechen, die durch ein Stück Kork gesteckt wurden; dies erleichtert die Durchdringung der Oliven mit Salz sowie den Flüssigkeitsentzug. Dann die Oliven in einen Jutesack füllen und sorgfältig mit Salz bedecken. Man kann auch eine Holzkiste mit Juteleinen oder Sackleinwand auslegen und darauf eine 5 cm dicke Schicht Steinsalz geben. Auf die Salzschicht die Oliven schütten, die wiederum mit Salz bedeckt werden. Danach die Kiste oder den Sack über einen Eimer oder einen Abfluss stellen, damit die sich bildende Flüssigkeit abfließen kann. Nach Bedarf noch weiteres Salz zugeben. Die Oliven benötigen für die Entbitterung ungefähr 20 Tage; sie schmecken nicht salzig, da sich das Salz aufgelöst hat und ausgeschwemmt wurde. Sobald die Oliven bis zum gewünschten Grad entbittert sind, werden sie abgespült und getrocknet. Dann füllt man sie zusammen mit Olivenöl, Salz, getrocknetem Thymian und eventuell noch mit schwarzen Pfefferkörnern, getrockneten roten Chilischoten und Lorbeerblättern in einen Krug. Dabei muss man unbedingt darauf achten, dass alles ausreichend mit Öl bedeckt ist, da vor allem der Thymian an der Luft sonst schimmelt. Im Kühlschrank halten sich die Oliven bis zu 1 Jahr.

*Nicht entbitterte Oliven*

Hierzu verwendet man tiefschwarze, verschrumpelte Oliven, die in einen Tontopf oder Tonkrug mit gut schließendem Deckel gefüllt werden. Die Oliven ohne irgendeine weitere Beigabe für ein Jahr an einem kühlen, dunklen Ort lagern, bevor sie das erste Mal probiert werden. Sie schmecken dann immer noch recht bitter, doch ist es gerade diese Bitterkeit, die nicht selten geschätzt wird. Diese Oliven lässt man vor dem Verzehr oft 3 Jahre lang reifen, und mir wurde gesagt, dass sie an einem kühlen, dunklen Ort durchaus 10 Jahre haltbar sind.

*In Salzlake einlegen*

Nach dem Entbittern werden die Oliven für die weitere Lagerung in eine Salzlake eingelegt, die nur aus Wasser und Salz besteht oder zusätzlich aromatisiert ist. Doch falls kein sehr kalter Keller oder ein ähnlicher Ort zur Verfügung steht, sollten die eingelegten Oliven im Kühlschrank aufbewahrt werden, wo sie einige Monate haltbar sind.

Die Lake, die ich hier aufgeschrieben habe, wird in der Haute Provence oft verwendet und eignet sich sowohl für grüne als auch für violettschwarze und schwarze Oliven. Ich gebe genaue Mengen an, doch kann man sich auch nach der Faustregel richten, dass auf 1 l Wasser 125 g Salz kommen. Schmecken die Oliven zu salzig, können sie für einige Stunden oder über Nacht in frisches Wasser gelegt werden.

ERGIBT ETWA 2 L SALZLAKE

2 l Wasser
250 g grobes Meersalz
3 frische oder 2 getrocknete Lorbeerblätter
2 Blütendolden vom Fenchel
3 oder 4 lange Stengel frisches Winterbohnenkraut
3 oder 4 lange Zweige frischer Thymian
1 Stück getrocknete Orangenschale
1 EL Koriandersamen
1 EL schwarze Pfefferkörner

◆ Alle Zutaten in einen Topf geben und zum Kochen bringen. Danach auf mittlere Temperatur reduzieren und ohne Deckel 15 Minuten köcheln lassen. Vom Herd nehmen und vor der weiteren Verwendung vollständig abkühlen lassen.

# Pfeffrige grüne Oliven mit Zitronenaroma

*Dies ist meine Variante der mit Zitrone und Lorbeer aromatisierten grünen Oliven, die auf den Märkten in der Haute Provence angeboten werden.*

ERGIBT ETWA 300 G

300 g in Salzlake eingelegte grüne Oliven, nach Belieben von unterschiedlicher Größe, abgetropft
30 schwarze Pfefferkörner
1 unbehandelte Zitrone
6 frische Zweige Thymian
2 EL natives Olivenöl extra

◆ Die Oliven in ein Glas oder ein anderes geschmacksneutrales Gefäß füllen. Die Pfefferkörner mit einem Fleischklopfer oder der Rückseite eines Holzlöffels grob zerdrücken. Zu den Oliven geben. Die Zitrone in etwa 12 bis 15 Stücke schneiden und die Kerne entfernen. Ebenfalls zu den Oliven geben. Die Thymianzweige zwischen den Händen reiben und die dabei abfallenden Blättchen den Oliven beigeben, dann auch die Zweige und das Olivenöl hinzufügen. Das Gefäß schwenken, bis alle Oliven mit Öl überzogen sind. Mit Kunststofffolie abdecken und vor dem Verzehr 1 bis 3 Tage kühl stellen. Im Kühlschrank sind die Oliven bis zu 6 Wochen haltbar.

# Schwarze Würzoliven

*Diese Oliven werden zum Aperitif serviert oder an pikante Saucen gegeben. Für eine noch feurigere Variante kann man Vogelaugen-Chillies (Thai-Chillies) verwenden. Je länger die Oliven in der Marinade liegen, desto schärfer werden sie.*

ERGIBT ETWA 350 G

300 g in Salzlake oder in Salz eingelegte schwarze Oliven, abgetropft
2 EL zerstoßene getrocknete rote Chilischoten (mild bis mittelscharf), wie beispielsweise Anaheim-, Colorado- oder California-Chillies
2 EL Koriandersamen
2 EL schwarze Pfefferkörner
6 Zweige frischer Thymian
3 frische oder 2 getrocknete Lorbeerblätter
4 EL natives Olivenöl extra

◆ Die Oliven in ein Glas oder ein anderes geschmacksneutrales Gefäß füllen. Die zerstoßenen Chillies dazugeben. Die Koriandersamen und die Pfefferkörner mit einem Fleischklopfer oder der Rückseite eines Holzlöffels grob zerdrücken; ebenfalls hinzufügen. Die Thymianzweige zwischen den Händen reiben, die dabei abfallenden Blättchen den Oliven beigeben, dann auch die Zweige, die Lorbeerblätter und das Olivenöl hinzufügen. Das Gefäß schwenken, bis alle Oliven mit Öl überzogen sind. Mit Kunststofffolie abdecken und vor dem Verzehr bis zu 3 Tage kühl stellen. Im Kühlschrank sind die Oliven bis zu 6 Wochen haltbar.

# Tapenade von schwarzen Oliven

*Tapenade kann man auf viele verschiedene Arten und eigentlich mit jeder beliebigen Olivensorte zubereiten, doch da die Oliven entsteint werden müssen, ist es ratsam, eine dickfleischige Sorte mit einem kleinen Stein zu verwenden. Die Grundlage der Mischung besteht aus zu einer Paste verarbeiteten Oliven. Die Kapern geben der Tapenade eine säuerliche Note, während die Anchovis ihr einen Hauch von Salz und Fisch verleihen und der Knoblauch für eine pikante Würze sorgt. Zusätzlich können Semmelbrösel, gemahlene Mandeln, Senf und Kräuter beigegeben werden, was häufig getan wird, um die Konsistenz zu verändern und den Geschmack abzurunden. Generell gilt: Je salziger die Oliven sind, desto weniger Anchovis sollten hinzugefügt werden. Jeder Koch stimmt dabei gewöhnlich die Zutaten auf seinen persönlichen Geschmack und auf den Anlass ab oder verwendet, was gerade zur Hand ist. Diese Version schmeckt recht würzig.*

ERGIBT ETWA 300 G

250 g in Öl eingelegte schwarze Oliven, abgetropft
6 vorzugsweise in Salz eingelegte Anchovisfilets, gründlich abgespült
3 EL Kapern, abgetropft
½ TL fein gehackter frischer Thymian
1 TL frisch gepresster Zitronensaft
1 bis 2 EL natives Olivenöl extra

◆ Die Oliven mit der Rückseite eines Holzlöffels quetschen, um sie aufzubrechen; dann die Steine entfernen. Die Oliven, die Anchovisfilets, die Kapern, den Thymian und den Zitronensaft in einen Mixer geben und zu einer Paste pürieren. Bei laufendem Motor das Olivenöl nach und nach zugeben, bis eine cremige, jedoch keine ölige Paste entstanden ist. (Man kann die Tapenade natürlich auch auf traditionelle Weise mit Mörser und Stößel zubereiten.) Die Tapenade sofort verbrauchen oder in einem verschlossenen Gefäß im Kühlschrank aufbewahren, wo sie bis zu 3 Monaten haltbar ist.

# Tapenade von grünen Oliven und Mandeln

*Die ersten grünen Oliven des Jahres werden im August zubereitet, man kann sie dann im September verzehren, zur selben Zeit, zu der die Mandeln geerntet werden. Dies macht die Tapenade zu einem besonderen saisonalen Genuss, doch kann sie das ganze Jahr über zubereitet werden. Da die Mandeln möglicherweise ranzig werden, ist die Tapenade nicht lange haltbar. Sie schmeckt deutlich nach Oliven und Mandeln, kann jedoch nach Wunsch durch Beigabe von 5 oder 6 Anchovisfilets abgewandelt werden. Man genießt sie als Dip oder Brotaufstrich oder reicht sie als Sauce zu Fisch oder Fleisch.*

ERGIBT ETWA 450 G

250 g in Salzlake eingelegte (nicht zu salzige) grüne Oliven, abgetropft
200 g blanchierte ganze Mandeln
1 TL fein gehackter frischer Thymian
2 TL frisch gepresster Zitronensaft
1 bis 2 EL natives Olivenöl extra
2 TL Kapern

◆ Die Oliven mit der Rückseite eines Holzlöffels quetschen, um sie aufzubrechen; dann die Steine entfernen. Die Oliven, die Mandeln, den Thymian, den Zitronensaft, das Olivenöl und die Kapern in einen Mixer geben und zu einer Paste pürieren. (Man kann die Tapenade natürlich auch auf traditionelle Weise mit Mörser und Stößel zubereiten.) Die Tapenade sofort verbrauchen oder in einem verschlossenen Gefäß im Kühlschrank aufbewahren, wo sie bis zu 2 Wochen haltbar ist.

# Häppchen mit pikanter Leberpastete

*Mme. Corbet, die meinem Haus schräg gegenüber auf der anderen Straßenseite wohnt, serviert diese leicht nach Wild schmeckenden Toasts, die das volle Aroma der Region in sich vereinen, zum Aperitif – sie passen hervorragend zu einer ganzen Reihe von Aperitifs, von Pastis bis* vin de noix.

ERGIBT 18 TOASTS; FÜR 4 BIS 6 PERSONEN ALS HORS D' ŒUVRE

2 kräftig gewürzte Rohwürste, beispielsweise Pepperoni, Chorizo oder Polnische, insgesamt etwa 125 g
2 Hühnerlebern
20 in Salz eingelegte schwarze Oliven, entsteint
15 frische oder 10 getrocknete Wacholderbeeren
18 Scheiben Baguette, schräg aufgeschnitten

◆ Den Backofen auf 200 °C vorheizen.

◆ Die Würste in Stücke schneiden und die Haut abziehen. Die Hühnerlebern in kleine Würfel schneiden, dabei alle Sehnen entfernen. Die Wurst, die Hühnerlebern, die Oliven und die Wacholderbeeren zusammen in einen Mixer oder eine Küchenmaschine geben und zu einer relativ glatten Masse pürieren. Die Baguettescheiben dünn mit der Pastete bestreichen, auf ein Backblech legen und in den Backofen schieben. Das Brot kann aus dem Ofen genommen werden, sobald die Ecken leicht angebräunt sind und der Aufstrich gar ist; dies dauert 8 bis 10 Minuten. Die Häppchen heiß servieren.

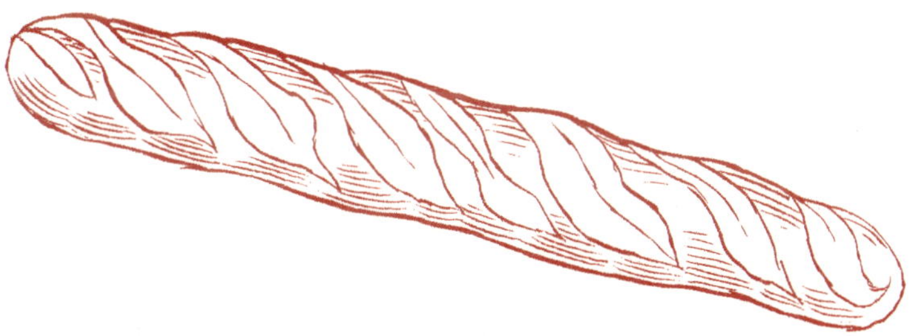

# Klassische Vinaigrette

*Die Vinaigrette ist in der Haute Provence das typische Dressing für Salate und Gemüse. Sie kann direkt in der Salatschüssel angerührt werden, so wie es mir meine Freundin Françoise gezeigt hat, oder sie wird separat zubereitet und über den Salat oder das Gemüse gegossen. Gehackter Knoblauch, Zwiebeln oder Schalotten können mit dem Salz und dem Pfeffer zusammen zur Vinaigrette gegeben werden wie auch enthäutete, entkernte und klein gehackte Tomaten oder verschiedene Kräuter. Man kann die Vinaigrette auch individuell bei Tisch zubereiten, indem jeder nach Geschmack Olivenöl, Essig, Salz und Pfeffer mischt.*

*Hier sollte grundsätzlich natives Olivenöl extra verwendet werden. Essig kann sowohl im Geschmack als auch im Säuregehalt – der gewöhnlich zwischen 4 und 7 Prozent liegt – starke Unterschiede aufweisen; wird ein Essig mit höherem Säuregehalt genommen, muss man die im Rezept angegebene Menge reduzieren. Fast überall in der Haute Provence wird typischerweise Rotweinessig verwendet.*

ERGIBT ETWA 7 EL; FÜR EINEN SALAT FÜR 4 ODER 5 PERSONEN

4 EL (60 ml) natives Olivenöl extra
2 bis 3 EL Rotweinessig
½ TL Salz
½ TL schwarzer Pfeffer aus der Mühle

◆ Das Olivenöl in eine Salatschüssel oder eine kleine Rührschüssel geben. Mit einer Gabel oder einem Löffel den Essig, das Salz und den Pfeffer unterrühren und alles gut vermischen.

# Reissalat mit Tomate und Oliven

*In der Haute Provence wird dieser Salat mit gegartem Reis vom Vortag zubereitet und zum Mittagessen serviert. Die Oliven verleihen dem ansonsten neutralen Reis ein volles Aroma, und die Tomate – selbst wenn es eine Wintertomate ist – steuert Konsistenz sowie Säure bei. Es können auch andere Zutaten hinzugefügt werden, wie beispielsweise klein geschnittene Paprika, und statt Petersilie kann man Basilikum verwenden.*

FÜR 4 PERSONEN

250 bis 300 g gekochter Langkornreis (Zimmertemperatur)
1 Tomate, gehackt
1 EL Balsamessig
1 EL natives Olivenöl extra
½ TL schwarzer Pfeffer aus der Mühle
½ TL Salz
1 kleine rote Zwiebel oder 2 Frühlingszwiebeln, fein gehackt
20 säuerlich eingelegte grüne oder in Öl eingelegte schwarze Oliven, entsteint und klein geschnitten
4 EL fein gehackte frische glatte Petersilie

◆ Alle Zutaten in eine Schüssel geben und behutsam mit einem Holzlöffel gründlich vermischen.

# Oliven-Linsen-Salat

*Dieser im Grunde so einfache und schlichte Salat zeigt, welch wunderbares Geschmackserlebnis mit wenigen Zutaten bester Qualität erreicht werden kann. Hierfür sollte man unbedingt ein kaltgepresstes Olivenöl aus erster Pressung nehmen und grüne Linsen verwenden. Ein Olivenöl, das einem weiteren Verarbeitungsprozess unterworfen wurde, ist auf jeden Fall geschmacklich beeinträchtigt. Die kleinen grünen Linsen aus der französischen Region Le Puy eignen sich für diesen Salat am besten, da sie auch nach dem Garen noch ihre Form behalten, während die üblicherweise verwendeten braunen Linsen leicht weich und breiig werden, wenn man sie auch nur etwas zu lange gart.*

FÜR 5 ODER 6 PERSONEN

300 g grüne Linsen (vorzugsweise Puy-Linsen)
1,25 l Wasser
2 frische Lorbeerblätter oder 1 getrocknetes Lorbeerblatt
1 TL Salz, zusätzlich Salz zum Abschmecken
12 säuerlich eingelegte grüne Oliven, entsteint und klein geschnitten
3 EL natives Olivenöl extra (erste Pressung, kaltgepresst)
1 EL Rotweinessig

◆ Die Linsen mit dem Wasser, dem Lorbeer und 1 TL Salz in einen Topf geben. Bei hoher Temperatur zum Kochen bringen. Die Linsen dann bei niedriger Temperatur ohne Deckel köcheln lassen, bis sie gar sind; das dauert 20 bis 30 Minuten. Vom Herd nehmen und abkühlen lassen.

◆ Die Linsen durch ein Sieb abgießen und gut abtropfen lassen. Danach mit den Oliven, dem Olivenöl und dem Essig in einer Salatschüssel vermischen. Mit Salz abschmecken. Gekühlt oder zimmerwarm servieren.

# Salat von Oliven, gerösteter roter Paprika und Aubergine

*Der Salat ist von der italienischen* caponata *inspiriert; er ist aber milder im Geschmack, da die Kapern hier durch Oliven ersetzt werden und der Salat weniger säuerlich abgeschmeckt ist. Das Gemüse wird nicht püriert, sondern gehackt, und die Aubergine behält nach dem Backen ihre Konsistenz, so dass sie die Würze besser aufnehmen kann. Als sommerliche Beilage passt dieser Salat hervorragend zu gegrilltem Fleisch oder Koteletts und zu Gerichten mit Polenta oder Reis.*

FÜR 4 BIS 6 PERSONEN

1 mittelgroße Aubergine
3 rote Paprikaschoten, geröstet (Seite 150), grob gehackt
150 g in Öl oder Salzlake eingelegte grüne oder schwarze Oliven, entsteint und grob gehackt
1 TL Salz
1½ TL schwarzer Pfeffer aus der Mühle, grob gemahlen
4 EL gehackte frische glatte Petersilie
2 bis 3 EL natives Olivenöl extra (erste Pressung, kaltgepresst)
2 Knoblauchzehen, fein gehackt
½ gelbe Zwiebel, fein gehackt
Saft von einer Zitrone (etwa 2 EL)

◆ Den Backofen auf 150 °C vorheizen.
◆ Die Aubergine auf ein Backblech legen und in etwa 1¼ Stunden garen. Aus dem Ofen nehmen und abkühlen lassen. Die Aubergine schälen und grob hacken. In eine Schüssel geben.
◆ Die anderen Zutaten hinzufügen und alles gründlich vermischen. Warm oder zimmerwarm servieren.

# Sandwiches mit Tapenade, gerösteter roter Paprika und Ziegenfrischkäse

*Diese Sandwiches werden im Gegensatz zu den meisten anderen französischen Sandwiches nicht mit Baguette oder dick aufgeschnittenem Landbrot zubereitet, sondern mit* pain de mie, *einem feinporigen Brot, das in dünne Scheiben geschnitten wird. Es kann durch ein Toastbrot mit fester Konsistenz aus der Bäckerei oder durch Landbrot ersetzt werden, das man in dünne Scheiben schneidet. Die fertig belegten Sandwiches werden gebraten, bis das Brot goldbraun geröstet und der Käse geschmolzen ist.*

ERGIBT 4 SANDWICHES

8 Scheiben Weißbrot (siehe oben)
Etwa 125 g Tapenade von schwarzen Oliven (Seite 71)
2 rote Paprikaschoten, geröstet (Seite 150) und halbiert
250 g Ziegenfrischkäse
2 bis 3 EL Butter

◆ Vier Brotscheiben auf einer Seite mit der Tapenade bestreichen und jeweils mit einer halben gerösteten Paprikaschote belegen. Die anderen 4 Brotscheiben mit dem Ziegenfrischkäse bestreichen und mit der bestrichenen Seite nach unten auf die mit Paprika belegten Brotscheiben legen.
◆ Die Hälfte der Butter in einer großen Pfanne bei mittlerer bis hoher Temperatur zerlassen. Sobald sie schäumt, die Sandwiches hineingeben und braten, dabei mit der Rückseite eines Spatels behutsam flach drücken. Ist die eine Seite goldbraun angeröstet, was 3 bis 4 Minuten dauert, die restliche Butter in die Pfanne geben, die Sandwiches wenden und in 2 bis 3 Minuten von der anderen Seite ebenfalls schön anbräunen.
◆ Auf Teller verteilen und halbieren. Heiß servieren.

# Gedünstetes Blattgemüse mit schwarzen Oliven

*Eine Mischung aus Spinat, glatter Endivie und Mangold wird in etwas Olivenöl und dem Wasser, das noch an den Blättern haftet, sanft gegart. Während des Dünstens saugen sich die Oliven voll, quellen auf und geben ihr Aroma an das Blattgemüse ab, das zu einem Häufchen zusammenfällt.*

FÜR 3 ODER 4 PERSONEN ALS BEILAGE

Etwa 600 g junger Blattspinat, glatte Endivie und Mangoldblätter, gemischt
2 EL natives Olivenöl extra
1 Knoblauchzehe
8 bis 10 in Öl eingelegte schwarze Oliven

◆ Das Blattgemüse gründlich waschen und alle groben Stiele entfernen. Dann das Gemüse in eine Schüssel mit kaltem Wasser legen.
◆ Das Olivenöl in einer großen, tiefen Pfanne bei mittlerer Temperatur erhitzen. Den Knoblauch hinzufügen und 1 bis 2 Minuten sautieren. Das Blattgemüse aus der Schüssel mit Wasser nehmen und tropfnass direkt in die Pfanne geben. Die Pfanne mit aufgelegtem Deckel auf der Kochplatte hin- und herschwenken. Nach 1 bis 2 Minuten den Deckel abnehmen und das Gemüse behutsam mischen. Die Oliven hinzufügen. Den Deckel wieder auflegen und das Gemüse unter gelegentlichem Rühren weitere 3 bis 4 Minuten dünsten, bis es zusammengefallen und zart ist. Heiß servieren.

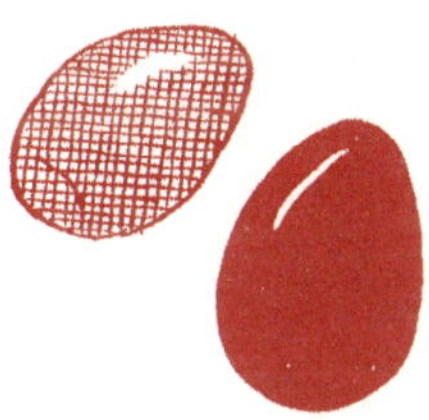

# Rosmarin-Pasta mit schwarzen Oliven und Möhren

*Die in Öl eingelegten Oliven bereichern dieses schlichte Wintergericht mit ihrem komplexen Aroma, während der Rosmarin die Süße der Möhren betont.*

FÜR 4 PERSONEN

3 EL natives Olivenöl extra
1 EL Butter
3 Knoblauchzehen, fein gehackt
½ gelbe Zwiebel, fein gehackt
1 oder 2 Möhren, geschält und in sehr dünne Scheiben geschnitten
1 TL Salz
1 TL schwarzer Pfeffer aus der Mühle
1 TL fein gehackter frischer Rosmarin
70 g in Öl eingelegte schwarze Oliven
300 g getrocknete Pasta, beispielsweise Penne, Rigatoni oder Fusilli
30 g Parmesankäse, gerieben (nach Belieben)

◆ In einem großen Topf gesalzenes Wasser zum Kochen bringen. In der Zwischenzeit in einer Pfanne 2 EL Olivenöl und die Butter bei niedriger Temperatur erhitzen. Die Hälfte des Knoblauchs, die gehackte halbe Zwiebel und die Möhren hinzufügen und 7 bis 10 Minuten sautieren, bis die Möhren weich sind. Den übrigen Knoblauch, das Salz, die Hälfte des Pfeffers und des Rosmarins sowie die Oliven dazugeben. Mit dem Sautieren 3 bis 4 Minuten fortfahren, bis die Oliven aufgequollen und die Möhren an den Rändern leicht goldbraun geworden sind.
◆ Während das Gemüse gart, die Pasta in das kochende Wasser geben, gut umrühren und bissfest kochen. Durch ein Sieb abgießen.
◆ Die Pasta in eine angewärmte Servierschüssel füllen und mit dem restlichen Olivenöl und Pfeffer vermischen. Den Pfanneninhalt mit der Flüssigkeit zur Pasta geben. Den Rest Rosmarin darüber streuen und alle Zutaten vermischen. Mit Salz abschmecken und, falls gewünscht, mit Parmesankäse bestreuen. Heiß servieren.

# Mit Tapenade gefüllte Hähnchenbrust

*Dieses Rezept ist die einfachere Variante eines aufwendigen und eleganten Gerichts, bei dem zwischen Fleisch und Haut der Hähnchenbrust eine Schicht schwarze Trüffeln geschoben wird.*

FÜR 4 PERSONEN

4 Hähnchenbrusthälften
2 EL frische Thymianblättchen
1 TL getrocknetes Winterbohnenkraut
½ TL Salz
6 schwarze Pfefferkörner
6 bis 8 EL Tapenade von schwarzen Oliven (Seite 71)

◆ Den Backofen auf 190 °C vorheizen.

◆ Bei jeder Hähnchenbrusthälfte die Haut lösen, indem man mit den Fingern vorsichtig zwischen Fleisch und Haut entlangfährt; so entsteht eine Tasche für die Füllung. Darauf achten, dass die Haut nicht vollständig abgelöst wird und keine Löcher entstehen.

◆ In einem kleinen Mörser die Thymianblättchen, das Winterbohnenkraut, das Salz und die Pfefferkörner fein zerstoßen. Die Brustfilets rundherum mit der Kräutermischung einreiben. Mit Hilfe eines kleinen Messers bei jedem Filet eine kleine Menge Tapenade zwischen Fleisch und Haut streichen.

◆ Die Hähnchenbrustfilets mit der Hautseite nach oben auf ein Backblech setzen. Etwa 35 bis 40 Minuten braten oder so lange, bis der beim Einstechen mit einem Messer austretende Fleischsaft klar und die Haut goldbraun ist; während des Garens ein- bis zweimal mit dem ausgetretenen Fleischsaft begießen. Heiß oder zimmerwarm servieren.

# Hühnerragout mit schwarzen Oliven

*Dieses Gericht, das sich leicht zubereiten lässt, ist in der Haute Provence besonders beliebt. Ich wurde schon oft dazu eingeladen und koche es selbst sehr gern, und es schmeckt immer wunderbar. Zuerst werden die Hühnerteile in einer schweren Pfanne oder einem Topf in etwas Olivenöl angebräunt und dann mit den gewürzten Tomaten begossen. Den Abschluss bilden die in Öl eingelegten schwarzen Oliven, die ihren salzigen und saftigen Geschmack an das Gericht abgeben und ihm eine besondere Konsistenz und ein intensives Aroma verleihen. Anstelle von in Öl eingelegten Oliven können auch in Salzlake eingelegte schwarze oder grüne Oliven verwendet werden, was dem Gericht eine säuerliche Komponente gibt. Auf die gleiche Weise kann man auch Kaninchen, Schweinefleisch oder Rindfleisch zubereiten. In der Haute Provence ist es üblich, Reste am nächsten Tag als Sauce zu Pasta, Polenta oder Reis zu servieren, eventuell bereichert durch ein paar Pilze oder frische Kräuter.*

FÜR 6 PERSONEN

1 Brathuhn von 1,5 kg, in Portionsstücke zerlegt, oder die gleiche Menge Hähnchenbrustfilets und Hähnchenschenkel
1 TL schwarzer Pfeffer aus der Mühle
3 EL frische Thymianblättchen
1 TL gehackter frischer Rosmarin
1 EL natives Olivenöl extra
1½ TL Butter
1 große gelbe Zwiebel, fein gehackt
2 Knoblauchzehen, fein gehackt
4 bis 6 große, vollreife frische Tomaten, gehackt, ersatzweise 500 g Tomaten aus der Dose mit ihrem Saft
2 frische Lorbeerblätter oder 1 getrocknetes Lorbeerblatt
16 in Öl eingelegte schwarze Oliven

◆ Die Hühnerteile rundherum mit dem schwarzen Pfeffer und der Hälfte des Thymians und Rosmarins einreiben. In einer Bratpfanne, in der alle Teile nebeneinander Platz haben, das Olivenöl mit der Butter bei mittlerer bis hoher Temperatur erhitzen, dann die Hühnerteile hineinlegen. Bei mittlerer Temperatur in 2 bis 3 Minuten leicht anbräunen. Wenden und 1 bis 2 Minuten von dieser Seite bräunen. Zwiebel und Knoblauch dazugeben und 1 bis 2 Minuten braten. Dann die Tomaten, den Lorbeer und die Oliven hinzufügen. Einen gut schließenden Deckel auflegen. Bei mittlerer bis niedriger Temperatur ungefähr 15 Minuten weitergaren, bis klarer Fleischsaft austritt, wenn man mit einem scharfen Messer in die dickste Stelle eines Hühnerschenkels sticht.

◆ Bei mittlerer Temperatur ohne Deckel 5 Minuten köcheln lassen, um die Sauce zu reduzieren. Den Rest Thymian und Rosmarin unterrühren. Heiß servieren.

◆ HINWEIS: Wenn man Hühnerteile ohne Haut verwendet, müssen 1 bis 2 EL Olivenöl zusätzlich in die Pfanne gegeben werden.

## Kaninchenragout mit grünen Oliven

*Kaninchen ist in der Haute Provence ein fester Bestandteil der Küche. Auf dem Land besitzen viele Menschen ein oder zwei Ställe, um ihren persönlichen Bedarf zu decken; frisches Kaninchen gehört zum Sortiment in Fleischergeschäften und auf Märkten. Die Kaninchen werden im Ganzen und mit Kopf verkauft, der als Delikatesse gilt. Serviert mit Pasta oder Polenta und der Sauce, in der es zubereitet wurde, reicht ein Kaninchen für bis zu 6 Personen. Fügt man Oliven hinzu, bereichern sie das Gericht mit ihrem Aroma und machen es gehaltvoller.*

*Diese Zubereitungsart eignet sich besonders gut für ein junges Kaninchen, da die Gardauer kurz ist und das Fleisch auf diese Weise zart und saftig bleibt. Der Zitronensaft, der zum Ablöschen verwendet wird, verbindet sich mit den Oliven und intensiviert den Geschmack des Kaninchenfleischs, dominiert ihn aber nicht. Der Bratensaft, der sich in der Pfanne angesammelt hat, wird mit gehackten Tomaten zu einer Sauce verrührt.*

*Fortsetzung nächste Seite*

FÜR 4 BIS 6 PERSONEN

1 junges, zartes Kaninchen von etwa 1,2 kg
2 EL Butter
1 TL schwarzer Pfeffer aus der Mühle
1 gelbe Zwiebel, fein gehackt
16 säuerlich eingelegte grüne Oliven, vorzugsweise mit Zitrone und Fenchel aromatisiert
2 EL frisch gepresster Zitronensaft
60 ml Hühnerfond
200 g vollreife frische Tomaten, gehackt, ersatzweise 200 g Romatomaten aus der Dose mit ihrem Saft

◆ Das Kaninchen in Portionsstücke teilen, wie im Rezept *Salbei-Kaninchen mit Kartoffeln* (Seite 48) beschrieben.

◆ Die Butter in einem flachen Bräter oder einer schweren, tiefen Pfanne bei mittlerer Temperatur zerlassen. Sobald sie schäumt, die Kaninchenteile hineingeben und bei mittlerer bis niedriger Temperatur etwa 15 Minuten braten, dabei häufig wenden; während des Bratens nimmt das Kaninchen eine goldbraune Farbe an. Anschließend die Kaninchenteile mit dem Pfeffer bestreuen und die Zwiebel und die Oliven hinzufügen. 1 bis 2 Minuten weiterbraten, dann den Zitronensaft und den Gemüsefond dazugeben. Den Bratensatz mit einem Kochlöffel vollständig vom Pfannenboden losschaben, danach die Tomaten einrühren. Einen gut schließenden Deckel auflegen und die Kaninchenteile bei niedriger Temperatur 10 bis 15 Minuten garen, bis das Fleisch zart ist.

◆ Den Deckel abnehmen, auf mittlere Temperatur erhöhen und unter gelegentlichem Rühren 5 bis 7 Minuten köcheln lassen, bis die Sauce eingedickt ist. Das Ragout heiß servieren.

◆ HINWEIS: Wenn man ein großes, ausgewachsenes Kaninchen zubereiten möchte, die Mengenangaben für die anderen Zutaten verdoppeln und die Gardauer bei aufgelegtem Deckel auf mindestens 1 Stunde erhöhen beziehungsweise die Kaninchenteile so lange weitergaren, bis das Fleisch zart ist.

# Olivenbrot

*In der ganzen Region wird dieses rustikale Brot in den Bäckereien angeboten. Es hat eine appetitliche braune Farbe, ist weich und durchsetzt mit Stückchen von schwarzen Oliven. Diese Variante stammt von einem kalifornischen Freund, einem Hobbybäcker, der das Olivenbrot der Haute Provence liebt.*

*Die Salzmenge sollte dem Salzgehalt der Oliven angepasst werden.*

ERGIBT 2 LAIBE

750 ml Magermilch
1½ EL Honig
1 Tütchen Trockenhefe (3 TL)
100 g Roggenmehl
600 g Weizenvollkornmehl
250 g Weizenmehl, zusätzlich Mehl für die Arbeitsfläche und das Backblech
4 EL natives Olivenöl extra, zusätzlich Olivenöl für die Schüsseln
½ bis 1 TL Salz
Etwa 450 g in Öl eingelegte schwarze Oliven, entsteint und grob gehackt

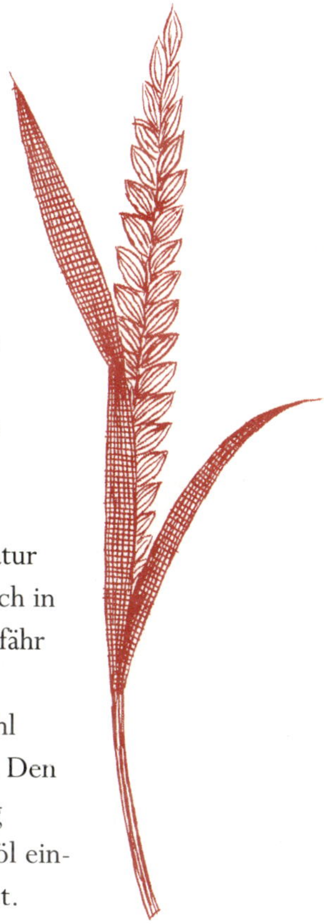

◆ In einer Kasserolle die Milch mit dem Honig bei niedriger Temperatur erwärmen; sie soll nur lauwarm werden (etwa 40 °C). Die Honigmilch in eine große Schüssel gießen und mit der Trockenhefe bestreuen. Ungefähr 10 Minuten ruhen lassen, bis die Mischung schäumt.

◆ Das Roggenmehl, 150 g Weizenvollkornmehl und 250 g Weizenmehl hinzufügen und mit einem Holzlöffel zu einem klebrigen Teig rühren. Den Teig auf eine bemehlte Arbeitsfläche geben und 5 bis 10 Minuten lang kneten, bis er geschmeidig ist. Eine große Schüssel mit wenig Olivenöl einölen, den Teig hineinlegen und schwenken, bis er mit Öl überzogen ist. Die Schüssel mit einem sauberen Tuch abdecken und den Teig an einem warmen Ort etwa 2 Stunden gehen lassen, bis sich sein Volumen verdoppelt hat.

*Fortsetzung nächste Seite*

- Den Teig auf eine bemehlte Arbeitsfläche legen und die restlichen 450 g Weizenvollkornmehl, das Salz und die 4 EL Olivenöl einarbeiten. Den Teig wieder in die eingeölte Schüssel geben, abdecken und etwa 30 Minuten gehen lassen, bis sich sein Volumen verdoppelt hat.
- Dann den Teig erneut auf die bemehlte Arbeitsfläche legen und die Oliven unterkneten. Den Teig wieder in die Schüssel geben, abdecken und ein weiteres Mal ungefähr 20 Minuten gehen lassen, bis sich sein Volumen verdoppelt hat.
- Den Backofen auf 190 °C vorheizen. Ein Backblech mit etwa 2 EL Weizenmehl bestäuben.
- Den Teig auf die bemehlte Arbeitsfläche legen, halbieren und aus den beiden Teighälften zwei ovale Laibe formen (je etwa 30 cm lang, 8 cm breit und 8 cm hoch). Auf das vorbereitete Backblech setzen.
- 50 bis 60 Minuten lang backen, bis die Brotlaibe eine dunkle Kruste bekommen haben und an einem in der Mitte der Brote eingestochenen Messer kein Teig mehr haften bleibt. Auf einem Gitterrost abkühlen lassen.

# Wildpilze & Trüffeln

## REZEPTE

*Warmer Kartoffel-Trüffel-Salat*

◆

*Trüffel-Brouillade*

◆

*Blattsalat mit Trüffelöldressing*

◆

*Gegrillte Echte Reizker mit Knoblauch und Petersilie*

◆

*Pilzcremesuppe*

◆

*Waldpilzgratin*

◆

*Pfifferling-Pasta-Auflauf*

◆

*Lauchtarte mit getrockneten Morcheln*

◆

*Daube vom Rind mit getrockneten Steinpilzen*

◆

*Cannelloni mit Daube-Füllung*

Wildpilze und Trüffeln sind ein wichtiger Bestandteil der regionalen Küche in der Haute Provence, wo sie sowohl frisch als auch getrocknet oder eingelegt Verwendung finden. Dutzende essbarer Pilzarten, einschließlich der legendären *rabasse,* der schwarzen Périgord-Trüffel, wachsen im gestrüppreichen Unterholz an Hängen, in Eichen- und Pinienwäldern, in verwilderten Kastanienpflanzungen und an den Ufern von Bergbächen. Zeigen sich im Herbst die ersten Pilze, befällt die Menschen eine unbändige Aufregung und Begeisterung: die große Sammelleidenschaft bricht aus. Beginnend im späten September bis in den frühen November hinein sind an jedem Wochenende die Ränder ländlicher Straßen kreuz und quer vollgeparkt mit den Autos von Pilzsammlern, die sich alle mit Körben bewaffnet ins Unterholz geschlagen haben.

Ich selbst teile die Leidenschaft der Franzosen für das Pilzesammeln. Es ist schon eine ganz besondere Erfahrung, beginnend bei Eichen und Pinien, die am Straßenrand stehen, in geduckter Haltung immer tiefer in den Schutz des Waldes vorzudringen, sich überwältigen zu lassen von dem intensiven, ursprünglichen Geruch feuchter Erde, verrottender Blätter und Schwämme, um schließlich ganze Gruppen oder Ringe von Pilzen zu erspähen. Unter Moos- und Erdhügeln, unter Schichten von Blättern verbergen sich Ansammlungen herrlicher Speisepilze. Ich schneide die Pilze schnell ab, lege sie in meinen Korb und stürze mich erneut ins Vergnügen in der Hoffnung auf weitere Beute. Auch unbekannte Pilze üben diesen ungeheuren Reiz aus; es könnte sich ja um seltene und wohlschmeckende Speisepilze handeln. Für solche Fundstücke habe ich in meinem Korb eine Extratasche, deren Inhalt ich nach abgeschlossener Suche in die Apotheke bringe, um ihn identifizieren zu lassen. Es ist ein liebenswerter Brauch und zudem gesetzlich vorgeschrieben, dass in Frankreich Apotheker auf dem Gebiet der Mykologie besonders geschult werden und die zu ihnen gebrachten Exemplare begutachten, was sie mit Freude tun. Die meisten Apotheker, zumindest in der Haute Provence, sind selbst eifrigste Pilzsammler, und beim Durchstöbern der Körbe werden feine essbare Exemplare lautstark und begeistert in Augenschein genommen, es wird überlegt, wo die Fundstelle dieses Pilzes wohl gewesen sein mochte, oder ein persönliches Lieblingsrezept wird vorgeschlagen.

Beim Pilzesammeln in der Gruppe verteilt man sich gewöhnlich – es handelt sich weniger um eine gesellige Angelegenheit als um eine konzentrierte Suche. Triumphale Entdeckungen werden kundgetan, indem man sie sich quer durch den Wald zuruft. Die Unterhaltung kommt erst wieder in Gang, wenn man sich zur festgelegten Zeit trifft, und selbst dann drehen sich alle Gespräche nur um das eine Thema: um den begehrten Korbinhalt. Es ist nichts Ungewöhnliches, wenn man Einheimische, die genau wissen, wo sie suchen müssen, nach einem im Wald zugebrachten Tag mit fünf bis sieben Kilogramm der verschiedensten Pilzarten nach Hause zurückkehren sieht.

Während der Pilzsaison bieten Supermärkte in der Haute Provence ein Dutzend verschiedener Pilzarten an, während auf den Freiluftmärkten die Einheimischen ihre selbst gesammelten Pilze verkaufen. Und dann ändert sich plötzlich das Wetter, der erste Frost kommt und die Saison ist zu Ende, doch wird man immer dann an die Suche erinnert, wenn eine Hand voll getrockneter Pilze ihr Aroma an ein winterliches Schmorgericht abgeben.

Man sammelt zwar auch im Frühling Pilze, doch gibt es im Herbst die größere Auswahl und Vielfalt. *Cèpe* (Steinpilz), *pied-de-mouton* (Semmelstoppelpilz), *sanguin* (Echter Reizker), *girolle* (Pfifferling) und *pied bleu* (Violetter Rötelritterling) gehören zu den wohlschmeckendsten Pilzarten der Haute Provence. Wo und wann sie zu finden sind, hängt jedoch von der jeweiligen Umgebung ab; die Höhe und die Vegetation spielen dabei eine maßgebliche Rolle. Beispielsweise verwandelt sich während der Monate August und September die bergige Region um Annot und Entrevaux mit ihren verwilderten Kastanienhainen und Eichen- und Pinienwäldern zu einem wahrhaftigen Steinpilzteppich. Im Haut Var, in der Gegend um Moustiers-Ste.-Marie und auf den Hügeln des Plateau de Valensole dagegen ist im

Oktober Pilzsaison, und obwohl Steinpilze und ihre Verwandten dort wachsen, sind sie nicht so häufig anzutreffen wie in größerer Höhe.

Der *sanguin*, der Echte Reizker *(Lactarius deliciosus)*, gedeiht in den tieferen Lagen, wo er den Waldboden bevölkert. Sein konkav geformter, orange-cremefarben geringelter Hut mit dem grünlichen Schimmer sondert eine blutrote Flüssigkeit ab, wenn er zerbrochen wird. Fein gewürzt mit gehacktem Knoblauch, Olivenöl, Salz und Pfeffer und über mit Rebenholz vermischter Holzkohle gegrillt, sind *sanguins* ein typisch saisonaler Genuss. In einem guten Jahr, in dem es Pilze im Überfluss gibt, werden sie eingelegt und die folgenden Monate bis zur neuen Saison als Hors d'œuvre serviert.

Der wunderbar dickfleischige *cèpe*, der Steinpilz *(Boletus edulis)*, gehört zu der großen Boletus-Familie, deren Mitglieder man leicht an der schwammigen Unterseite ihres Hutes erkennen kann. Der König unter den Pilzen, wie er bisweilen genannt wird, besitzt einen festen, rundlichen braunen Hut, der sich relativ trocken anfühlt und eine cremefarbene Unterseite hat. Er ist einer der feinsten Wildpilze und wird frisch für Suppen, sautierte oder geschmorte Gerichte und Omeletts verwendet. In getrocknetem Zustand ist er außerordentlich aromatisch, und es bedarf nicht mehr als sieben bis acht getrockneter Pilzstücke, um eine Sauce mit dem dominanten Steinpilzgeschmack zu bereichern oder ein Schmorgericht zu aromatisieren.

Während des Frühjahrs sind die Pilzsammler in der Haute Provence auf der Suche nach der *morille*, der Morchel *(Morchella esculenta* und *M. conica)*. Der dunkelbraune, harte und etwas zähe Speisepilz mit seinem von wabenartigen Vertiefungen durchsetzten Hut wird ebenso hoch geschätzt wie der beliebte Steinpilz und der im Herbst gedeihende Echte Reizker. Während ich Bekannte bereits an geheime Trüffelfundorte begleiten durfte, hat mich bislang noch niemand mit zum Morchelsammeln genommen. Dieser hocharomatische Pilz findet Verwendung in Schmorgerichten; wird er sautiert, harmoniert sein nussig erdiger Geschmack besonders gut mit Koteletts und Braten. Wie der Steinpilz eignet sich auch die Morchel gut zum Trocknen und besitzt dann ein durchdringendes, kräftiges Aroma.

Die edle schwarze Périgord-Trüffel *(Tuber melanosporum)* ist überall in der Haute Provence zu finden. Heutzutage machen die Trüffeln aus der Provence, nicht aus dem Périgord, etwa 80 Prozent aller in Frankreich verkauften Trüffeln aus. Die im Aussehen einer Hundenase vergleichbaren, unregelmäßig knollenartigen Trüffeln strömen einen stechenden, gleichzeitig moschusartigen und erdigen Geruch aus und sind zwischen 15 Gramm und einem Kilogramm schwer. Im Volksmund heißt die Trüffel auch schwarzer Diamant, woran sich leicht erkennen lässt, welch hohen Wert sie für die Gastronomie hat und welch hohe Preise man dafür bezahlen muss. Ein Nachteil für den Amateur ist, dass Trüffeln weitaus schwieriger aufzuspüren sind als Wildpilze. Im Gegensatz zu den Wildpilzen, die aus dem Boden herauswachsen, reifen die Trüffeln im Erdreich versteckt; ihre bevorzugte Umgebung sind die Wurzeln von Eichen. Aus den Trüffelsporen bilden sich Pilzfäden, die immer länger werden und sich schließlich mit den Wurzeln der Wirtspflanze – Eiche, Haselnuss, Pinie und Linde – verbinden. Aus dieser Vereinigung gehen Mykorrhiza hervor, die allmählich mit dem Wurzelsystem des Baums ein Netzwerk bilden. Nach ungefähr zehn Jahren sind die ersten Trüffeln herangereift und können nun ausgegraben werden. *Truffières*, das sind Plätze, an denen Trüffeln gut gedeihen, findet man in der Haute Provence vor allem an unberührten Flecken in der Natur. Eine *truffière* kann jedoch ebenso an Orten entstehen, wo von Hand gesetzte Eicheln zu Bäumen herangewachsen sind oder, was heutzutage üblich ist, kommerziell mit Trüffelsporen geimpfte Sämlinge angepflanzt werden.

Trüffeln können auf drei unterschiedliche Arten ausfindig gemacht werden: mit Hilfe von Fliegen, einem Schwein oder einem Hund. Zuerst einmal ist es wichtig, dass man weiß, an welcher Stelle man überhaupt suchen muss, denn für das untrainierte Auge ist das ganz und gar nicht offensichtlich. Bäume, in deren Wurzelwerk Trüffeln wachsen, kann man dadurch erkennen, dass ringförmig um ihren Stamm kein Gras gedeiht. Diese Auffälligkeit nennt man *brûle* (von *brûler,* brennen); man vermutet, dass sie durch die trüffeltypische Absonderung einer herbiziden Substanz hervorgerufen wird. Nach der Fliegenmethode nimmt man einen Ast der Aleppo-Pinie und entfernt alle Nadeln bis auf die an der Spitze. Mit der nadelbesetzten Spitze fegt man über der *brûle*-Stelle hin und her; wachsen darunter Trüffeln, schreckt man durch das Fegen kleine Fliegen auf, die dort ihre Eier ablegen. Ist dies der Fall, muss der Trüffelsucher nun mit der Nase dicht über dem Boden die Lage sondieren und dort, wo das Trüffelaroma am intensivsten ist, bis zu 50 Zentimeter tief graben. Ich habe schon viel von dieser Methode gehört, doch mir selbst war damit leider noch keinerlei Erfolg vergönnt, auch wenn ich es immer wieder ausprobiert habe.

Abgerichtete Schweine und Hunde sind in der Lage, das durchdringende Aroma von verborgenen Trüffeln wahrzunehmen und so die Trüffeln für ihre Halter aufzuspüren. Ich beobachtete einmal einen Hund dabei, wie er an einer verfallenen Steinmauer neben einer Eiche anhielt. Er schnüffelte an einem Stein, scharrte daneben in der Erde und trat beiseite. Der Hundehalter wälzte den Stein weg, grub dann ein gut 40 Zentimeter tiefes Loch und holte daraus eine schwarze Trüffel von der Größe einer Zitrone hervor.

Obwohl die Trüffelsuche mit Schweinen fest in Geschichte und Tradition verankert ist, werden dafür heutzutage Hunde bevorzugt. Es ist gut vorstellbar, dass Platz, Futter und Transportmöglichkeiten für ein 150 Kilogramm schweres Schwein bei dieser Entscheidung eine Rolle spielen, trotzdem bevorzugen manche *rabassiers* immer noch Schweine.

Einen dieser Trüffelsucher, M. Capretti, durfte ich einmal auf Trüffelsuche begleiten. M. Capretti war zu diesem Zeitpunkt 83 Jahre alt. Nachdem ich mit ihm und seiner Frau Kaffee getrunken hatte, ging es durch mehrere Türen hinunter in die modernisierte, aber immer noch unverkennbar mittelalterliche Steingarage. Es stellte sich heraus, dass in genau diesem Raum mit angrenzendem Hof seine gerade erst erworbene *truie* – ein blassrosa Schwein von mehr als einem Meter Länge – untergebracht war. Er fuhr mit seinem nagelneuen, blitzblanken Renault-Lieferwagen dicht an die Garage heran und öffnete die Hecktür; ich sah, dass das Wageninnere mit frischem Stroh ausgelegt war. M. Capretti zog eine Rampe aus und lockte die Sau mit ein paar Hundekuchen hinauf. Als sie mit den Kuchen beschäftigt war, legte er ihr schnell eine Leine an; dann kletterte sie in den Wagen und ließ sich im Stroh nieder, wofür sie mit weiteren Hundekuchen belohnt wurde. Ich fuhr dem Lieferwagen hinterher. Nach 15 Minuten waren wir am Rand der Ortschaft angelangt, von wo aus wir eine gewundenes Sträßchen erklommen, das zu M. Caprettis *cabanon* führte, einem Sommerhaus an einem Hügel, umgeben von mit Lavendel und Rosmarin bewachsenen Erdwällen. Unterhalb des abschüssigen Schotterwegs standen junge Eichen in übersichtlich angeordneten Reihen auf einem etwa ein Viertel Hektar großen Gebiet. M. Capretti erzählte mir, dass er sie aus selbst gesammelten Eicheln bekannter Trüffeleichen gezogen und angepflanzt hatte. Er war bereits mit 15 Jahren Trüffelsucher geworden und hatte damit in den Wäldern begonnen; als er dann den Wert der Trüffeln erkannte, riss er seine geerbten Rebstöcke aus dem Boden und ersetzte sie durch Trüffeleichen. Einen anderen Beruf hatte er nie ausgeübt.

Nun ging es los. Das heftig an der Leine zerrende Schwein stürzte von einem Baum zum nächsten, und ich versuchte mühsam, Schritt zu halten. Die ganze Zeit über redete M. Capretti mit sanfter, ermutigender Stimme auf das Tier ein: *»Ma petite cherie, cherche, cherche.«* Plötzlich hielt das Schwein inne und schnüffelte am Boden. Dann begann es wie wild mit seinem kräftigen Rüssel den Boden aufzugraben, Erde flog in alle Richtungen, und sein Herrchen kniete direkt daneben, den Blick starr auf das immer größer werdende Loch gerichtet. Zum exakt richtigen Zeitpunkt, als die Trüffel sichtbar wurde, das Schwein jedoch noch nicht nahe genug an sie herankommen konnte, riss M. Capretti mit einer schnellen Bewegung die Leine zurück, lenkte das Tier mit ein paar zur Seite geworfenen Hundekuchen ab, lockerte die Trüffel mit seinem Stock und versenkte sie dann so blitzschnell in seinem Beutel, dass ich sie nicht einmal sehen konnte. Während 40 Minuten Trüffelsuche spürte das Schwein einige Dutzend Trüffeln auf; die meisten waren klein, doch bereits zu diesem Zeitpunkt war das dem Beutel entströmende Aroma nahezu überwältigend.

Nach der Rückkehr ins Dorf wurde das Schwein versorgt. Dann nahmen wir aus dem ebenerdigen Keller eine Flasche Wein mit nach oben, um zusammen Tee und Bordeaux zu trinken, knusprige Mandelkekse zu essen und bei netter Unterhaltung diesen denkwürdigen Nachmittag ausklingen zu lassen. Ich bekam einen ganzen Beutel voller Trüffeln mit auf den Nachhauseweg, genug, um eine gute *brouillade* daraus zuzubereiten – was ich auch tat.

Trüffeln können roh oder gegart verzehrt werden, doch scheint Übereinstimmung darüber zu bestehen, dass sie erst durch das Erwärmen oder Erhitzen ihr volles, intensives Aroma entfalten, das so charakteristisch für sie ist. Ich denke da beispielsweise daran, ein paar Scheibchen Trüffel ganz kurz in einer Pfanne zu erwärmen, mit Salz und Pfeffer zu bestreuen und auf fein gewürzten sautierten Kartoffeln zu servieren oder – wie ich sie einmal im Grand Hôtel in Valensole probiert habe – auf sautiertem Topinambur; allein das reicht völlig aus, um zu demonstrieren, wie die Trüffel zu ihrem überwältigenden Ruf kommt. Erfahrene und kreative Köche, wie der Küchenchef dieses Grand Hôtel, sind in der Lage, abenteuerliche Trüffelkombinationen gekonnt zusammenzustellen. Ich habe beispielsweise versucht, ein *pain grillé* zuzubereiten, das ich dort gekostet hatte. Es war mit Tapenade von schwarzen Oliven bestrichen, mit zwei dick geschnittenen Trüffelscheiben belegt und dann kurz übergrillt worden, um die Trüffeln zu erwärmen und die Toastränder zu bräunen. Meine Tapenade war jedoch so kräftig geraten, dass sie den Trüffelgeschmack übertönte, während die des Restaurants feiner gewesen war, wodurch das Trüffelaroma harmonisch neben ihr bestehen konnte.

Wenn man es vorher ankündigt, kann man in der Haute Provence in zahlreichen Restaurants seine eigenen Trüffeln mitbringen, die der Küchenchef dann für einen zubereitet. Es war bereits Ende Januar, als wir der höchstgelegenen Region zum Höhepunkt der Trüffelsaison einen Besuch abstatteten. Meine Freunde erkundigten sich bei einem Bekannten, einem Fleischer, der sich auf Trüffelpasteten spezialisiert hatte, nach einem guten hiesigen Restaurant, in dem man ein einfaches Mittagessen, das eine Trüffel-*brouillade* mit einschloss, bekommen konnte. Die Antwort war: Hôtel-Restaurant de la Poste. Kurz nach ein Uhr kamen wir dort an. Das Restaurant war – wie so viele Hotel-Restaurants aus dem 19. Jahrhundert – dort erbaut worden, wo heute Landstraßen verlaufen; früher waren an diesen Stellen Haltepunkte für die Pferdekutschen gewesen. Wir wurden begrüßt und an der Bar und gedeckten Tischen vorbei, an denen sich einige Personen zum Mittagessen niedergelassen hatten, ins Esszimmer geleitet, das völlig leer war. Hauptsaison, so wurde uns gesagt, sei im Sommer.

Die Eigentümer, in drei Generationen vertreten, erzählten uns, dass ihnen die Trüffeln sowie die frisch gelegten Eier an diesem Morgen persönlich von unserem Fleischer gebracht worden waren. Dann wurden wir gefragt, ob wir uns die Küche anschauen und die Zubereitung unserer *brouillade* miterleben wollten. Natürlich wollten wir das, doch zuerst bekamen wir einen Aperitif serviert. Anschließend geleitete man uns in eine riesige Küche, in der ein weiß gekleideter Mann, der Sohn des Hauses, über einen massiven holzgefeuerten Herd gebeugt stand, auf dem eine Pfanne von gigantischen Ausmaßen thronte, die als *bain-marie* fungieren sollte. Daneben stand eine große Glasschüssel, in der sich die tiefgoldenen Eigelbe befanden, durchsetzt mit zahlreichen schwarzen Trüffelstückchen. Ein Esslöffel Butter wurde nun in eine schwarze Pfanne mit langem Stiel gegeben, die der Koch in das leicht simmernde Wasser hielt, so dass sie gerade die Wasseroberfläche berührte. Als die Butter zerlassen war, goss der Koch die Ei-Trüffel-Mischung in die Pfanne und rührte, bis die Eier eine cremige Konsistenz hatten. In der letzten Minute wurde ein Esslöffel Crème fraîche untergezogen und alles mit etwas Salz und weißem Pfeffer abgeschmeckt (weißer Pfeffer deshalb, weil schwarzer Pfeffer mit den Trüffelstückchen verwechselt werden könnte). Wir hasteten an unseren Tisch zurück, um das Gericht heiß zu essen. Der Tisch war mit schwerem Leinen gedeckt, der Brotkorb übervoll mit Baguette. Die heiße Pfanne wurde auf einen Untersetzer gestellt, und wir bedienten uns. M. Rodier, der Vater des Kochs, empfahl uns dazu einen Rosé aus einer der wenigen verbliebenen Domänen der Region. Wir probierten ihn. Der Wein wurde gekühlt, aber nicht eiskalt serviert, war von herrlich rosaroter Farbe, von leichtem doch fruchtigem Geschmack und harmonierte hervorragend mit der getrüffelten *brouillade*. Weitere Gänge folgten, jede Generation tischte uns ihre Spezialität auf. Das Mahl schloss damit, dass uns die Großmutter von ihrer hausgemachten *confiture de la pastèque* (Marmelade aus Wassermelonen) anbot. Nachdem wir in einfachen Genüssen geradezu geschwelgt hatten, genossen wir am späten Nachmittag noch einen letzten *café express* und verabschiedeten uns dann sehr herzlich.

Es ist nicht einfach, Trüffeln in kleinen Mengen zu kaufen. Sie werden nämlich nicht, wie beispielsweise Wildpilze, in Supermärkten angeboten und auch nur selten auf Freiluftmärkten. Obwohl Trüffelmärkte offiziell existieren, gleichen sie doch in keiner Weise den Wochenmärkten, auf denen lebhafte Diskussionen, Ausrufe und Lärm zum Ambiente gehören. In einer der wichtigsten Städte in der Haute Provence, in denen es Trüffelmärkte gibt, kann man einen marktähnlichen Vorgang nur daran erkennen, dass mehr Personen als sonst üblich zusammenstehen; das kann auf dem Marktplatz sein, bei einem Café oder auch, wie in Aups, vor einem bestimmten Gebäude.

In Aups findet der Trüffelmarkt vom späten November bis Ende Februar jeden Donnerstagmorgen an der Salle de Jeunes statt. In völliger Stille nehmen einige der Trüffelverkäufer ihren Platz hinter einem Klapptisch ein, auf dem sie ihre Ware in Segeltuchtaschen oder Weidenkörben offen anbieten. Wieder andere stehen nur da oder gehen umher, in der Hand undurchsichtige Plastiktüten mit den verräterischen Ausbuchtungen von Trüffeln. Diejenigen, die als Käufer gekommen waren, die Makler, Fleischer, Küchenchefs und alle anderen, die Trüffeln in großem Stil einzukaufen gedenken, stehen einzeln oder in kleinen Grüppchen herum, unterhalten sich leise, gehen Kaffee trinken oder spazieren einfach nur umher. Auch bei aufmerksamster Beobachtung der Szene ist bis kurz vor elf Uhr fast oder gar keine offenkundige Aktivität festzustellen. Doch dann bricht eine stumme Aktivitätswelle los. Wie aus dem Nichts tauchen plötzlich überall Waagen auf, mit denen die Trüffeln gewogen werden, und blitzschnell wechseln Trüffeln und Geldscheine ihre Besitzer. Noch vor dem mittäglichen Aperitif ist der ganze Zauber vorbei, nichts deutet mehr darauf hin, dass soeben Geschäfte über Zehntausende von Francs getätigt worden sind. Die teuren Autos mit den Nummernschildern aus den reichen Enklaven der Côte d'Azur und Bouches-du-Rhône, aus Paris und Monaco sind verschwunden und mit ihnen die pelzbemäntelten Damen und gutgekleideten Herren, die sich kurz zuvor noch unters Landvolk gemischt hatten.

Die geheimnisvolle Atmosphäre, die den Kauf und Verkauf von Trüffeln umgibt, ist größtenteils darin begründet, dass die umgesetzten Gelder – und hierbei kann es sich um horrende Beträge handeln – illegalerweise nicht als Einkünfte angegeben werden. Ich wünschte, ich hätte die Trüffelmärkte vergangener Tage miterleben dürfen, in den siebziger und frühen achtziger Jahren, als die Käufer einfach die Kofferraumklappen ihrer Autos aufmachten und – so wurde mir gesagt – offene

Kartons oder Koffer randvoll mit dicken Geldscheinbündeln zum Vorschein kamen, die nur darauf warteten, in Trüffeln umgesetzt zu werden.

In der Kultur der Haute Provence sind Trüffeln mehr als nur eine geschäftliche Angelegenheit, die sich in kleinem Kreis abspielt; sie sind im Winter fester Bestandteil des Alltagslebens. Von November bis Februar fallen bei Spaziergängen in den Wäldern die von Wildschweinen stammenden Löcher im Boden auf, die diese auf der Suche nach Trüffeln gegraben haben. Ungewöhnlich viele Personen, zum Großteil Männer, fahren auf kleinen Nebenstraßen, mit Hund, jedoch ohne die sonst typische Jagdausrüstung. Schilder, die vor Wilderei warnen, sieht man nun häufig, doch gehört es wohl dazu, auszuprobieren, wer es schafft, bei wem zu wildern. In der Saison gibt es in so gut wie jedem Restaurant zumindest eine *brouillade aux truffes*, und manche Restaurants sind besonders bekannt für den kreativen Umgang ihres Küchenchefs mit den hoch geschätzten schwarzen Pilzen. Solche Restaurants bieten auf ihrer winterlichen Speisekarte mehrgängige Menüs an, in denen sich die Trüffel bei jedem Gang anders präsentiert. Im wahrsten Sinne des Wortes durch die Hintertür bekommen Gastronomen Trüffeln beutelweise angeboten, zumeist von Leuten aus dem eigenen Dorf, und wenn die Weihnachtszeit naht, befindet sich eigentlich fast jeder in der glücklichen Lage, von einem Freund, der weiß, wo und wie er an Trüffeln kommt, ein paar Knollen kaufen zu können. Trüffelsuche und Trüffelverkauf bleiben eine geheimnisvolle Sache, auch wenn alles seit den achtziger Jahren etwas öffentlicher betrieben wird.

## TRÜFFELN PUTZEN

Die frisch ausgegrabenen Trüffeln sind voller Erde oder gar Schlamm, wenn der Boden von Regenfällen oder der Schneeschmelze aufgeweicht war. Die Trüffeln behutsam unter fließendem Wasser säubern, dabei eine kleine Bürste, beispielsweise eine Zahnbürste, verwenden, um die auf der Oberfläche der Trüffeln befindlichen winzigen Spalten vorsichtig von letzten Erdresten zu befreien. Die Trüffeln mit einem sauberen Tuch sorgfältig abtrocknen. Nun kann man sie zubereiten. Des schöneren Erscheinungsbildes wegen werden manchmal die Unebenheiten an der Außenseite der Trüffeln vor der Zubereitung abgeschabt; die dabei anfallenden Stückchen können anderweitig verwendet werden, etwa für eine *brouillade*. Trüffeln gibt es auch konserviert zu kaufen; in diesem Fall ist ein Säubern nicht notwendig, doch fehlt diesen Trüffeln der intensive Duft und der Geschmack frischer Exemplare. Frische Trüffeln werden gelegentlich auch geputzt und zwischen Reisschichten in Einmachgläsern oder Plastikgefäßen angeboten.

## TRÜFFELN HOBELN

Nachdem die Trüffeln geputzt sind, können sie mit der groben Seite einer Haushaltsreibe gehobelt werden.

## PILZE PUTZEN

Am besten ist es, Pilze gar nicht oder wirklich nur dann zu waschen, wenn es unbedingt nötig ist, da sie sich sonst mit Wasser vollsaugen und so an Aroma verlieren. Stattdessen sollten Schmutzreste oder anhaftendes Laub mit einem Pinsel oder einer kleinen Bürste entfernt werden. Beschädigte Stellen werden herausgeschnitten und weggeworfen.

## WILDPILZE SAMMELN

Unter keinen Umständen sollte irgendjemand ohne Begleitung eines Experten Pilze sammeln, die für den Verzehr bestimmt sind. Es gibt viele Wildpilze, die giftig sind, manche davon sind tödlich, andere verursachen ernste Gesundheitsschäden. Einige essbare Wildpilze ähneln giftigen Pilzen so sehr, dass selbst Experten davor zurückschrecken, sie zu sammeln. Wildpilze wie Steinpilze, Pfifferlinge oder Morcheln, die von Experten überprüft wurden, kann man auf Märkten kaufen. Auch kann man in vielen Gerichten Wildpilze durch Zuchtpilze wie Shiitake oder braune Champignons ersetzen. Der Geschmack ist dann natürlich anders, doch bleibt er trotzdem so vollmundig, wie man es von Wildpilzen erwarten würde.

## PILZE TROCKNEN

Besonders gut zum Trocknen eignen sich Steinpilz, Echter Reizker und andere große, fleischige Pilze. Unter den Zuchtpilzen sind der weiße und der braune Champignon und Shiitake eine gute Wahl. Die Pilze mit den Stielen der Länge nach in Scheiben schneiden. Die Scheiben sollten etwa ½ cm dick sein. Auf einem Gestell ausbreiten und in die Sonne stellen; über Nacht an einen geschützten Ort bringen, damit die Pilze nachts und morgens nicht der Feuchtigkeit ausgesetzt sind. Mit Hilfe von Nadel und Faden kann man die Pilze auch auffädeln, so dass eine Pilzkette entsteht. In der Haute Provence hängen diese Pilzketten in den Häusern zum Trocknen neben der Feuerstelle oder dem Ölofen. Wenn die Pilze auf Druck keine Flüssigkeit mehr abgeben und fast brüchig sind, ist der Trockenvorgang abgeschlossen. Sie können nun in eine Papier- oder Plastiktüte oder in eine geschlossene Dose gefüllt und an einem trockenen Ort gelagert werden, wo sie bis zu 1 Jahr haltbar sind.

## PILZE EINLEGEN

*Fleischige Pilze wie Steinpilz und Echter Reizker gehören zu den Arten, die man gewöhnlich zum Einlegen verwendet. Sollen Zuchtpilze eingelegt werden, eignen sich Champignon und Shiitake dafür.*

ERGIBT INKLUSIVE FLÜSSIGKEIT ETWA 500 G

120 ml natives Olivenöl extra
120 ml Rotweinessig
¾ TL Salz
½ TL schwarze Pfefferkörner
4 frische Zweige Thymian
250 g feste frische Pilze (siehe oben), in ½ cm dicke Scheiben geschnitten

◆ Jeweils die Hälfte des Olivenöls und des Rotweinessigs in eine Kasserolle aus Edelstahl geben. Das Salz, die Pfefferkörner und die Thymianzweige hinzufügen und die Mischung bei mittlerer bis hoher Temperatur zum Kochen bringen. 2 Minuten kochen lassen, dann die in Scheiben geschnittenen Pilze dazugeben und die Temperatur auf sehr niedrig reduzieren. Weitere 2 Minuten köcheln lassen; dabei die Pilze ständig wenden.

◆ Die heiße Pilzmischung in ein trockenes, sterilisiertes Einmachglas füllen. Den Rest Olivenöl und Rotweinessig dazugeben und das Glas lose mit Folie bedecken. Bei Zimmertemperatur abkühlen lassen. Dann die Folie entfernen und das Glas mit einem gut schließenden Deckel oder einem Korken verschließen. Vor dem Verzehr mindestens 24 Stunden kühl stellen, damit sich die Aromen entfalten können. Das Öl wird sich durch das Kühlen etwas verfestigen, bei Zimmertemperatur wird es jedoch wieder flüssig. Im Kühlschrank sind die Pilze bis zu 3 Monaten haltbar.

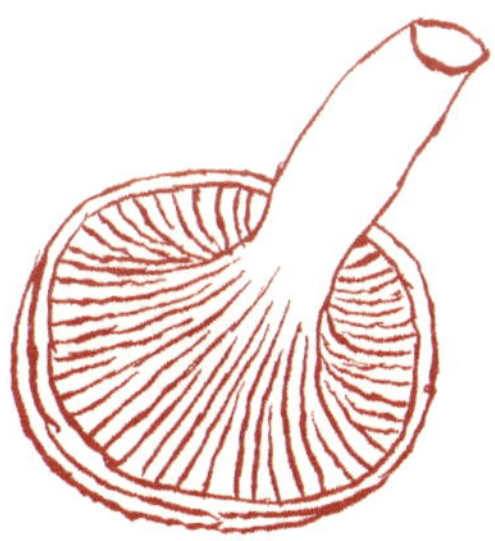

## PILZFOND

*Pilzfond ist als eine Variante des Gemüsefonds vielfältig einsetzbar. Nach Wunsch kann man ihn in vielen Fällen auch statt Rinderfond oder Geflügelfond verwenden.*

ERGIBT ETWA 1,5 L

250 g frische weiße oder braune Zuchtchampignons
8 Scheiben getrocknete Steinpilze
4 Möhren, gründlich gewaschen und in 5 cm lange Stücke geschnitten
2 große Stangen Lauch, gründlich gewaschen und in 5 cm lange Stücke geschnitten
1 dicke Stange Staudensellerie, gewaschen und in 5 cm lange Stücke geschnitten
5 ganze Nelken
2 l Wasser
1 TL Salz

◆ Die frischen Pilze grob hacken. Alle Zutaten in einen mittelgroßen Suppentopf geben. Bei mittlerer bis hoher Temperatur zum Kochen bringen. Den Deckel auflegen und bei niedriger Temperatur etwa 45 Minuten bis 1 Stunde köcheln lassen, bis das Gemüse seinen Geschmack an die Brühe abgegeben hat.
◆ Vom Herd nehmen und den Fond durch ein feinmaschiges Sieb in ein sauberes Gefäß abgießen. Den Siebinhalt wegwerfen. Den Fond abdecken und zur weiteren Verwendung in den Kühlschrank stellen oder einfrieren, wenn er nicht sofort gebraucht wird.

# Warmer Kartoffel-Trüffel-Salat

*Durch Erwärmen können sich Parfüm und Aroma einer Trüffel erst voll entfalten und intensivieren. Kartoffeln – wie auch Eier – ergeben einen passenden Hintergrund für Trüffeln, vor dem sie ihre Qualitäten besonders gut unter Beweis stellen können. Die gekochten und geschälten Kartoffeln werden mit einem Dressing aus feinem Olivenöl, Salz und frisch gemahlenem Pfeffer angemacht, dann werden die gehobelten Trüffeln untergemischt. Diesen Salat als ersten Gang ohne weitere Beilagen servieren.*

FÜR 3 ODER 4 PERSONEN ALS ERSTER GANG

700 g fest kochende Kartoffeln, wenn möglich neue Kartoffeln
4 bis 6 EL natives Olivenöl extra
1 TL Salz
1 TL schwarzer Pfeffer aus der Mühle
2 oder 3 walnussgroße Trüffeln, geputzt und gehobelt (Seite 97 – 98)

◆ Die ungeschälten Kartoffeln in gesalzenem Wasser – sie sollen knapp bedeckt sein – etwa 20 Minuten kochen, bis sie gerade eben gar sind, was durch Einstechen mit einer Gabel geprüft werden kann; darauf achten, dass sie nicht zu lange kochen. Die Kartoffeln abschütten und pellen, sobald man sie anfassen kann. In ½ cm dicke Scheiben oder 1 cm große Würfel schneiden und in eine Schüssel geben; die Kartoffeln sollten immer noch heiß sein. Das Olivenöl über die Kartoffeln gießen und behutsam mit einem Holzlöffel mischen, bis die Kartoffelscheiben oder -würfel mit Olivenöl überzogen sind. Das Salz, den Pfeffer und die gehobelten Trüffeln hinzufügen. Alle Zutaten vorsichtig vermischen.
◆ Sofort auf vorgewärmten Tellern servieren, damit der Salat warm bleibt.

# Trüffel-Brouillade

*Dieses Gericht als Rühreier zu bezeichnen wäre ihm nicht angemessen. Die französische* brouillade *wird als Vorspeise oder Hauptgericht zum Mittag- oder Abendessen serviert und entspricht keinesfalls den Rühreiern, wie sie in manchen Ländern gern zum Frühstück gegessen werden. Bei der französischen Variante werden die Eier sehr langsam bei niedriger Temperatur oder im leicht simmernden Wasserbad gegart und mit Butter oder Crème fraîche verfeinert. Während des Garens werden die Eier ständig gerührt, bis sie eine krümelige Konsistenz, ähnlich dem Hüttenkäse, bekommen. In der Haute Provence ist eine* brouillade *die typische und überaus populäre Zubereitungsart für winterliche Trüffeln und den wilden Spargel des beginnenden Frühlings. Die Eier fungieren dabei als Geschmacksträger für die kraftvollen Trüffeln, deren Aroma schon in kleinen Mengen große Wirkung besitzt.*

*Nach einer traditionellen Zubereitungsart wird ein* bocal *oder ein Einmachglas mit Deckel und Gummidichtung mit ganzen rohen Eiern (in ein Gefäß mit 1 l Inhalt passen 6 bis 8 Eier) und mehreren Trüffeln gefüllt. Das Einmachglas wird verschlossen und für 5 Tage bis 1 Woche an einen kühlen, dunklen Ort oder in den Kühlschrank gestellt. Es reichen 4 oder 5 Trüffeln, um eine* brouillade *zu aromatisieren. Wenn Sie nach dieser Methode vorgehen, sollten Sie das Glas täglich ein- oder zweimal öffnen und den Duft tief einatmen, nur als Vorbereitung auf das, was Sie erwartet, wenn Sie endlich vor Ihrem Teller* brouillade aux truffes *sitzen.*

*In den verschiedenen Dörfern und Gebieten der Haute Provence gibt es viele ganz unterschiedliche Auffassungen davon, wie eine* brouillade *zubereitet werden sollte: entweder mit Butter oder ausschließlich mit oder unbedingt ohne Olivenöl, mit Milch oder Crème fraîche oder mit keinem von beiden oder nur mit Butter – die Zubereitung hängt ganz von lokalen oder familiären Traditionen ab. Ich persönlich ziehe in diesem Gericht den leichteren Geschmack von Butter dem intensiveren Aroma von Olivenöl vor. Dazu Scheiben von Baguette oder Landbrot servieren, nach Wunsch auch getoastet, und einen gekühlten französischen Rosé oder einen leichten Weißwein kredenzen.*

FÜR 3 ODER 4 PERSONEN ALS VORSPEISE ODER FÜR 2 ODER 3 PERSONEN ALS HAUPTGERICHT

8 Eier
4 oder 5 walnussgroße Trüffeln, insgesamt etwa 40 g, geputzt (Seite 97)
120 g Butter, in 2 cm dicke Stücke geschnitten, oder 2 EL Crème fraîche und 2 EL Butter
1 TL Salz
2 TL weißer Pfeffer

◆ Die ganzen Eier mit den Trüffeln in ein Glasgefäß geben – wie in der Rezepteinführung erklärt – und 5 Tage stehen lassen.
◆ Die Eier in eine Schüssel aufschlagen. Die Trüffeln fein schneiden und zu den Eiern geben. Um die Eier noch stärker zu aromatisieren, die Mischung 1 Stunde stehen lassen.
◆ Den unteren Teil eines Wasserbades (oder einen Topf mit Wasserbadeinsatz) mit Wasser füllen, auf den Herd stellen und bei mittlerer Temperatur bis knapp unter den Siedepunkt erhitzen. Die Temperatur auf niedrig reduzieren und die Schüssel des Wasserbads (oder den Wasserbadeinsatz) darauf setzen. Die Eier, die Trüffeln und, falls diese Variante bevorzugt wird, die 120 g Butter hineingeben. Die Eimasse ständig rühren, bis eine cremige Masse aus winzigen Klümpchen entstanden ist; dies dauert etwa 15 Minuten. Wird die Variante Crème fraîche plus Butter gewählt, die Crème fraîche und die Butter einrühren, kurz bevor sich die winzigen Klümpchen bilden.
◆ Das Salz und den Pfeffer unterrühren und unverzüglich sehr heiß auf vorgewärmten Tellern servieren.

# Blattsalat mit Trüffelöldressing

*Trüffeln sind derart aromaintensiv, dass schon ein knapper Teelöffel voll kleinster, zum Beispiel beim Putzen abgeschnittener Trüffelteilchen reicht, um 120 ml Olivenöl ihr Aroma zu geben. Mit dem aromatisierten Öl, das einen Monat lang ruhen muss, um sein volles Bouquet zu entwickeln, kann man beispielsweise Gemüse oder Salate verfeinern. Falls kleine Trüffelstückchen an den Salat gegeben werden, diese zuerst in einer Pfanne oder auf einem Backblech 1 bis 2 Minuten erwärmen. Trüffelöl gibt es auch in Feinkostläden zu kaufen.*

FÜR 4 PERSONEN

*Trüffelöl:*
120 ml natives Olivenöl extra
1 bis 2 TL kleine Trüffelstückchen

3 EL Champagneressig
1 EL fein gehackte Schalotten
½ TL Salz
¾ TL schwarzer Pfeffer aus der Mühle
300 g glatte Endivie, Frisée und junger Blattspinat, gemischt; geputzt und in mundgerechte Stücke zerpflückt
1 walnussgroße Trüffel, fein geschnitten (nach Belieben)

◆ Für das Trüffelöl das Olivenöl und die Trüffelstückchen in ein trockenes, sterilisiertes Gefäß mit Deckel geben. Das Gefäß verschließen und für 1 Monat an einen kühlen, dunklen Ort oder in den Kühlschrank stellen. Nach dieser Zeit ist das Trüffelöl für die Verwendung aromatisiert. Es ist bis zu 3 Monate haltbar.
◆ Für den Salat 60 ml (4 EL) Trüffelöl in eine Schüssel geben (das restliche Öl für einen anderen Salat aufbewahren). Den Essig, die Schalotte, das Salz und den Pfeffer einrühren. Die zerkleinerten Salatblätter dazugeben und vor dem Servieren 30 Minuten stehen lassen.
◆ Kurz vor dem Servieren die Salatblätter mit zwei Löffeln im Dressing wenden, nach Belieben die klein geschnittene Trüffel hinzufügen und alles gründlich vermischen. Auf Salattellern servieren.

# Gegrillte Echte Reizker mit Knoblauch und Petersilie

*Gewürzt mit einer Hand voll frisch geerntetem Thymian und mit Olivenöl beträufelt, werden diese fleischigen, hocharomatischen Pilze in der Haute Provence zur Herbstzeit über Rebenholz gegrillt. Man genießt sie direkt vom Grill zu einem Aperitif oder als ersten Gang eines Menüs, doch schmecken sie auch hervorragend als Krönung eines gemischten Salattellers oder zu gegrillten Steaks.*

FÜR 4 ODER 5 PERSONEN

16 mittelgroße bis große frische Echte Reizker (siehe Hinweis)
5 oder 6 lange frische Zweige Thymian oder 4 EL frische Thymianblättchen
1 TL Salz
2 TL schwarzer Pfeffer aus der Mühle
4 EL natives Olivenöl extra
3 oder 4 Knoblauchzehen, fein gehackt
4 EL fein gehackte frische glatte Petersilie

◆ Die Pilze in eine Schüssel geben. Die Thymianzweige oder -blättchen, das Salz, den Pfeffer und das Olivenöl hinzufügen und die Pilze darin wenden. Vor dem Grillen 1 Stunde marinieren lassen. Den Knoblauch mit der Petersilie in eine kleine Schüssel geben und verrühren.
◆ In einem Holzkohlengrill, einer Feuerstelle oder einer Feuergrube mit Grill ein Feuer entfachen. Die Holzkohle oder das Holz herunterbrennen lassen, bis eine mittlere Temperatur erreicht ist. Falls vorhanden, eine Hand voll Rebholzabschnitte ins Feuer geben.
◆ Die Pilze mit den Hüten nach unten auf den Grillrost setzen. Auf jede Hutinnenseite etwas Knoblauch-Petersilien-Mischung geben. 2 bis 3 Minuten grillen, dann mit einer Grillzange wenden und weitere 1 bis 2 Minuten grillen, bis die Pilze gar sind. Auf einer Servierplatte oder einzelnen Tellern anrichten und sofort servieren.
HINWEIS: Sind Echte Reizker nicht erhältlich, können sie durch 16 frische Shiitake-Pilze oder braune Champignons entsprechender Größe ersetzt werden.

# Pilzcremesuppe

*Diese reichhaltige Suppe aus einer Mischung verschiedener Pilze schmeckt wunderbar nach Wald. Falls man ein herzhafteres Gericht wünscht, kann man die Suppe über mit Knoblauch eingeriebenen Toast geben.*

FÜR 4 BIS 6 PERSONEN

2 EL Butter
1 Schalotte, fein gehackt
300 g gemischte frische Pilze wie Steinpilze, Maronenröhrlinge, Pfifferlinge und Champignons, fein gehackt
1 getrocknete Wacholderbeere, fein gemahlen
1 TL fein gehackter frischer Thymian
½ TL Salz
1 TL schwarzer Pfeffer aus der Mühle
120 ml trockener Weißwein
750 ml Pilzfond (Seite 100)
250 ml Wasser
60 ml Crème double, geschlagen

◆ Die Butter in einer schweren Kasserolle bei mittlerer Temperatur zerlassen. Sobald sie schäumt, die Schalotten dazugeben und 4 bis 5 Minuten braten, bis sie glasig sind. Die Pilze bis auf 30 g hinzufügen, dann mit dem Wacholder, dem Thymian, dem Salz und dem Pfeffer 3 bis 4 Minuten sautieren, bis die Pilze ihre Farbe leicht verändern. In eine Schale füllen.
◆ Die Temperatur auf mittel bis hoch schalten. Den Wein in die Kasserolle gießen und den Bodensatz mit dem Kochlöffel vollständig losschaben; 2 Minuten kochen lassen. Den Fond und das Wasser hinzufügen und die Pilze mit der ausgetretenen Flüssigkeit wieder in die Kasserolle geben. Bei mittlerer bis niedriger Temperatur ohne Deckel 15 Minuten köcheln lassen.
◆ Die Crème double unterziehen und die Suppe sofort in vorgewärmte Suppentassen schöpfen. Als Garnitur jeweils 1 EL der restlichen rohen Pilzmischung in die Mitte der Suppe geben.

# Waldpilzgratin

*Für dieses Gratin kann man eine Auswahl der unterschiedlichsten Pilze verwenden, die man nach einem Tag erfolgreichen Sammelns mit nach Hause gebracht hat, oder auch eine einzige Art, die besonders reichlich vertreten war. Es lässt sich mit einer cremigen Béchamelsauce zubereiten – woduch die Pilze, wie in diesem Rezept beschrieben, mit den dünnen knoblauchduftenden Toastbrotschichten eine köstliche Verbindung eingehen – oder mit einer Kombination aus Ei, Milch und altbackenem Brot, was ein luftig-lockeres souffléartiges Gericht ergibt. Für welche Variante man sich auch entscheiden mag, beide eignen sich sowohl als Beilage zu gegrilltem oder gebratenem Fleisch – besonders delikat, wenn sich Fleischsaft und Gratin auf dem Teller vermischen – oder als Hauptgericht.*

FÜR 6 PERSONEN ALS BEILAGE; FÜR 3 ODER 4 PERSONEN ALS HAUPTGERICHT

6 bis 8 dünne Scheiben Landbrot (oder Menge nach Bedarf)
2 Knoblauchzehen
2 EL natives Olivenöl extra
7 EL Butter
500 g frische Pilze, entweder eine Mischung aus Pfifferlingen, Steinpilzen, Maronenröhrlingen, Semmelstoppelpilzen und Austernpilzen oder nur eine Pilzart (siehe Hinweis)
2 EL fein gehackte Schalotten
1½ TL Salz
½ TL schwarzer Pfeffer aus der Mühle
2 EL trockener Weißwein
2 EL Weizenmehl
¼ TL Cayennepfeffer
500 ml Milch
4 EL gehackte frische glatte Petersilie

*Fortsetzung nächste Seite*

◆ Den Backofen auf 180 °C vorheizen.

◆ Die Brotscheiben auf ein Backblech legen und etwa 15 Minuten rösten, bis die Oberfläche knusprig ist. (Wird altbackenes Brot verwendet, das bereits ausgetrocknet ist, kann dieser Schritt weggelassen werden.) Das Brot aus dem Ofen nehmen und, sobald es so weit abgekühlt ist, dass man es in die Hand nehmen kann, von beiden Seiten mit dem Knoblauch einreiben. Auf der Oberseite mit dem Olivenöl beträufeln und weitere 10 Minuten in den Backofen schieben, bis das Brot leicht gebräunt ist. Falls nötig, das Brot zum Fertigrösten unter den Grill legen. Aus dem Ofen nehmen und beiseite stellen.

◆ Die Backofentemperatur auf 200 °C erhöhen. Eine etwa 20 x 25 cm große tischfeine Auflaufform mit 1 EL Butter einfetten. Die Pilze in 2 bis 3 cm dicke Stücke schneiden oder hacken. In einer Pfanne bei mittlerer Temperatur 2 EL Butter zerlassen. Sobald sie schäumt, die Schalotten dazugeben und 1 bis 2 Minuten braten, bis sie glasig sind. Die Pilze hinzufügen und unter Rühren 4 bis 5 Minuten sautieren, bis sie ihren Saft abgegeben haben und leicht glänzen. Die abgegebene Saftmenge hängt von den verwendeten Pilzarten ab: Austernpilze und Stachelpilze geben mehr Flüssigkeit ab als dickfleischige Arten wie Steinpilze und Pfifferlinge. Mit ½ TL Salz und ¼ TL schwarzem Pfeffer würzen. Die Pilze mit einem Sieblöffel in eine Schüssel umfüllen.

◆ Auf hohe Temperatur schalten. Mit dem Weißwein ablöschen und 5 Minuten lang kochen lassen, bis die Flüssigkeit auf 2 EL eingekocht ist. Die Flüssigkeit zu den Pilzen in die Schüssel geben und beiseite stellen.

◆ Für die Béchamelsauce in einer schweren Kasserolle bei mittlerer Temperatur 3 EL Butter zerlassen. Wenn sie zu schäumen beginnt, die Kasserolle vom Herd nehmen und das Mehl, den restlichen 1 TL Salz und ¼ TL schwarzen Pfeffer sowie den Cayennepfeffer einrühren, so dass eine Paste entsteht. Die Kasserolle wieder auf den Herd stellen und bei mittlerer Temperatur in dünnem Strahl die Milch zugeben und unterrühren. Die Temperatur auf niedrig einstellen und so lange rühren, bis keine Klümpchen mehr vorhanden sind. Dann unter gelegentlichem Rühren etwa 10 Minuten köcheln lassen, bis die Sauce so eingedickt ist, dass sie die Rückseite eines Löffels überzieht. Vom Herd nehmen.

◆ Die Hälfte der Béchamelsauce und die Hälfte der Petersilie zu den Pilzen und dem Pilzsaft geben. Gründlich verrühren. Die getoasteten Brotscheiben bis auf zwei Scheiben nebeneinander in die Auflaufform legen und mit der Pilzmasse bedecken. Mit der restlichen Petersilie bestreuen. Die übrigen zwei Brotscheiben in etwa 3 cm große Stücke brechen und ebenfalls auf der Pilzmasse verteilen; die

Stücke reichen nicht aus, um die ganze Oberfläche zu bedecken. Mit der restlichen Béchamelsauce begießen und glatt streichen, damit alles bedeckt ist. Den Rest Butter (1 EL) in Flöckchen auf das Gratin setzen und 15 Minuten überbacken, bis die Oberfläche eine goldbraune Kruste hat und blubbert. Falls nötig, das Gratin 2 bis 3 Minuten unter den Grill stellen (darauf achten, dass die Auflaufform feuerfest ist), um das gewünschte Ergebnis zu erhalten.

◆ Aus dem Ofen nehmen und in der Auflaufform zu Tisch bringen. Mit einem Löffel Portionen abstechen, die alle Schichten des Gratins enthalten.

◆ HINWEIS: Wenn Wildpilze nicht erhältlich sind, können sie durch eine Mischung aus Zuchtpilzen wie frischen weißen und braunen Champignons, Shiitake und Austernpilzen ersetzt werden.

# Pfifferling-Pasta-Auflauf

*Dickere, größere Pastaformen wie Orecchiette oder eine breite Pastasorte wie Tagliatelle werden mit sautierten Pfifferlingen und der zugehörigen Sauce in eine Auflaufform gefüllt, mit etwas Gruyère und Petersilie bestreut und im Ofen überbacken, bis sich eine dünne Kruste gebildet hat.*

FÜR 4 PERSONEN

2 EL Butter
500 g frische Pfifferlinge (siehe Hinweis)
1 EL Olivenöl
50 g Schalotten, fein gehackt
2 Knoblauchzehen, fein gehackt
60 ml trockener Weißwein
60 ml Geflügelfond
2½ TL fein gehackter frischer Thymian
1½ TL Salz
1 TL schwarzer Pfeffer aus der Mühle
300 g Pasta (siehe oben)
60 g Ziegenfrischkäse
60 g Gruyère oder Schweizer Käse, geraspelt
4 EL gehackte frische glatte Petersilie

◆ Den Backofen auf 190 °C vorheizen.

◆ Eine 30 cm lange Auflaufform mit ½ EL Butter einfetten. In einem großen Topf gesalzenes Wasser zum Kochen bringen. In der Zwischenzeit große Pilze halbieren oder vierteln, kleine ganz lassen.

◆ In einer Pfanne bei mittlerer Temperatur 1 EL Butter zusammen mit dem Olivenöl erhitzen. Die Schalotte und den Knoblauch dazugeben und ungefähr 3 Minuten braten, bis beides glasig ist. Die Pilze hinzufügen und 4 bis 5 Minuten sautieren, bis sie Flüssigkeit abgeben. Auf hohe Temperatur schalten, mit dem Wein ablöschen und den Bodensatz in der Pfanne vollständig mit dem Kochlöffel losschaben. Den Geflügelfond dazugießen und in 2 bis 3 Minuten um ein Drittel einkochen lassen. Den Thymian, das Salz und den Pfeffer unterrühren und vom Herd nehmen.

◆ Die Pasta ins kochende Wasser geben, gut umrühren und gerade eben bissfest kochen. Abschütten, gut abtropfen lassen und in eine große Schüssel füllen.
Die Pilze mit der Flüssigkeit wieder erwärmen und den Ziegenfrischkäse unterziehen. 2 bis 3 Minuten rühren, bis der Käse geschmolzen ist und sich mit den Pilzen und der Flüssigkeit zu einer Sauce verbunden hat. Die Pilz-Käse-Sauce über die Nudeln geben und gründlich vermischen.

◆ Die Pasta in die vorbereitete Auflaufform umfüllen. Den Gruyère oder den Schweizer Käse gleichmäßig darüber verteilen und die restliche Butter (½ EL) in Flöckchen darauf setzen. Mit der Petersilie bestreuen. 10 bis 15 Minuten backen, bis der Käse geschmolzen ist und sich eine Kruste gebildet hat. Direkt aus der Auflaufform heiß servieren.

HINWEIS: Wenn Pfifferlinge nicht erhältlich sind, können sie durch Austernpilze ersetzt werden.

# Lauchtarte mit getrockneten Morcheln

*In diesem Rezept werden Blätterteig, Lauch und getrocknete Morcheln verwendet, doch man kann die Tarte auf vielerlei Art und Weise abwandeln. In Frankreich erhält man sogar in den kleinsten Supermärkten auf dem Land frischen oder tiefgekühlten Blätterteig; tiefgefroren gibt es ihn auch in Deutschland. Pizzateig (Seite 137) ist eine gute Alternative zu Blätterteig. Im Gegensatz zu Blätterteig kann Pizzateig auch von den ungeübtesten Händen zubereitet werden.*

*Der köstliche Belag besteht aus in dünne Scheiben geschnittenem und in Butter gedünstetem Lauch – sein natürlicher Zuckergehalt sorgt für eine leicht süßliche Note –, Ziegenfrischkäse und rehydrierten Morcheln, abgerundet mit Thymian. Den Lauch kann man durch Zwiebeln ersetzen, die ebenfalls natürlichen Zucker enthalten, und die Morcheln durch getrocknete Steinpilze oder Shiitake oder auch durch frische Pilze.*

*Die Tarte eignet sich sehr gut als Vorspeise, doch finde ich, dass sie zusammen mit einem grünen Salat und einer Flasche Rotwein ein wunderbares und vollständiges Hauptgericht abgibt.*

FÜR 4 ODER 5 PERSONEN

25 getrocknete Morcheln (etwa 15 g)
750 ml warmes Wasser
6 große Stangen Lauch, gründlich gewaschen
2 EL plus 1 TL Butter
1 EL frische Thymianblättchen
2 frische Lorbeerblätter oder 1 getrocknetes Lorbeerblatt
60 g saure Sahne
50 g Ziegenfrischkäse, zerbröckelt
¾ TL Salz
1½ TL schwarzer Pfeffer aus der Mühle
2 EL Weißwein
60 ml Geflügelfond
Blätterteig, ein Rechteck von 25 x 30 cm und ½ cm Dicke; aufgetaut
(falls tiefgekühlter Blätterteig verwendet wird)

◆ Die getrockneten Pilze 15 Minuten in 500 ml warmem Wasser einweichen. Die weißen Teile des Lauchs und ungefähr 3 cm der hellgrünen Teile in feine Scheiben schneiden.

◆ In der Zwischenzeit 2 EL Butter in einer Pfanne oder einer Kasserolle bei mittlerer Temperatur zerlassen. Sobald sie schäumt, den Lauch hineingeben und 5 Minuten sautieren, bis er glasig ist. Den Thymian, die Lorbeerblätter und 250 ml warmes Wasser hinzufügen. Bei geschlossenem Deckel etwa 15 Minuten köcheln lassen, bis der Lauch fast gar ist. Den Deckel abnehmen und weiterköcheln lassen, bis die Flüssigkeit fast vollständig verdampft ist, was ungefähr 15 Minuten dauert. Die Lorbeerblätter entfernen. Die saure Sahne und den Ziegenfrischkäse unterrühren, dann das Salz und den Pfeffer dazugeben. Die Sauce sollte nun cremig eingedickt sein.

◆ Den Backofen auf 200 °C vorheizen.

◆ Die Morcheln abtropfen lassen und längs halbieren. In einer kleinen Pfanne die restliche Butter (1TL) bei mittlerer Temperatur zerlassen. Sobald die Butter schäumt, die Morcheln dazugeben und 5 bis 6 Minuten sautieren. Den Weißwein und den Geflügelfond angießen und weiterköcheln lassen, bis die vorhandene Flüssigkeit auf etwa 1 EL eingekocht ist. Vom Herd nehmen und beiseite stellen.

◆ Den Blätterteig auf einer leicht bemehlten Arbeitsfläche ½ cm dick zu einem Rechteck von 30 x 45 cm ausrollen. Auf ein bemehltes Backblech legen. Die Lauchmasse gleichmäßig darauf verteilen (sie sollte gut 1 cm hoch sein), dabei einen Rand von 2 bis 3 cm frei lassen. Die Ränder über die Lauchmasse schlagen und in gleichmäßigen Abständen einkneifen, damit eine frei geformte Tarte entsteht. In den Backofen schieben und 12 bis 15 Minuten backen, bis der Blätterteig aufgegangen und die Lauchmasse goldbraun ist. Dann die Morcheln auf der Tarte verteilen und noch 5 Minuten backen. In Rechtecke oder Tortenstücke schneiden und heiß servieren.

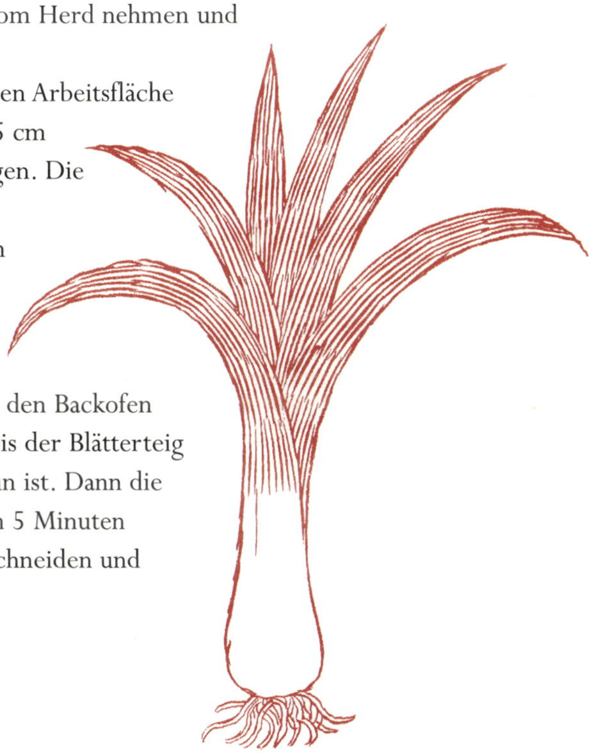

# Daube vom Rind mit getrockneten Steinpilzen

*Leise vor sich hin köchelnd gegart und reich an Aroma gehört die* daube *– ein Schmorgericht auf Weinbasis – zu den Klassikern, von denen zahlreiche Variationen existieren. Früher wurde sie in einer* daubière *aus Ton zubereitet und im hinteren oder seitlichen Teil des Kamins auf ein Bett von Kohlen gesetzt, wo sie über einen Zeitraum von 8 bis 10 Stunden langsam schmorte. Heutzutage werden daubes auf der Herdplatte zubereitet. Das Rindfleisch wird über Nacht in eine Marinade aus einheimischem Rotwein und Kräutern eingelegt, am nächsten Tag geschmort und kann durchaus am darauf folgenden Tag erst serviert werden, wodurch sich der Geschmack sogar noch intensiviert.*

*Traditionell beginnt man die Zubereitung dieses Schmorgerichts damit, dass ein Stück* roulade *– man kann auch leicht durchwachsenen, gepökelten Bauchspeck vom Schwein dafür verwenden – ausgelassen wird. Für die* roulade, *die der italienischen luftgetrockneten Pancetta ähnlich ist, wird der flach ausgebreitete Speck reichlich mit Pfeffer, Salz und Wildkräutern belegt, dann wird er aufgerollt, mit Schnur zusammengebunden, gepökelt und luftgetrocknet. Dadurch bekommt das fertige Gericht ein feines pfeffriges Aroma, das hier harmonisch mit frisch gemahlenem schwarzem Pfeffer und einer großzügigen Zugabe von frischen Kräutern abgerundet wird. Durch getrocknete Steinpilze erhält die* daube *einen vollmundigen Geschmack und eine reiche Konsistenz.*

*Für dieses Schmorgericht verwendet man die weniger zarten Teile des Rindes, die durch ihre gelatinehaltigen Sehnen für die nötige Bindung und das Aroma der Sauce sorgen. Ein feines, zartes Stück aus der Lende wäre hier glatte Verschwendung und würde lediglich eine dünnflüssige, kraftlose* daube *ergeben. Statt dessen sollten Sie entbeinten Kamm oder eine Kombination aus entbeintem Kamm und Beinfleisch nehmen, die bei langer Gardauer wunderbar zart und aromatisch werden und zum Gelingen einer kräftigen Sauce entscheidend beitragen.*

*Man kann die* daube *direkt aus dem Kochtopf servieren. Die Sauce wird über die Pasta gegeben. Ein Stück Parmesan oder Gruyère und eine Käsereibe, die bei Tisch weitergereicht werden, betonen den einfachen Charakter des Gerichts und schaffen eine gastfreundliche und entspannte Atmosphäre.*

FÜR 6 BIS 8 PERSONEN

2 kg entbeinter Rinderkamm oder eine Kombination aus entbeintem Kamm und Beinfleisch
2 gelbe Zwiebeln
3 Möhren
8 frische Zweige Thymian, je etwa 15 cm lang
2 getrocknete Lorbeerblätter
1 frischer Zweig Rosmarin, etwa 15 cm lang
2 TL Salz
2 TL schwarzer Pfeffer aus der Mühle; bei Verwendung von *roulade* auf 1½ TL reduzieren
4 Knoblauchzehen
1 Streifen Orangenschale, 10 cm lang und 1 cm breit
1 Flasche (0,75 l) trockener Rotwein wie Côte du Rhône, Zinfandel oder Burgunder
60 g *roulade* oder Pancetta, ersatzweise luftgetrockneter durchwachsener Speck, klein geschnitten
2 EL Weizenmehl
250 ml Wasser
60 g getrocknete Steinpilze, einige in 2 bis 3 Stücke gebrochen, der Rest ganz belassen
500 g breite Bandnudeln
70 bis 100 g Parmesankäse, gerieben
4 EL gehackte frische glatte Petersilie

◆ Den Rinderkamm in 5 bis 6 cm große Würfel schneiden. Alle größeren Fettstücke abschneiden und wegwerfen. Wenn Beinfleisch verwendet wird, das Fleisch vom Knochen schneiden, dabei die Stücke so groß wie möglich lassen.
◆ Das Fleisch in eine große Schüssel aus Email, Glas, Steingut oder ähnlichem geschmacksneutralem Material legen. Eine der Zwiebeln vierteln und mit den Möhren, dem Thymian, den Lorbeerblättern, dem Rosmarin, 1 TL Salz, 1 TL Pfeffer, 2 Knoblauchzehen und der Orangenschale zum Fleisch geben. Mit dem Rotwein übergießen und alles gründlich vermischen. Das Fleisch abgedeckt im Kühlschrank mindestens 4 Stunden, besser jedoch über Nacht, marinieren.

*Fortsetzung nächste Seite*

◆ Für die *daube* die *roulade* (beziehungsweise die Pancetta oder den durchwachsenen Speck) in eine schwere Kasserolle oder einen flachen Bratentopf geben; der Topf soll groß genug für das marinierte Fleisch sein. Die *roulade* bei mittlerer bis niedriger Temperatur in 5 Minuten unter gelegentlichem Rühren auslassen. Die knusprigen Speckstückchen entfernen und wegwerfen.

◆ Die übrige Zwiebel würfeln, die restlichen beiden Knoblauchzehen fein schneiden und in das ausgelassene Fett geben. Bei mittlerer Temperatur in 3 bis 5 Minuten glasig braten. Mit einem Sieblöffel herausnehmen und beiseite stellen.

◆ Anschließend das Fleisch abtropfen lassen; die Marinade aufbewahren. Das Fleisch so gründlich wie möglich trockentupfen. (Keine Sorge wegen der lilaroten Verfärbung, dafür ist der Rotwein verantwortlich.) Das Fleisch in den Topf geben – immer nur ein paar Würfel auf einmal – und 5 Minuten sautieren, dabei ein- bis zweimal wenden. Das Fleisch wird sich zwar dunkler färben, es wird jedoch nicht richtig anbräunen. Die Würfel mit einem Sieblöffel herausheben und so fortfahren, bis das gesamte Fleisch angebraten ist. Nachdem der letzte Fleischwürfel aus dem Topf genommen ist, das Mehl hineingeben und unter häufigem Rühren anbräunen. Die Temperatur hochschalten und langsam die Marinade mit ihren sämtlichen Zutaten dazugießen. Den Bratensatz mit dem Kochlöffel vollständig vom Topfboden losschaben. Die gebratene Zwiebel, den Knoblauch, das Fleisch und alle Flüssigkeit, die sich angesammelt hat, wieder in den Topf geben. Das restliche Salz (1 TL), den restlichen Pfeffer (1 TL bzw. ½ TL bei Verwendung von *roulade*), das Wasser und die Pilze hinzufügen und bis knapp unter den Siedepunkt erhitzen. Dann die Temperatur auf sehr niedrig reduzieren, den Topf mit einem gut schließenden Deckel verschließen und alles 2½ bis 3 Stunden köcheln lassen, bis sich das Fleisch mit einem Löffel zerteilen lässt.

◆ Vom Herd nehmen. Die Möhren, die Kräuterstengel und die Zwiebelviertel entfernen und wegwerfen. Einen Teil des Fetts abschöpfen, jedoch nicht alles, da ein Rest noch als Bestandteil der Sauce für die Nudeln gebraucht wird.

◆ In der Zwischenzeit in einem großen Topf gesalzenes Wasser zum Kochen bringen und die Nudeln hineingeben, gut umrühren. Gerade eben bissfest garen und abschütten.

◆ Die Nudeln in eine vorgewärmte Servierschüssel füllen und mit etwas Sauce von der *daube* begießen. Nach Bedarf mit zusätzlichem Salz und Pfeffer würzen. Mit einem Drittel des Parmesankäses und mit der Petersilie bestreuen. Das Gericht direkt im Topf zu Tisch bringen oder vor dem Servieren in eine Servierschüssel umfüllen. Den restlichen Käse bei Tisch reichen.

# Cannelloni mit Daube-Füllung

*In der Region um Digne und Puget-Théniers bieten Fleischereien und Feinkostläden selbst gemachte kochfertige Ravioli an, deren Füllung aus dem zerkleinerten Fleisch einer* daube *besteht, das durch etwas Spinat ergänzt und mit ein wenig* daube-*Flüssigkeit vermischt wurde, damit die Zutaten besser zusammenhalten. Auch auf den Speisekarten der Restaurants findet man* Ravioli au daube, *und auf den Samstagsmärkten kann man vom fahrenden* traiteur *oder Feinkosthändler ganze Lagen mit 24 mehlbestäubten Ravioli kaufen. Weiter im Süden und Westen füllt man Cannelloni mit Resten von der daube des Vortags. Statt Cannelloni können auch Manicotti verwendet werden, doch sollte man bedenken, dass letztere dicker sind und daher etwas von der Leichtigkeit dieser einfachen Zubereitungsart verloren geht.*

FÜR 6 BIS 8 PERSONEN

500 g Spinat
2 EL Butter
½ gelbe Zwiebel, fein gehackt
450 g fein gehacktes Fleisch und, wenn möglich, einige Pilze von Resten einer *Daube vom Rind mit getrockneten Steinpilzen* (Seite 114)
500 ml übrig gebliebene *daube*-Sauce
24 Cannelloni-Röllchen, jeweils 10 cm lang, oder 12 Manicotti-Rollen, nach Packungsanweisung vorgekocht und abgekühlt
70 g Parmesankäse, gerieben

◆ Den Spinat putzen und sorgfältig waschen. Dann 1 Minute in kochendes Wasser geben, bis er gerade eben zusammenfällt, aber noch kräftig grün ist. Aus dem Wasser nehmen, abtropfen lassen und unter kaltem Wasser abschrecken. Mit den Händen den Spinat gut ausdrücken, dann mit einem Messer oder in einer Küchenmaschine fein hacken. Nach dem Hacken erneut ausdrücken.
◆ Den Backofen auf 180 °C vorheizen. Mit 1½ EL Butter eine tischfeine Auflaufform einfetten, die groß genug ist, dass alle Cannelloni oder Manicotti in nur einer Lage nebeneinander Platz haben.

*Fortsetzung nächste Seite*

◆ Für die Füllung den Spinat, die Zwiebel und die zerkleinerten Zutaten der *daube* zusammen in eine Schüssel geben. Dann 150 ml von der *daube*-Sauce hinzufügen und gründlich vermischen, so dass eine Paste entsteht.

◆ Mit Hilfe eines Messers, eines Löffels oder der Finger die Cannelloni oder Manicotti mit gleich großen Portionen der Fleischmasse füllen. Die gefüllten Nudelrollen nebeneinander in die vorbereitete Auflaufform legen. Die restlichen 350 ml *daube*-Sauce über die gefüllten Nudeln gießen. Gleichmäßig mit dem Käse bestreuen. Die restliche Butter (½ EL) in Flöckchen darauf verteilen.

◆ Etwa 25 bis 30 Minuten backen, bis die Cannelloni oder Manicotti gar sind, was durch Einstechen mit einer Gabel geprüft werden kann. Die Sauce soll blubbernd heiß und der Käse geschmolzen und leicht goldgelb sein. Sehr heiß direkt in der Auflaufform zu Tisch bringen.

Käse

## REZEPTE

*Friséesalat mit gebratenem Ziegenkäse*

◆

*Fenchelsalat mit Zitronenvinaigrette, schwarzem Pfeffer und Ziegenhartkäse*

◆

*Gemischte Platte mit Tomaten, gehackten Zwiebeln und Schafskäse*

◆

*Birnen-Trauben-Salat mit Ziegenhartkäse*

◆

*Auberginen-Ziegenkäse-Röllchen mit Tomaten-Concassé*

◆

*Omelett mit Ziegenkäse und roter Paprika*

◆

*Pizza provenzalisch*

◆

*Pasta mit Kirschtomaten und Ziegenfrischkäse*

◆

*Polenta-Crêpes mit Pfirsichen und Ziegenfrischkäse*

◆

*Warmes Feigendessert mit Ziegenfrischkäse*

Jeder, der Frankreich verlässt, nimmt besondere Eindrücke mit nach Hause. Zu den wohl nachhaltigsten Eindrücken gehört ganz bestimmt die Leidenschaft, mit der die Franzosen Käse prüfen, kaufen, servieren und verzehren. In der Haute Provence gelten *les petits fromages des collines et des montagnes* als besonders empfehlenswert. Diese Käse werden zum großen Teil von Familien aus der Milch der eigenen Ziegen und Schafe produziert. Dieser handwerklich hergestellte Käse variiert von Typ zu Typ und von Betrieb zu Betrieb; er kann klein, mittelgroß oder groß, frisch und feucht oder völlig trocken sein oder einen samtigen Flaum aus cremigem gelblichem Schimmel haben. Er ist rund und dünn oder rund und dick, oder er hat die Form einer schlanken Rolle, einer spitzen oder auch abgeflachten Pyramide oder eines Karrees.

Aroma und Konsistenz jedes Käses werden davon bestimmt, an welchem Ort Ziege oder Schaf grasen, ob die Milch schnell dickgelegt wurde, nämlich nach der *caillé-doux*-Methode des Mittelmeerraums, oder langsamer nach der *lactique*-Methode, die man im Norden anwendet, wo eher säuerliche Käse hergestellt werden. Ferner wird der Geschmack beeinflusst von der Temperatur, der der Käse innerhalb und außerhalb der Form ausgesetzt ist, und von der Zeitspanne, die der Käse, nachdem die Form entfernt wurde, an der Luft zubringt. Natürlich kann der Geschmack zusätzlich durch Beigabe frischer oder getrockneter Kräuter, durch Wälzen in Asche oder Einwickeln in Blätter verändert werden. Ein Käser kann sich auf die Herstellung einer Käsesorte spezialisieren oder auch bis zu zehn verschiedene Sorten selbst herstellen.

Überall in der Haute Provence trifft man auf Schilder mit der Aufschrift *»Fromage de Chèvre«* oder *»Fromage de Brebis«*, häufig handgeschrieben und mit einem Pfeil versehen, der auf eine holprige, unbefestigte Straße hinweist. In der Regel führt diese Straße dann zu einem bäuerlichen Betrieb, in dem handwerklich hergestellter Käse und andere Produkte angeboten werden. Es lohnt sich auf jeden Fall, solch einem Schild zu folgen; seien Sie jedoch bereit für ein Abenteuer.

In St. Julien-le-Montagnier, kurz vor der steilen Einbahnstraße, die einen zu dem alten Dorf oben auf dem Hügel bringt, steht ein Schild mit der Aufschrift *»Le Pastoral Fromage Fermier de Tradition«* und einem Pfeil, der zu einer Straße weist, die mitten in die Wildnis führt. An einem eisig kalten Morgen, als ich mit einer Freundin unterwegs war, beschlossen wir, diesem Weg zu folgen. Nach einer schönen, fast ebenen Strecke, die auf der einen Seite von einem Feld und auf der anderen Seite von Krüppeleichen begrenzt war, bog der Weg in die Wälder ab und begann anzusteigen. Je steiler der Weg wurde, desto imposanter wurden die Bäume, bis wir uns schließlich inmitten eines dichten Eichen- und Pinienwaldes befanden. Mittlerweile bestand der Weg nur noch aus tief zerfurchter Erde und wurde immer schmaler. An manchen Weggabelungen fanden wir Pfeile, an manchen fehlten sie. Am Ende unserer Odyssee, nach fast sieben Kilometern, mündete der Weg in eine weite Lichtung, auf der ein riesiges, mehrere hundert Jahre altes Bauernhaus stand mit einem überwältigenden Blick hinunter auf den Wald, daneben ausgedehnte Scheunen und Stallungen, die nicht nur Ziegen, sondern auch Schafe, Kühe, Gänse, Enten und Wildschweine beherbergten. Bei einer Führung durch die Käserei durften wir die blitzsaubere Edelstahlausstattung und die temperaturkontrollierten Räume bewundern. Die Regale bogen sich unter der Last von riesigen, aus Kuhmilch hergestellten Käselaiben, die zum Teil bis zu 90 Kilogramm schwer waren. In anderen Regalen wurden die wesentlich kleineren Käse aus Ziegen- oder Schafsmilch gelagert. Diese Käse, so erzählte man uns, waren im letzten Sommer in den alpinen Regionen um Colmars und Col d'Allos hergestellt worden, wo die Tiere die Saison auf den Almen verbracht hatten. Die größeren Käse trugen Etiketten, auf denen vermerkt war, auf welcher Höhe der Ort lag, an dem sie hergestellt wurden.

In einem winzigen Weiler bei Baudinard, nicht weit vom Lac de Ste.-Croix, wiederholte sich unser Erlebnis, wenn auch in weitaus kleinerem Maßstab, auf dem Hof von Luc und Nelly Chaffard. Wieder stießen wir auf ein Schild, diesmal an der

Straße von Aups nach Baudinard, das uns einen schmalen, unbefestigten Weg entlang direkt auf das Anwesen führte. Nach etwa zwei Kilometern erblickten wir eine größere Zahl von Steingebäuden und eine moderne Scheune. Weder Schafe noch Kühe gab es hier, jedoch eine Herde von 100 Ziegen. Im beginnenden Frühjahr, wenn die ersten Zicklein geboren werden, bis in den Spätherbst hinein werden die Ziegen zweimal täglich gemolken; das erste Mal morgens, bevor sie zum Grasen in die Wälder geführt werden, und das zweite Mal am Abend, wenn sie zur Gerstenfütterung wieder in den Stall zurückkehren. Die Milch wird sofort dickgelegt, zu Käse weiterverarbeitet und sowohl an Restaurants und auf Freiluftmärkten als auch direkt auf dem Hof an Besucher verkauft.

Anfang der siebziger Jahre, als ich in die Haute Provence umzog, war die Schweinehaltung bei den Familien noch recht verbreitet gewesen, während die Tradition, sich ein oder zwei Ziegen zu halten, damit die Versorgung mit Milch und Käse für den Hausgebrauch gesichert war, nicht länger fortgesetzt wurde. Doch man erinnert sich heute gern an die Kindheit, als noch in der Küche Käse hergestellt wurde und die glasierten Terrakottaformen zum Abtropfen aufgereiht dastanden, und als man Frischkäse mit Honig oder Marmelade genossen und frische warme Milch getrunken hatte.

Hirten stellten ihren Käse natürlich noch selbst her, und es gab einige große Unternehmen, die für Herden von 100 oder mehr Ziegen moderne Melkmaschinen verwendeten, doch im Haut Var in der Gegend um Barjols, Pontevès und Artignosc, wo wir unseren Käse verkauften, waren frische lokale Käse eine echte Rarität, ein Stück Vergangenheit. Als wir mit der Käseherstellung begannen, geschah es häufig, dass Kunden auf einen Schlag ein halbes Dutzend Käse oder noch mehr kauften; besonders beliebt waren die ganz frischen, jungen Käse, die erst ein bis zwei Tage zuvor aus der Form genommen worden waren. Wenn ich mich dann ganz beiläufig erkundigte, was sie denn mit soviel Käse anzufangen gedächten, erzählten mir meine Kunden, dass sie die Käse gern als besondere Mitbringsel bei Einladungen zum Mittag- oder Abendessen verschenkten oder dass sie tatsächlich zweimal am Tag Käse aßen oder ein bis zwei Käse zum Reifen an einem kühlen luftigen Ort lagerten. Leute, die von uns hörten, kamen zu unserem Haus, um Käse zu kaufen und beim Melken der Ziegen zuzusehen, was ich allerdings recht störend fand. Ein Großhändler aus Toulon entdeckte unseren kleinen Betrieb – unsere Herde hatte maximal 40 Ziegen – und kaufte den Großteil unserer Produktion.

Unseren Käse stellten wir auf die traditionelle Art und Weise her, wie wir es nach und nach von den Hirten lernten, von denen wir unsere Ziegen kauften, und von ein oder zwei erfahrenen Omas – *mémés* – vom Land, die sich noch an die Kunst der Käseherstellung erinnern konnten.

Nach dem Melken wurde die noch warme Milch gefiltert und in ein Fass gefüllt, dann wurde sie mit flüssigem Labferment, das aus dem vierten Kuhmagen gewonnen wird, versetzt. Im abgedeckten Fass blieb die Mischung nun bis zum nächsten Melken stehen, damit sie gerinnen konnte. Diesen Prozess nennt man Dicklegung. Nachdem die neue Milch in ein anderes Fass gefiltert und mit Labferment versetzt worden war, wurde die dickgelegte Milch im ersten Fass in Stücke geschnitten, in Formen mit großen Löchern gefüllt und zum Abtropfen in Regale gestellt. Ungefähr zwölf Stunden später wurden die Käse aus der Form herausgenommen, umgedreht, in die Form zurückgesetzt und leicht gesalzen. Weitere zwölf Stunden vergingen, bis sie endgültig aus den Formen genommen und zum Trocknen auf Regale gesetzt werden konnten; am nächsten Tag waren sie für den Verkauf bereit. Wir verspeisten riesige Mengen Frischkäse mit Marmelade bestrichen auf Brot oder Pfannkuchen zum Frühstück; zum Mittagessen aßen wir Frischkäse mit Tomaten und Zwiebeln, zum Dessert mit Zucker oder Honig, und wir verwendeten ihn beim Kochen, wenn ein Rezept Käse verlangte. Zweimal täglich fütterten wir Lucretia, unser Schwein, mit einer Mischung aus Molke und Kleie. All das fand in einem recht heruntergekommenen Bauernhaus statt. Das Wasser zum Säubern der Formen und Geräte musste erst vom Brunnen geholt und erhitzt werden, außerdem mussten wir uns bei kälteren Temperaturen auf die massiven Steinmauern verlassen und gelegentlich mit dicken Bettdecken nachhelfen. Von weiter entfernt wohnenden Nachbarn erhielten wir die Erlaubnis, unsere Ziegen auf deren Waldgebiet grasen zu lassen, wo sie sich von Eicheln, Wacholder, Gräsern, Thymian und anderen Waldpflanzen ernähren konnten.

Als wir nach Kalifornien zurückkehrten, gab es viele Personen, vor allem jüngere, die versuchten, in den Regionen Alpes-de-Haute-Provence und Haut Var eine Existenz aufzubauen, indem sie Tiere hielten und Käse herstellten. Manche davon stammten aus Frankreich, manche kamen aus anderen europäischen Ländern und wieder andere, wie wir, kamen aus den Vereinigten Staaten. Eine Ziegenherde ließ sich mit relativ geringem Ausgangskapital aufbauen, und innerhalb eines Jahres konnte sie bereits durch den Verkauf von Käse und Zicklein Geld einbringen. Da Schafe weniger Milch geben als Ziegen, benötigt man zur Herstellung von Schafskäse eine größere Herde, doch kann man dann auch Wolle und Lämmer verkaufen. Kühe sind in der Anschaffung wesentlich teurer, und auch ihre Haltung gestaltet sich aufwendiger, da die vorhandenen gestrüppreichen Weideflächen den Kühen keine adäquate Nahrung bieten können. Dennoch haben sich manche Leute für die Kuhhaltung entschieden. Im Sommer werden die Kühe dann auf höher gelegene Weiden getrieben, ansonsten wird Heu zugefüttert. Wenn die Ernährung stimmt, geben Kühe sehr viel mehr Milch als Ziegen.

In den letzten 25 Jahren haben sich die Gesetze und Bestimmungen drastisch verändert, da sowohl der französische Staat als auch die EU eine strengere Kontrolle über die Herstellung von Käse ausüben und sie mit höheren Steuern belegen. Wir haben amerikanische Freunde, die 20 Jahre lang Ziegen auf einem nur mit dem Esel oder zu Fuß erreichbaren Hof gehalten und ihren Käse zweimal in der Woche auf dem Markt angeboten hatten. Im Jahr 1989 modernisierten sie ihren landwirtschaftlichen Betrieb aufgrund der ersten neuen EU-Bestimmungen, mussten sich jetzt jedoch – wie viele der kleinen Käsereien in der Haute Provence – dazu durchringen, mit der Käseherstellung aufzuhören und alle ihre Ziegen zu verkaufen. Um auch weiterhin die neuen Bestimmungen erfüllen zu können, wären einschneidende Investitionen nötig gewesen, ferner aggressives Marketing und ein ausgedehnterer Vertrieb, da es nicht länger ausreicht, seinen Käse nur auf lokalen Märkten, an Restaurants und Lebensmittelgeschäfte in der Umgebung zu verkaufen, dem üblichen Absatzmarkt für kleine Käsereien. Man hört, die Zeiten seien nun endgültig vorbei, in denen eine Familie ihren Lebensunterhalt dadurch verdienen konnte, dass sie sich eine kleine Ziegenherde kaufte, Käse herstellte und diesen auf den Märkten der Umgebung verkaufte. Die Entwicklung geht eher dahin, dass Familienbetriebe die bereits dickgelegte Milch an einen Käser verkaufen, der die Möglichkeiten hat, allen Bestimmungen gerecht zu werden – in einem solchen Fall darf der Käse jedoch nicht die Bezeichnung *fermier* tragen, da diese Bezeichnung laut Gesetzgeber ausschließlich für Käse reserviert ist, der auf einem bäuerlichen Betrieb aus eigener Milch hergestellt wurde. Heutzutage ist nicht nur eine große Herde von mindestens 100 Ziegen erforderlich, man muss auch zusätzliches Kapital aufbringen, um die Molkerei, den Raum für die Käseherstellung und die Räume für die Käselagerung den jeweiligen EU-Bestimmungen anzupassen. Einige kleinere Betriebe investieren das nötige Geld und werden auch weiterhin den wunderbaren Käse der Haute Provence auf traditionelle Weise herstellen.

Der wohl bekannteste Käse der Region ist nach dem Ort Banon benannt. Nach alter Tradition wird dieser Käse mit Kastanienblättern umwickelt, die mit Eau de vie oder Essig getränkt sind. Schon seit vielen Jahren fordern die betreffenden Hersteller von der französischen Regierung, dass dem Banon-Käse die Bezeichnung *Appelation d'origine contrôlée* zuerkannt wird. Das würde bedeuten, dass nur der

Käse Banon genannt werden darf, der in einem bestimmten Gebiet innerhalb der Haute Provence aus der Milch von Ziegen, die sich von heimischen Pflanzen ernähren, und nach ganz speziellen Fabrikationsmethoden hergestellt wurde. *Le vrai Banon de tradition* ist allen Nachahmungen in jeder Hinsicht weit überlegen. Er wird ausschließlich aus Ziegenrohmilch zubereitet, die nach der *caillé-doux*-Methode dickgelegt wurde.

Wenn die Käse abgetropft und fest genug sind, werden sie aus den Formen herausgenommen und in Regalgestelle zum Trocknen gelegt. Nach 24 Stunden kommen sie ins *chambre d'affinage,* den Raum, in dem die Käse bei strenger Temperaturkontrolle reifen; früher wurde dafür ganz einfach der Keller benutzt. Die Käse lagern dort zwei Wochen lang, bevor sie in braune, im vorjährigen Herbst gesammelte Kastanienblätter gewickelt werden, die man zuvor in eine Essig-Wasser-Mischung oder in Eau de vie eingelegt hatte. Jeder Käse wird mit drei bis vier Blättern umwickelt; die kleinen Päckchen werden dann mit Raffiabast oder Garn verschnürt. Anschließend wandern sie für weitere sechs Wochen in den Reifekeller. Danach wird der reife Banon von seiner Blätterumhüllung befreit; er hat außen eine Rinde gebildet und ist im Innern so cremig, dass er *à la cuillère,* mit dem Löffel, gegessen werden kann. (Durch die Hülle aus braunen Kastanienblättern erhält der Käse ein mildes tanninartiges Aroma; werden grüne Blätter verwendet, entwickelt der Käse aufgrund des sehr viel höheren Tanningehaltes dieser Blätter ein intensives, fast bitteres Aroma.)

Zur Zeit können als Banon bezeichnete Käse aus Schafs- oder Kuhmilch zubereitet, nach der *caillé-doux-* oder der *caillé-lactique*-Methode dickgelegt, in grüne oder braune Kastanienblätter gewickelt und an einem beliebigen Ort hergestellt werden. Es liegt auf der Hand, dass die Ergebnisse grundverschieden ausfallen.

Die wahrscheinlich am wenigsten bekannten Käse der Haute Provence sind die Sauermilchkäse, *broussin* genannt; hierbei wird gelegentlich zwischen *fromage couillin* aus Schafsmilch und *la cachaille* aus Ziegen- oder Schafsmilch unterschieden. Diese werden traditionell sowohl von Hirten als auch in den Familien hergestellt. Beim *broussin* gibt man der Schafsmilch unmittelbar nach dem Melken das Labferment bei. Nach der Dicklegung wird die Masse zum Abtropfen für 24 Stunden in Formen gefüllt. Nachdem man die Käse aus den Formen genommen hat, läßt man sie trocknen, bis sie hart sind. Nun wird der Käse in Stücke gebrochen, in innen glasierte Töpfe mit Deckel oder Korkverschluss gedrückt und an einem warmen Ort gelagert. Als man noch auf Feuerstellen kochte, stellte man den Käsetopf einfach auf die Einfassung oder in einen danebenstehenden Schrank. Der Käse wurde dann mit ein paar Tropfen Eau de vie, mit Salz und Pfeffer und oft auch mit etwas altem *broussin* vermischt. Nach einigen Monaten Reifezeit an seinem warmen Ort hatte er ein strenges, komplexes Aroma entwickelt. Traditionell wurde dieser Käse dünn auf getoastetes, niemals auf frisches Brot gestrichen, am besten auf Brot, das über offenem Feuer geröstet wurde.

Eine ähnliche Variante, *la cachaille, la caseille* oder *cachat* genannt, wird entweder aus Ziegenmilch oder aus Schafsmilch zubereitet. Übrig gebliebene Käsereste von Frisch- wie auch von Hartkäse kommen in innen glasierte Töpfe mit Deckel und werden mit etwas Salz, Pfeffer, eventuell auch mit Kräutern und mit einem Schuss Eau de vie oder Essig vermischt. Wie bei *broussin* kann die Fermentation einige Monate andauern, bis der Käse als fertig bezeichnet wird; sie kann sogar auf einige Jahre ausgedehnt werden.

Es gibt viele unterschiedliche Sorten von Ziegenkäse, die man vereinfachend in die Kategorien Frischkäse, Weichkäse, Schnittkäse und Hartkäse einteilen kann. Je frischer der Käse ist, desto milder ist sein Geschmack und desto vielseitiger lässt er sich in der Küche einsetzen. Mit zunehmendem Alter und Reife wird der Geschmack immer intensiver und deutlich schärfer, so dass ein Ziegenhartkäse sehr streng schmecken kann. Sehr frischer und weicher Käse, der erst ein oder zwei Tage außerhalb der Form zugebracht hat, kann mit Honig oder Zucker serviert werden, doch bereits ein drei oder vier Tage alter Käse hat schon so viel von seinem charakteristisch scharfen Geschmack entwickelt, dass er für ein süßes Gericht nun mit komplexeren Aromen kombiniert werden muss. Für würzige und pikante Gerichte eignet sich Ziegenkäse jedoch in jeglichem Stadium hervorragend, und als Abschluss einer Mahlzeit ist eine Scheibe Ziegenkäse mit Brot und einem Glas Rotwein ein wahrer Genuss. Mit Weich-, Schnitt- und Hartkäse aus Ziegenmilch kann man wunderbar Saucen aromatisieren und binden oder Salate und Tartes um eine weitere Geschmackskomponente bereichern.

Auch Schafskäse kann man in Frischkäse, Weichkäse, Schnittkäse und Hartkäse einteilen, wobei Hartkäse und Schnittkäse häufiger zu finden sind als Frischkäse. Schafskäse besitzt einen weniger scharfen und strengen Geschmack als Ziegenkäse, was sich besonders beim Hartkäse auswirkt. *Brousse,* ein Frischkäse, war einmal überall in der Provence erhältlich. In den siebziger Jahren verschwand er dann fast vollständig; doch in letzter Zeit erlebt er eine Renaissance. Sollten Sie also eine Quelle für diesen Schafskäse ausfindig machen, denken Sie daran, dass er gut mit Lavendelhonig harmoniert.

Die Kuhmilchkäse der Haute Provence sind gewöhnlich fest und radförmig. Es gibt sie jung oder gereift, wobei sich die Reifedauer von einem Monat bis zu zwei Jahren erstrecken kann. Da sich geschmacklich große Unterschiede ergeben können, sollten Sie unbedingt eine Käseprobe machen und sich dabei nach der einfachen Regel richten: Je jünger der Käse ist, desto milder schmeckt er, und je länger er gereift ist, desto trockener ist er und desto kräftiger ist sein Geschmack.

Obwohl noch vor einem Jahrhundert in der Küche der Haute Provence fast ausschließlich die in der Region hergestellten Käse Verwendung fanden, werden heute auch zahlreiche andere Käse serviert oder zum Kochen genutzt. Sogar in den Lebensmittelgeschäften der winzigen Dörfchen sind Gruyère, Camembert, Gorgonzola, Parmesan und *rouge* im Angebot, letzterer ein als Reibekäse verwendeter Kuhmilchkäse in rotem Wachsmantel, ähnlich dem holländischen Edamer. Natürlich kann man auch viele andere Käse kaufen, doch stellen die aufgezählten, zusammen mit den lokal hergestellten Ziegen- und Schafskäsen und, wo erhältlich, auch Kuhmilchkäsen, die üblicherweise verwendete Auswahl dar.

## AROMATISIERTE KÄSECREMES ZUBEREITEN

Würzige Aufstriche kann man herstellen, indem man fein gehackte Kräuter, Nüsse oder gemahlene Gewürze unter weichen Frischkäse rührt. Der aromatisierte Frischkäse sollte gut verpackt im Kühlschrank aufbewahrt werden. Man kann Gewürze und Kräuter auch in die Oberfläche eines jungen Käses drücken, um ihm eine zusätzliche Geschmackskomponente zu verleihen.

# Friséesalat mit gebratenem Ziegenkäse

*In französischen Supermärkten kann man drei oder sechs kleine Ziegenkäse, jeweils etwa 3 cm im Durchmesser und 3 cm hoch, in Plastikschachteln verpackt kaufen. Auf der Verpackung dieser* crottins de chavignol *findet man Anweisungen zum Grillen oder Braten und wie man sie zum Salat serviert. Sie werden an der Käsetheke auch einzeln, unverpackt und mit einem Etikett versehen angeboten, da dieser Käse durch die Bezeichnung* Appellation d'origine contrôlée *geschützt ist. In Paris und im Norden bekommt man fast immer diesen Käse serviert, wenn man* frisée avec fromage de chèvre chaud *bestellt.*

*In der Haute Provence gibt es auf den Märkten jedoch ausschließlich die Käse der Region. Sie sind 5 bis 8 cm im Durchmesser und etwa 3 cm dick. Junge Käse können vor dem Braten mit gewürzten Semmelbröseln paniert werden. In Kalifornien kaufe ich Ziegenkäse oft in einer Rolle; ich schneide diese in 4 Stücke, drücke jedes Stück flach und erhalte so einen gut 1 cm dicken Taler mit einem Durchmesser von etwa 8 cm, den ich anschließend in Semmelbröseln wende. In Frankreich kaufe ich mittelalten Käse, lasse die Rinde unter dem Grill bräunen, entferne sie – und zurück bleibt das heiße cremige Innere.*

FÜR 4 PERSONEN

120 g junger Ziegenkäse
60 g trockene Semmelbrösel, mittelfein gemahlen
¼ TL Salz
½ TL schwarzer Pfeffer aus der Mühle
½ TL frische Thymianblättchen
300 g Frisée, nur das hellgelbe Innere; geputzt und in mundgerechte Stücke zerpflückt
Klassische Vinaigrette (Seite 74)
1 EL natives Olivenöl extra

◆ Den Käse zu 4 Talern mit einem Durchmesser von jeweils etwa 8 cm und einer Dicke von gut 1 cm formen. Die Semmelbrösel mit dem Salz, dem Pfeffer und den Thymianblättchen mischen und auf einen großen flachen Teller geben. Die Käsetaler von beiden Seiten in die Bröselmischung drücken. Beiseite stellen.

*Fortsetzung nächste Seite*

◆ In einer großen Salatschüssel den Frisée mit der Vinaigrette gründlich vermischen. Den Salat auf 4 Teller verteilen und beiseite stellen.

◆ Das Olivenöl in einer kleinen Pfanne, die gerade groß genug für die 4 Käsetaler ist, bei mittlerer Temperatur erhitzen. Die Taler in die Pfanne geben und 1 bis 2 Minuten braten, dann wenden und noch 1 Minute von der anderen Seite braten. Der Käse beginnt zu schmelzen und verläuft etwas. Die Taler schnell mit einem Spatel aus der Pfanne nehmen und auf jeden Salatteller einen Taler setzen. Sofort servieren.

## Fenchelsalat mit Zitronenvinaigrette, schwarzem Pfeffer und Ziegenhartkäse

*Hier sind ausgeprägte Aromen kombiniert, die jedoch auf leichte Art miteinander verbunden werden. Der pikant pfeffrige Geschmack des Ziegenhartkäses wird ergänzt durch den grob gemahlenen schwarzen Pfeffer; für die harmonische Verbindung sorgt die säuerliche, aber doch sanfte Note des Zitronen-Olivenöl-Dressings auf dem knackigen, anisduftenden Fenchel.*

FÜR 4 PERSONEN

2 große Fenchelknollen
30 g Ziegenhartkäse
4 EL frisch gepresster Zitronensaft
½ TL Salz
8 EL natives Olivenöl extra
4 EL fein gehackte frische glatte Petersilie
2 TL schwarzer Pfeffer aus der Mühle, grob gemahlen

◆ Von den Fenchelknollen alle harten und verfärbten Außenblätter wie auch die Stiele und fedrigen Spitzen entfernen. Den harten Keil im unteren Teil der Knollen herausschneiden, dann die Knollen längs halbieren und jede Hälfte quer in sehr dünne Scheiben schneiden. Das sollte ungefähr 600 g Fenchel ergeben. Beiseite stellen. Mit einem scharfen Messer vom Ziegenkäse hauchdünne Scheibchen abschaben.

◆ In einer kleinen Schüssel den Zitronensaft, das Salz und das Olivenöl zu einer Vinaigrette verrühren. Die Petersilie hinzufügen. Den Fenchel in eine Schüssel geben, die Vinaigrette dazugießen und gründlich mischen. 45 Minuten ruhen lassen, damit sich die Aromen entfalten können. Den Fenchel auf eine Servierplatte oder auf einzelne Teller häufeln und mit dem Pfeffer und den Käsespänen bestreuen. Bei Zimmertemperatur servieren.

## Gemischte Platte mit Tomaten, gehackten Zwiebeln und Schafskäse

*Hübsch arrangiert lässt sich aus diesen einfachen Zutaten eine Vorspeise zaubern, die zu jedem Menü passt.*

FÜR 4 PERSONEN

2 Tomaten, enthäutet und Samen entfernt, gehackt
1 EL natives Olivenöl extra
1 EL Rotweinessig
½ rote oder gelbe Zwiebel, fein gehackt
4 EL fein gehacktes frisches Basilikum oder frischer Estragon
120 g Frisch- oder Weichkäse aus Schafsmilch
Salz und schwarzer Pfeffer aus der Mühle
12 Scheiben Baguette, schräg aufgeschnitten und getoastet

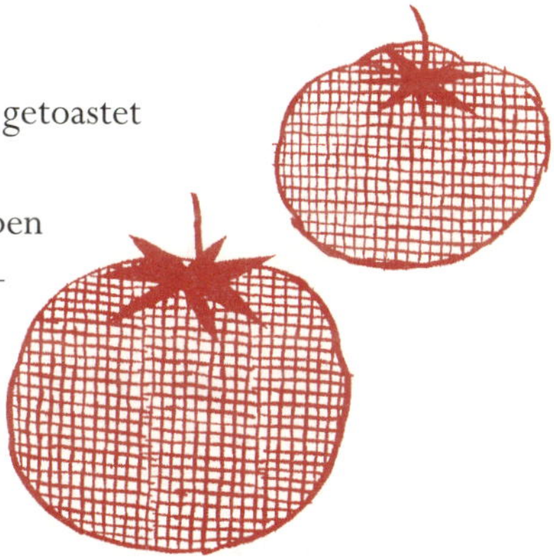

◆ Die gehackten Tomaten auf einen kleinen Teller geben und mit dem Olivenöl und dem Rotweinessig beträufeln. Die gehackte Zwiebel, das Basilikum oder den Estragon und den Käse jeweils auf kleine Teller geben. Die kleinen Teller sowie das Salz und den Pfeffer zusammen auf eine Platte stellen. Die Baguettescheiben dazu servieren.

◆ Am Tisch bedient sich jeder selbst: Zuerst streicht man Käse auf eine Scheibe Baguette, die dann mit Tomate, Zwiebel, Basilikum oder Estragon belegt und nach Wunsch mit Salz und Pfeffer gewürzt wird.

# Birnen-Trauben-Salat mit Ziegenhartkäse

*Diese einfache Zubereitung, bei der die Kombination süß-salzig harmonisch zur Geltung kommt, kann als Vorspeise serviert werden, aber auch als Beilage zu kräftig aromatischem Fleisch wie Ente oder Reh oder als leichter Käsegang.*

FÜR 4 PERSONEN

250 g süße rote, blaue oder grüne Trauben
4 EL natives Olivenöl extra
3 EL Balsamessig
½ TL schwarzer Pfeffer aus der Mühle
150 g gemischter junger Blattsalat, vorzugsweise einschließlich Frisée und Rucola oder anderer leicht bitterer Blattsalatsorten, sorgfältig gewaschen
3 Birnen (eine beliebige Sorte)
40 g Ziegenhartkäse, geraspelt

◆ Die Trauben halbieren, einige davon ganz lassen für die Garnitur. Beiseite stellen. In einer Schüssel das Olivenöl, den Essig und den Pfeffer zu einer Vinaigrette verrühren. Beiseite stellen.
◆ Den gemischten Salat auf 4 Salatteller verteilen. Die Birnen halbieren, schälen und das Kerngehäuse entfernen. Jede Birnenhälfte längs in etwa ½ cm dicke Scheiben schneiden. Ebenfalls auf den 4 Salattellern verteilen, die Trauben zu gleichen Teilen auf die Birnen geben. Jede Portion mit etwas geraspeltem Käse bestreuen und mit Vinaigrette beträufeln. Sofort servieren.

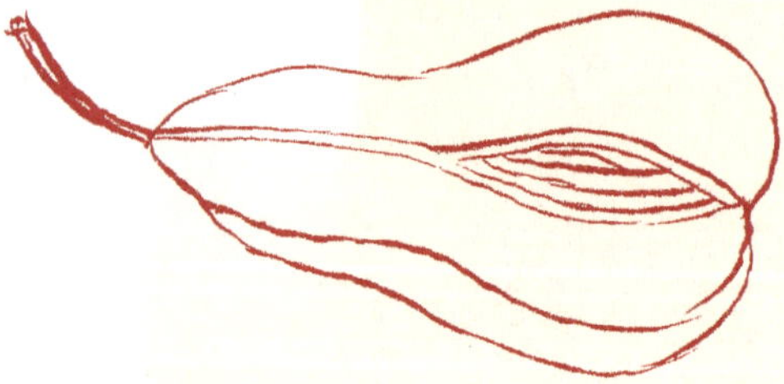

# Auberginen-Ziegenkäse-Röllchen mit Tomaten-Concassé

*Für eine Vorspeise werden gekräuterte und gegrillte Auberginenscheiben mit Ziegenkäse bestrichen und mit Basilikum bestreut, dann aufgerollt, mit einem Zahnstocher zusammengesteckt und mit einem Klecks Tomaten-Concassé serviert. Auf die gleiche Art kann man auch Zucchiniröllchen zubereiten. Möchte man das Gericht als Gratin servieren, werden die Röllchen mit Tomatensauce überzogen, mit Gruyère bestreut und im Ofen gebacken.*

ERGIBT 8 RÖLLCHEN; FÜR 4 PERSONEN ALS VORSPEISE

1 große Aubergine, längs in ½ cm dicke Scheiben geschnitten (8 Scheiben)
2 TL Kräutermischung *herbes de Provence* (Seite 35)
½ TL Salz
1 TL schwarzer Pfeffer aus der Mühle
4 EL plus 1 TL natives Olivenöl extra
60 g Ziegenfrischkäse
4 EL fein gehacktes frisches Basilikum
6 kleine Tomaten, enthäutet, Samen entfernt, grob gehackt und abgetropft

◆ Die Auberginenscheiben in eine Auflaufform oder in eine Schüssel legen, die Kräutermischung, das Salz und den Pfeffer dazugeben. Die Auberginenscheiben wenden, um sie von beiden Seiten mit der Kräutermischung zu panieren. Mit den 4 EL Olivenöl übergießen und wenden. 1 Stunde marinieren.
◆ Ein Holz- oder Holzkohlenfeuer vorbereiten. Sobald die Glut eine mittlere Temperatur erreicht hat, die Auberginenscheiben auf den Grill legen und in 4 bis 5 Minuten goldbraun grillen. Die Scheiben wenden und weitere 4 Minuten grillen, bis auch die andere Seite goldbraun und das Innere cremig geworden ist. Auf eine Platte legen und 10 Minuten abkühlen lassen.
◆ Jede Auberginenscheibe mit ⅛ des Ziegenfrischkäses bestreichen, dabei einen Rand von ½ cm frei lassen. 1 EL Basilikum abnehmen, den Rest gleichmäßig auf dem Käse verteilen. Die Scheiben zu dicken Röllchen aufrollen. Mit einem Zahnstocher feststecken und beiseite stellen.

*Fortsetzung nächste Seite*

◆ Für das Tomaten-Concassé die Tomaten in eine Schüssel geben, das zurückbehaltene Basilikum und 1 TL Olivenöl unterrühren.

◆ Auf jeden Teller 2 Auberginenröllchen geben und als Garnitur etwas Tomaten-Concassé daneben setzen.

## Omelett mit Ziegenkäse und roter Paprika

*In der Haute Provence, wie in ganz Frankreich, ist das Omelett ein beliebter Hauptgang, dem gewöhnlich eine Platte mit Wurst-, Schinken- und Pastetenspezialitäten oder eine Platte Tomatenscheiben mit roten Zwiebeln vorausgeht. Begleitet wird das Omelett von grünem Salat, Pommes frites und Rotwein, und das Mahl klingt schließlich mit etwas Käse und Obst aus. Das Omelett kann dabei recht einfach in der Zubereitung und lediglich mit etwas Salz, Pfeffer und Kräutern gewürzt sein, man kann es aber auch füllen, zum Beispiel mit Ziegenkäse und roter Paprika wie im folgenden Rezept. Ergänzt man das Omelett mit regionalen Delikatessen, wie Trüffeln, wildem Spargel, Steinpilzen oder anderen Pilzen, wird es zum Mittelpunkt jedes Festmahls.*

FÜR 2 ODER 3 PERSONEN

1½ EL Butter
1 Knoblauchzehe, fein gehackt
2 EL fein gehackte gelbe Zwiebel
100 g rote Paprikaschote, geröstet und klein geschnitten (Seite 150)
6 Eier, verquirlt
1 TL Salz
1 TL schwarzer Pfeffer aus der Mühle
1 TL fein gehackter frischer Thymian
30 g halbfester Schnittkäse oder Weichkäse aus Ziegenmilch, in kleine Stücke zerteilt

◆ In einer mittelgroßen Pfanne die Hälfte der Butter bei mittlerer Temperatur zerlassen. Sobald sie schäumt, den Knoblauch und die Zwiebel dazugeben und 1 bis 2 Minuten braten. Knoblauch und Zwiebel mit einem Sieblöffel herausheben und mit der roten Paprika in eine Schüssel geben. Beiseite stellen.

◆ Die verquirlten Eier mit dem Salz, dem Pfeffer und dem Thymian vermischen. Die restliche Butter (¾ EL) in der Pfanne bei niedriger Temperatur zerlassen. Sobald sie schäumt, die Eimasse in die Pfanne geben und langsam stocken lassen, bis sie an den Rändern fest wird. Mit Hilfe eines Spatels die Ränder anheben, damit das flüssige Ei darunter fließen kann. Solange die Oberfläche des Omeletts noch nicht ganz gestockt ist, das Gemüse abtropfen lassen und die Hälfte des Omeletts damit belegen. Die Käsestückchen darauf verteilen. Die freie Hälfte des Omeletts über die belegte Hälfte klappen und noch 1 bis 2 Minuten braten, bis der Käse geschmolzen ist. Heiß servieren.

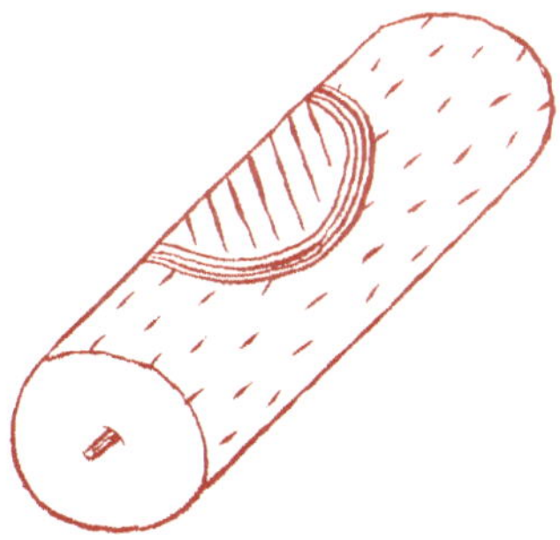

# Pizza provenzalisch

*Das erste Mal entdeckte ich die* Pizza provençale *auf der Speisekarte einer bekannten Pizzeria in Aups, neben den eher traditionellen – und altbekannten – Varianten wie* Marguerite *(mit Käse und Tomaten),* la reine *(mit Kapern, Anchovis und Oliven) und* quatre fromages *(mit vier Käsesorten). Sie wurde beschrieben als Pizza mit Tomatensauce, Ziegenkäse, Kapern und Oliven, und sie war köstlich. Seit dieser Zeit bestelle ich sie nicht nur immer dann, wenn wir in Aups essen, sondern bereite sie auch selbst zu, sowohl in Frankreich als auch in Kalifornien.*

*Die Zubereitung einer Pizza wird mir in Frankreich erleichtert, da ich in der Bäckerei den bereits gegangenen Pizzateig einfach abholen kann, nachdem ich ihn am Vortag bestellt habe. In Kalifornien bereite ich meinen Teig selbst zu, doch ist es eigentlich nur unwesentlich mehr Arbeit, da ich eine Küchenmaschine verwende.*

*Gelegentlich wandle ich das Rezept in eine Ziegenkäsepizza ab, dafür lasse ich die Tomatensauce weg, pinsle den ausgerollten Teig mit Olivenöl ein und bestreue ihn anschließend mit gehacktem Knoblauch und gehacktem Oregano. Dann wird die Pizza mit Ziegenkäse und 1 EL (oder mehr) frisch geriebenem Hartkäse wie Parmesan oder Monterey Jack bestreut. Wenn die Pizza aus dem Ofen kommt, wird sie erneut mit Olivenöl beträufelt und mit Majoran bestreut. Bei besonderen Gelegenheiten belege ich die Pizza zusätzlich zum Ziegenkäse noch mit frischen Kammmuscheln.*

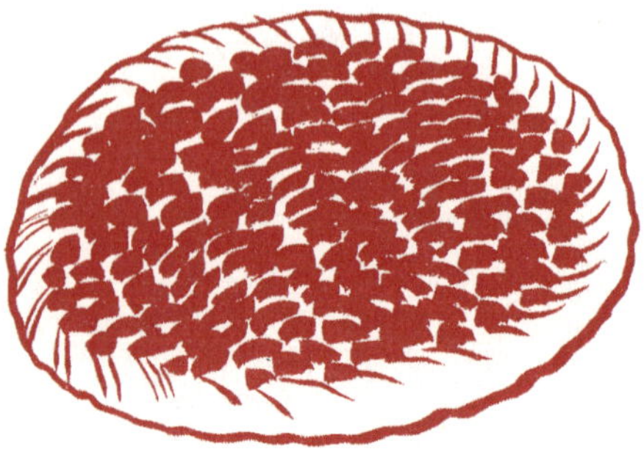

ERGIBT 2 PIZZAS VON 30 CM DURCHMESSER ODER 4 PIZZAS VON 15 CM DURCHMESSER; FÜR 2 BIS 4 PERSONEN

*Teig:*
1 Tütchen Trockenhefe (3 TL)
250 ml lauwarmes Wasser
1 TL Zucker
1 TL Salz
2 EL natives Olivenöl extra
Etwa 450 g Weizenmehl
Grobes Maismehl für die Pizzableche

*Belag:*
60 ml Olivenöl
125 ml Tomaten-*coulis* (Seite 151)
180 g Ziegenweichkäse, in kleine Stücke zerteilt
2 EL fein gehackter frischer Thymian
30 g Parmesan oder Monterey Jack, frisch gerieben (nach Belieben)
4 EL gehackter frischer Oregano

◆ Für den Teig das warme Wasser in eine kleine Schüssel geben und die Hefe darüber streuen. Den Zucker dazugeben und die Mischung ruhen lassen, bis sie schäumt, was etwa 5 Minuten dauert. Die Hefemischung in der Küchenmaschine mit dem Salz, 1 EL nativem Olivenöl extra und 400 g Weizenmehl verrühren. So lange rühren, bis die Masse eine Kugel bildet. Ist der Teig zu feucht, muss nach und nach noch etwas Mehl eingestreut werden, damit sich der Teig zu einer weichen Kugel von fester Konsistenz formen lässt. Ist der Teig zu trocken, muss er mit etwas warmem Wasser beträufelt werden, bis man die Kugel formen kann. Dann mit dem Kneten 3 bis 4 Minuten fortfahren; der Teig soll geschmeidig, aber fest sein. Den Teig auf einer gut bemehlten Arbeitsfläche 4 bis 5 Minuten kneten, bis er elastisch ist.
◆ Eine große Schüssel mit dem restlichen nativen Olivenöl extra (1 EL) einölen. Die Teigkugel in die Schüssel legen und so lange darin schwenken, bis sie mit Öl überzogen ist. Dann die Schüssel mit einem sauberen Tuch abdecken.

*Fortsetzung nächste Seite*

Den Teig an einem warmen Ort 1 bis 1½ Stunden ruhen lassen, bis sich sein Volumen verdoppelt hat. Danach den Teig in der Schüssel zusammendrücken, wieder mit dem Tuch bedecken und weitere 30 Minuten gehen lassen.

◆ In der Zwischenzeit den Backofen auf 260 °C vorheizen.

◆ Den Teig in 4 gleiche Portionen teilen. Auf einer leicht bemehlten Arbeitsfläche jede Portion zu einem 3 mm dicken Kreis von etwa 15 cm Durchmesser ausrollen. Man kann den Teig auch in 2 Portionen teilen und diese jeweils zu einem 3 mm dicken Kreis von 30 cm Durchmesser ausrollen. Pizza- oder Backbleche mit dem groben Maismehl ausstreuen und den Teig auf die Bleche setzen.

◆ Für den Belag die Pizzas mit etwa der Hälfte des Olivenöls beträufeln, dann mit dem Tomaten-*coulis* bestreichen. Den Ziegenkäse stückchenweise auf den Pizzas verteilen, mit dem Thymian und, nach Wunsch, mit dem geriebenen Käse bestreuen. Auf der oberen Einschubleiste des Backofens 10 bis 12 Minuten backen, bis der Teig auf der Unterseite knusprig ist und die Ränder leicht angebräunt sind. Die Pizzas aus dem Ofen nehmen. Mit dem restlichen Olivenöl beträufeln und dem Oregano bestreuen. Sofort servieren.

## Pasta mit Kirschtomaten und Ziegenfrischkäse

*Der Ziegenfrischkäse, der unter die heiße Pasta und die Tomaten gezogen wird, schmilzt und verbindet sich mit dem Tomatensaft und dem Olivenöl zu einer delikaten cremigen Sauce.*

FÜR 3 ODER 4 PERSONEN

300 g sehr reife, süße Kirschtomaten, vorzugsweise rote und gelbe gemischt, halbiert
2 Knoblauchzehen, fein gehackt
1 TL Salz
1 TL schwarzer Pfeffer aus der Mühle
4 EL fein gehacktes frisches Basilikum
2 EL natives Olivenöl extra
300 g getrocknete Fettuccine oder eine andere Pastasorte
60 g Ziegenfrischkäse, zerbröckelt

◆ Die Kirschtomaten in die Servierschüssel geben, die für die Pasta vorgesehen ist, und den Knoblauch, das Salz, den Pfeffer, die Hälfte des Basilikum und das Olivenöl unterrühren. Beiseite stellen.
◆ In einem großen Topf gesalzenes Wasser zum Kochen bringen. Die Pasta hineingeben, bissfest garen und abschütten. Die heiße Pasta sofort in die Servierschüssel mit den Tomaten füllen, dann den Ziegenkäse unterziehen. Gründlich durchmischen, bis der Käse geschmolzen und eine cremige Sauce entstanden ist.
◆ Mit dem restlichen Basilikum garnieren und sofort servieren.

# Polenta-Crêpes mit Pfirsichen und Ziegenfrischkäse

*Die saftigen aromatischen Früchte, der lockere Käse und die weiche Polenta ergeben ein wunderbar einfaches Dessert im Landhausstil. Der Ziegenkäse verleiht der Polenta eine leicht säuerliche Note, und die fertigen Crêpes werden jeweils mit einem Tupfer des Käses garniert, als kulinarischer Gegenpol zu den süßen Früchten. Die Pfirsiche können auch durch anderes Obst, wie Birnen, Aprikosen, Pflaumen und Äpfel oder durch selbst gemachte Marmelade ersetzt werden.*

ERGIBT 24 BIS 26 CRÊPES; FÜR 7 ODER 8 PERSONEN

1 l Wasser
1 TL Salz
1 EL Butter
160 g Polenta (Maisgrieß)
300 g Ziegenfrischkäse
3 oder 4 Pfirsiche, enthäutet und entkernt, in feine Scheiben geschnitten
Zucker zum Bestreuen

*Fortsetzung nächste Seite*

◆ In einer großen, schweren Kasserolle das Wasser bei mittlerer bis hoher Temperatur zum Kochen bringen. Das Salz und die Butter hinzufügen, dann die Polenta unter ständigem Rühren in dünnem Strahl hineinrieseln lassen. Bei niedriger Temperatur 30 bis 40 Minuten weiterköcheln lassen, dabei fast ständig umrühren. Die Polenta dickt dabei ein und löst sich schließlich etwas vom Rand der Kasserolle. Vom Herd nehmen und 2 bis 3 Minuten stehen lassen. Anschließend 100 g Ziegenfrischkäse unterziehen; dadurch wird die Polenta etwas heller. Die Polenta auf mit Alufolie ausgekleidete Backbleche oder in feuerfeste Auflaufformen geben und so verstreichen, dass Kreise von ungefähr 7 cm Durchmesser entstehen. Die Polenta sollte für 24 bis 26 Kreise reichen. Bei Zimmertemperatur fest werden lassen; dies dauert etwa 10 Minuten. So können die Polentakreise gut verpackt einige Stunden oder über Nacht in den Kühlschrank gestellt werden.

◆ Den Grill vorheizen.

◆ Die Polentakreise ohne Abdeckung im Abstand von etwa 15 cm unter den Grill stellen. 3 bis 4 Minuten grillen, bis sie durch und durch warm sind und die Oberfläche leicht trocken aussieht. Jeweils 3 Crêpes mit einem Spatel auf einen Teller setzen; jede Crèpe mit einem Löffel Ziegenfrischkäse und 3 oder 4 Pfirsichscheiben garnieren. Sofort servieren. Bei Tisch die Crèpes nach Belieben mit etwas Zucker bestreuen.

# Warmes Feigendessert mit Ziegenfrischkäse

*Die Süße der Feigen, deren Saft das Brot durchtränkt, wird durch den fein säuerlichen Geschmack des Ziegenkäses abgerundet. Wenn man Croissants oder Brioches statt Brot verwendet, wird das Dessert noch süßer. Besonderen Pfiff erhält es durch Beigabe von etwas fein gehackter kandierter Zitronenschale.*

FÜR 4 PERSONEN

2½ EL Butter
8 altbackene Scheiben Baguette oder 2 Croissants oder Brioches, in große Stücke gebrochen
1 Ei, verquirlt
2 EL Zucker
160 ml Milch
8 große, weiche, reife Feigen (eine beliebige Sorte)
125 ml Wasser
1 TL frische Thymianblättchen
30 g sehr frischer, milder Ziegenfrischkäse
1 TL frisch gepresster Zitronensaft
1 TL fein abgeriebene Schale einer unbehandelten Zitrone

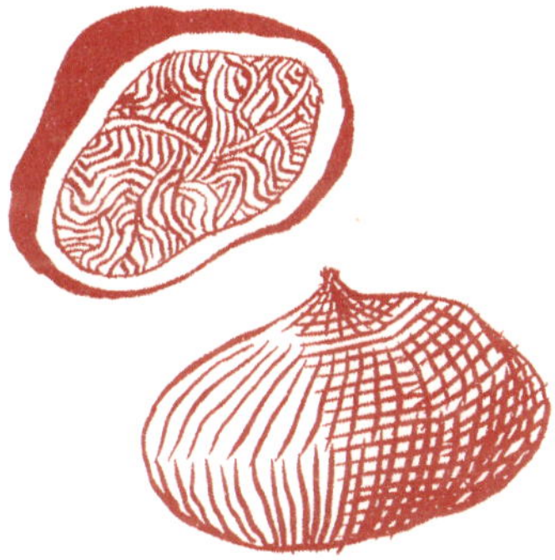

◆ Den Backofen auf 190 °C vorheizen.

◆ Mit 1 EL Butter 4 Auflaufförmchen (je etwa 15 cm im Durchmesser und 5 cm tief) einfetten.

◆ Die Brotstücke gleichmäßig auf die vorbereiteten Auflaufförmchen verteilen. In einer Schüssel das Ei, den Zucker und die Milch verrühren. Die Mischung in gleichen Teilen über das Brot gießen. Beiseite stellen.

*Fortsetzung nächste Seite*

◆ Zwei Feigen hacken und mit dem Wasser und dem Thymian in eine kleine Kasserolle geben. Zum Kochen bringen und kochen lassen, bis die Flüssigkeit um ein Drittel zu Sirup eingekocht ist. Vom Herd nehmen und beiseite stellen. Die restlichen Feigen der Länge nach vierteln und gleichmäßig auf die 4 Auflaufförmchen verteilen. Mit jeweils gleichen Mengen des Feigensirups beträufeln. Mit der Rückseite eines Holzlöffels die Feigen in die Masse drücken. Die restliche Butter (1½ EL) in Flöckchen auf die Desserts setzen.

◆ Etwa 20 Minuten backen, bis die Eiermilch gestockt und die Feigen weich sind. In der Zwischenzeit den Ziegenfrischkäse, den Zitronensaft und die Hälfte der abgeriebenen Zitronenschale in einer Schüssel vermischen. Die Förmchen 5 bis 7 Minuten vor Ende der Backzeit aus dem Ofen nehmen und jedes Dessert mit der gleichen Portion Ziegenkäsemischung bestreichen; dann die Förmchen wieder in den Ofen schieben und weiterbacken. Die fertigen Desserts mit der restlichen abgeriebenen Zitronenschale (½ TL) bestreuen und heiß oder zimmerwarm servieren.

# Gemüse

## REZEPTE

### FRÜHLING

◆

*Artischockenpüree*

*Barigoule von Artischocken und Dicken Bohnen*

*Salat von wildem Spargel*

*Dicke Bohnen und Stockfisch in Knoblauchcreme*

*Fettuccine mit grünen Erbsen und rohem Schinken*

*Gebratene Ravioli mit Spinat-Knoblauch-Füllung*

*Frühlingstopf mit Lamm und jungen Gemüsen*

### SOMMER

◆

*Tomaten auf provenzalische Art*

*Ragout von grünen Bohnen und Kartoffeln*

*Zucchini-Fricot*

*Kürbisblütenreis*

*Gratin aus Sommerkürbis, Paprika und neuen Kartoffeln*

*Sommergemüse mit Brot-Kräuter-Füllung*

*Brathuhn mit ganzen Knoblauchknollen*

*Le grand aïoli*

### HERBST UND WINTER

◆

*Krautsalat mit rohem Schinken*

*Chicorée und Feldsalat*

*Kürbissuppe mit Frühlingszwiebeln und Gorgonzola*

*Kürbisgratin*

*Gebackene neue Kartoffeln mit Rosmarin und Salbei*

*Linsen-Möhren-Gemüse mit Speck*

*Kichererbsen aus neuer Ernte mit Knoblauchwurst*

*Potée aus Kohl, Kartoffeln, Rüben und Würstchen*

Viele Jahre lang war der *potager*, der ganzjährige Küchengarten, für Familien in der Haute Provence die Quelle für frisches Gemüse. Dort wuchs alles, was täglich in der Küche und auch für die Vorratshaltung gebraucht wurde. Diese Vorräte waren besonders während der Wintermonate als Ergänzung der jahreszeitlich bedingten kargen Ernte im Garten von großer Bedeutung. Auch heute hat das Gemüse nichts von seiner Bedeutung eingebüßt. In vielen Haushalten stellt es den Hauptbestandteil einer Mahlzeit dar: Salate aus Gurken, Möhren, Tomaten oder Kartoffeln; Suppen mit Bohnen, Kartoffeln, Kürbis oder Lauch; Gratins aus Zucchini, Kartoffeln, Steckrüben oder Auberginen; Gemüseeintopf aus Auberginen und Kürbissen oder aus Artischocken und Dicken Bohnen; Beignets und Ravioli, gefüllt mit Kürbis, Dicken Bohnen oder gar Kürbisblüten. Doch heutzutage stammen nicht mehr alle Gemüse notwendigerweise aus dem eigenen Garten.

Noch vor hundert Jahren wäre die zum Anlegen eines *potager* geeignete Lage äußerst sorgfältig ausgesucht worden, und zwar nach folgenden Gesichtspunkten: Ausrichtung nach Süden, ein Schutz gegen den Mistral – den eisigen, zerstörerischen Nordwind – und Nähe zum Wasser. Als Windschutz dienten Hauswände oder Nebengebäude, Baumgruppen, beispielsweise von Pfirsich- und Apfelbäumen, Sträucher oder manchmal auch nur zu Mäuerchen aufgehäufte Steine. Da die Haute Provence eine eher arme Region ist, sind ihre *potagers* längst nicht so prächtig wie die Küchengärten der großen Herrenhäuser und Schlösser in den reicheren Regionen, die von Gärtnern und Angestellten in geometrischen Mustern angelegt wurden und von Mauern umgeben sind, die die Privatsphäre wahren. Die überwiegende Mehrheit der Küchengärten in der Haute Provence wird von Familienmitgliedern – oftmals dem ältesten und dem jüngsten – gepflegt; und auch wenn sie hübsch anzusehen sind, stellen sie keine gartenbaulichen Kunstwerke dar.

Zahlreiche Häuser dieser Region stammen aus dem 17., 18. und 19. Jahrhundert; als ich das erste Mal in die Haute Provence kam, standen viele noch leer – verlassen nach dem Zweiten Weltkrieg – und verfielen zusehends. Ein Großteil davon hat heute einen neuen Besitzer und wurde restauriert. Die Bedeutung eines Küchengartens für einen Haushalt liegt auf der Hand; da Besitzungen entweder weitervererbt oder verkauft wurden, gab es Urkunden, in denen die Parzellen und die darauf befindlichen Gebäude – einschließlich Weinkeller, Heuböden, Schafställen, Taubenschlägen, Wasserrechten und *potagers* – festgeschrieben waren. In der Besitzurkunde zu meinem Haus wird eine Parzelle beschrieben als »*V – un jardin potager avec droit à un puits, un sol de 96 centiares*«, auf deutsch: »ein Küchengarten mit zugehörigem Brunnen auf einem Gebiet von 0,96 Ar.« Der *potager* befindet sich neben einem Brunnen auf einer kleinen Anhöhe inmitten eines Feldes, das direkter Sonne ausgesetzt ist. Der Brunnen wurde mittlerweile mit einer Pumpe und einem Pumpenhaus ausgestattet, doch die ursprünglichen Bassins aus Stein und Zement neben dem alten Brunnenhäuschen aus Stein gibt es immer noch, genau wie das handbetriebene Rad, mit dessen Hilfe man das Wasser in die Becken hieven musste. Bei dem Brunnen handelt es sich um einen *puits profond*, einen »tiefen Brunnen« – so wurde mir gesagt –, der von einem unterirdischen Fluss gespeist wird und daher niemals versiegt. Heutzutage wird dieser Teil des Landes mit »Stadtwasser« versorgt, das durch große Rohre vom Fluss Verdon hergeleitet wird; bis 1978 war der Brunnen beim Küchengarten jedoch unsere einzige Wasserquelle, und bis die sanitären Einrichtungen fertig installiert waren, mussten wir unser Wasser noch im Eimer vom Brunnen holen. Natürlich gibt es auch zahlreiche Neubauten, und falls deren Bewohner einen Küchengarten angepflanzt haben, wurde dessen Lage sorgfältig ausgesucht; oft nimmt er den Platz des Vorgartens ein.

In der Vergangenheit war der *potager* lebensnotwendig, und so gehörte ein solcher Garten zu jedem Bauernhof und zu fast jedem Wohnhaus. Oft lagen diese Küchengärten etwas abseits auf einem nicht unmittelbar angrenzenden Stück Land, häufig am Ufer eines *ruisseau*, eines Bächleins, oder an einem Brunnen.

Da viele der jahrhundertealten Dörfer aufgrund strategischer Überlegungen hoch oben auf steinigen Berggipfeln errichtet wurden, gehört es zum gewohnten

Bild, dass sich zu beiden Seiten des sich durchs Tal schlängelnden Flusses ein bunter Flickenteppich aus einzelnen Gemüsegärten erstreckt, in denen hier und da ein oder zwei Obstbäume stehen. Keineswegs ungewöhnlich ist es, wenn in einer Immobilienbeschreibung vermerkt ist, dass zu diesem Haus zusätzlich eine kleine Parzelle für den *potager* gehört. Also sieht man in schöner Regelmäßigkeit Männer und Frauen jeden Alters am Vormittag und am frühen Abend auf dem Fahrrad oder zu Fuß die kleinen Landsträßchen entlangeilen, um schnell ihren Korb mit frisch geerntetem Gemüse oder auch nur einige Lauchstangen oder eine Hand voll Zwiebeln in die heimische Küche zu bringen.

In der heutigen Zeit ist der Küchengarten nicht mehr lebensnotwendig, da Gemüsezüchter aus den fruchtbaren Gebieten der Bouches-du-Rhône, des unteren Var und des Luberon regelmäßig frisches Gemüse, das früher aus Küchengärten stammte, auf den Märkten verkaufen. Regionale Supermärkte haben immer verschiedene Gemüsesorten im Angebot, doch gewöhnlich richtet dieses sich ebenfalls nach der Saison. So gibt es Musquée-de-Provence-Kürbisse im Winter, Dicke Bohnen und Artischocken im Frühling und jungen Knoblauch im Frühsommer; große städtische Supermärkte bieten Gemüse aus der ganzen Welt an.

Der *potager* ist dennoch nicht in Vergessenheit geraten. Er bleibt weiterhin eine starke, lebendige Tradition in der Haute Provence, besonders in den abgelegeneren Regionen, wo gewachsenes Brauchtum noch groß geschrieben wird und Supermärkte fern sind. Die Instandhaltung eines Küchengartens empfindet man keineswegs als Pflicht oder gar als Last, sondern als Vergnügen. Der Garten wird mit Hingabe und Geduld gepflegt und als Quelle für preiswertes und dabei besonders wohlschmeckendes Gemüse geschätzt.

Über das Jahr komme ich auf meinem immer gleichbleibenden Weg an denselben Straßen, denselben Bauernhäusern, Gehöften, Landhäusern und Hinterhöfen von Wohnhäusern vorbei und betrachte mit Interesse und Vergnügen die Küchengärten und ihre Besitzer. Das Hôtel de Notre Dame in Quinson besitzt einen ausgedehnten *potager,* in dem man in den siebziger Jahren den Großvater der Großfamilie, in deren Besitz das Hotel war und von der es auch betrieben wurde, Morgen für Morgen mit dem Korb in der Hand erspähen konnte, in dem er alles sammelte, was für das Mittagessen benötigt wurde; am Nachmittag wiederholte sich die Prozedur, diesmal für das Abendessen. Auch im Jahr 1995 existierte dieser Garten noch und versorgte die Hotelküche weiterhin mit einem Großteil des benötigten Gemüses, doch der Großvater war nun schon seit einigen Jahren verstorben und der Garten wurde von jemand anderem betreut.

Auch wenn jeder *potager* einzigartig ist, gibt es doch ein wiederkehrendes, für das Auge erkennbares Muster in Anbau und Pflege. Von Rians im Westen bis Moustiers-Ste.-Marie und von dort aus bis Entrevaux im Osten verbreiten die Gärten im Februar eine gewisse Winterstimmung. Man sieht noch ein paar große Kohlköpfe, Stengel von längst abgeschnittenem Kohl und die letzten herbstlichen Kürbisranken, daneben einen Komposthaufen und vielleicht auch einen Strohhaufen. Gegen Ende des Monats werden die Küchengärten nach und nach von allen Überresten des vergangenen Jahres befreit, und junger Lauch, Rote Beten, Steckrüben und die ersten Triebe der Dicken Bohnen zeigen sich. Die Artischockenpflanzen sind zurückgeschnitten, der letzte Kohlkopf ist geerntet, die Beete sind umgegraben und Kompost, Stroh und Dünger wurden eingearbeitet. Alles ist bereit für die Bepflanzung. Der Frühling naht. Dasselbe Muster wiederholt sich überall in der Region, in höheren Lagen jedoch etwas zeitversetzt.

Anfang Mai ist das Werk des Frühlings nicht mehr zu übersehen. Artischocken schwellen an hüfthoch gewachsenen Pflanzen, Schoten voller Dicker Bohnen hängen fast bis zum Boden und ein schwarz-weißes Blütenmeer verheißt weitere Bohnenernte. Fedriges Möhrengrün, Radieschenblätter, Kopfsalat, Knoblauchtriebe, Zwiebeln und die Sämlinge des Sommergemüses sprießen aus dem Boden.

Im Hochsommer quillt der Küchengarten geradezu über von Tomaten, Auberginen, Sommerkürbissen, grünen und weißen Bohnen, Roten Beten, Möhren und Kartoffeln – den Zutaten für Sommergerichte wie Ratatouille, *soupe au pistou* und *le grand aïoli*. Noch während sommerliche Sonnenstrahlen Süße in die reifenden Tomaten zaubern, machen sich der beginnende Herbst und Winter bereits im Garten bemerkbar. Kürbisranken mit ihren riesigen, hoch aufgerichteten Blättern schlängeln sich an den Gartenrändern entlang, die noch nicht herangereiften dunkelgrünen Kugeln des Musquée de Provence, des in diesem Teil des Landes gedeihenden hartschaligen Winterkürbisses, wachsen neben den jungen Trieben von Fenchel, Lauch und Zwiebeln und den kleinen Kohlsämlingen.

Die Aussaat und der Anbau stellen bei einem Küchengarten sozusagen nur Mittel zum Zweck dar, da die Ernte und der anschließende Verzehr das eigentliche Vergnügen sind. Ich muss zugeben, dass ich in dieser Hinsicht wirklich verwöhnt bin. Maurice baut auf meinem Teil des *potager* schon seit mehr als 40 Jahren Gemüse an – seit der Zeit, als der Garten noch dem vorherigen Besitzer gehörte. Daher befinde ich mich in der glücklichen Lage, während meiner Aufenthalte in Frankreich immer bestens mit frischem Gemüse versorgt zu sein. Wie meine Nachbarn schlendere ich vor dem Mittagessen einfach durch den Garten und lasse mich inspirieren, was es geben soll – vielleicht etwas Kopfsalat für einen grünen Salat, ein paar Möhren und Schnittsellerie für eine Suppe. Am frühen Abend folgt ein weiterer Gang durch den Garten, bei dem ich im Winter eventuell Spinat oder wieder Salat ernte und im Sommer oder im Herbst Tomaten, Kürbisse und Paprika.

Meinen ersten Küchengarten legte ich in Kalifornien an. Wir wählten dafür den Vorgarten unseres kleinen Vorort-Holzhauses aus – unser *potager* wurde ein Riesenerfolg. Wir schwelgten in Kopfsalat und Radieschen, Tomaten und Auberginen – wir zogen sogar Mais –, und im Herbst und Winter gab es wunderbar große Blumenkohl- und Kohlköpfe, außerdem Broccoli und noch mehr Kopfsalat. Einen *potager* besitze ich immer noch, doch befindet sich dieser nun auf dem Land, umgeben von einem großzügigen grünen Drahtzaun, nicht mehr, wie bei meinem ersten Garten, von einem Zaun aus engem Maschendraht. Als Schutz gegen den Nordwind, der fast so zerstörerisch sein kann wie der Mistral, habe ich ganzjährige Artischockenpflanzen, eine alte Buschrosensorte, die zu einer Art Mauer emporgewachsen ist, und eine Rabatte von Iris gesetzt. Im Küchengarten gedeiht das Gemüse das ganze Jahr über, doch ernte ich auf meiner allmorgendlichen Inspektion noch nichts, immer erst am frühen Abend, da das Mittagessen in Kalifornien gewöhnlich eine schnelle Angelegenheit ist, nicht zu vergleichen mit dem gemütlichen Mahl in der Haute Provence.

Auch wenn der eigentliche Sinn des *potager* weitgehend darin liegt, die Küche mit frischem Gemüse zu versorgen, ist dieser Garten auch – falls genügend Platz vorhanden ist – ein hervorragender Lieferant für die hartschaligen Winterkürbisse und die Zwiebeln und Kartoffeln, die im Winter eingekellert werden können, sowie für Tomaten, die man zu *coulis* einkochen und auf diese Weise konservieren kann. Wenn der Küchengarten nicht groß genug ist, können Tomaten, Kichererbsen und Kartoffeln auch auf einem Feld angebaut oder in größeren Mengen von einem einheimischen Bauern oder auf dem Markt gekauft werden.

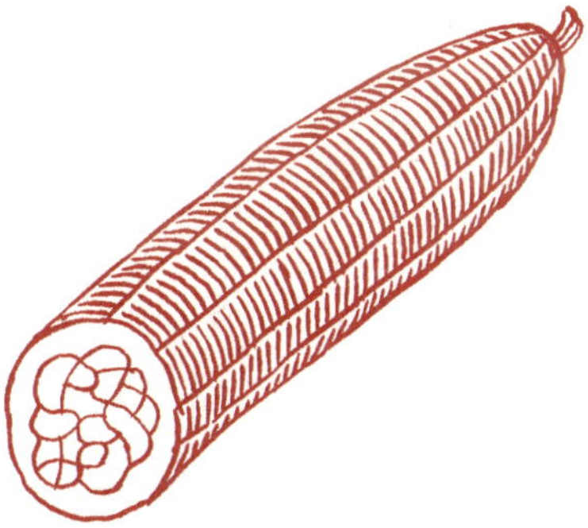

## PAPRIKA RÖSTEN

Ein Holz- oder Holzkohlenfeuer vorbereiten. Sobald die Glut eine mittlere Temperatur erreicht hat, die Paprikaschoten auf den Grillrost legen. Die Schoten immer wieder wenden, bis die Außenseite rundum schwarz ist, was etwa 5 Minuten dauert. Die Paprikaschoten in einen Plastikbeutel packen, den Beutel verschließen und die Schoten einige Minuten darin liegen lassen. Anschließend mit den Fingerspitzen die Haut abziehen, dann den Stiel, die Samen und die Scheidewände entfernen. Falls nötig, die Schoten waschen, wodurch sie jedoch etwas von ihrem rauchigen Geschmack verlieren. Nun können die Paprikaschoten verzehrt oder in einem Gericht weiterverwendet werden, je nach Rezeptanweisung ganz oder in Stücke geschnitten. Sie können auch – mit Olivenöl und Essig bedeckt – in fest verschlossenen Einmachgläsern aufbewahrt werden; im Kühlschrank sind sie dann bis zu zwei Wochen haltbar.

## KNOBLAUCH RÖSTEN

Den Backofen auf 150 °C vorheizen. Nur Knoblauchknollen verwenden, die frisch und hart sind und keine weichen oder verschrumpelten Stellen aufweisen. Die pergamentartige Außenhaut nicht entfernen. Von den Knollen jeweils die Spitze abschneiden und wegwerfen. Die Knollen mit Olivenöl, Salz und Pfeffer einreiben und aufrecht in eine Auflaufform setzen, die gerade groß genug ist, um sie aufzunehmen. Ohne Deckel 20 Minuten rösten. Dann locker mit Folie abdecken und noch 10 bis 15 Minuten rösten, bis die Zehen weich sind und sich leicht mit einem Messer einstechen lassen. Die Knoblauchknollen aus dem Ofen nehmen und abkühlen lassen. Nach dem Abkühlen können sie in einzelne Zehen geteilt werden, die nun für die weitere Verwendung bereit sind. Zum Beispiel können sie auf Röstbrot gestrichen oder in Suppen und Schmorgerichte gerührt werden. Man kann sie auch im Ganzen verwenden; so können sie als aromatische Zutat einen Salat, eine Sauce oder auch einen Eintopf bereichern. Bei manchen Rezepten werden die Knoblauchzehen ungeschält zu einem Gericht gegeben, während sie ein anderes Mal vorher geschält werden.

## TOMATEN-COULIS

*Diese Sauce, gemeinhin als* coulis *bezeichnet – wobei nicht extra erwähnt werden muss, dass sie aus Tomaten besteht –, ist aus der Küche der Haute Provence nicht wegzudenken. Den ganzen Sommer über wird sie in mit Korken verschlossenen Weinflaschen im Kühlschrank aufbewahrt und steht so bereit, wenn sie gebraucht wird – ob für eine Nudelsauce, in einer Suppe, als Dressing für grüne Bohnen oder auf Pizzas und Polenta. Gegen Ende der Saison werden große Mengen von* coulis *zubereitet und als Vorrat für den Rest des Jahres konserviert oder eingefroren. Diese Sauce kann in beliebiger Menge hergestellt werden; der Schlüssel zum Erfolg liegt jedoch in der ausschließlichen Verwendung von frischen, reifen und besonders aromatischen Tomaten.*

ERGIBT ETWA 1,25 L

2 kg reife Tomaten
2 EL natives Olivenöl extra
4 Knoblauchzehen, fein gehackt
2 EL frische Thymianblättchen
Salz (nach Belieben)

◆ Die Tomaten schälen, indem sie für 30 Sekunden in kochendes Wasser gelegt werden, was ausreicht, um die Haut zu lösen, die sich auf diese Weise gut abziehen lässt. Bei sehr reifen Tomaten halte ich das Blanchieren nicht für nötig, da man die Haut mit Hilfe eines Schälmessers leicht abziehen kann.

◆ Das Olivenöl in eine schwere Kasserolle geben und bei mittlerer Temperatur erhitzen. Den Knoblauch hinzufügen und 1 bis 2 Minuten sautieren. Nun die Tomaten und die Thymianblättchen dazugeben und zum Kochen bringen. Etwa 20 bis 30 Minuten bei niedriger Temperatur ohne Deckel um etwa ein Drittel reduzieren, so dass die Mischung eingedickt ist. Schneller geht es, wenn man die Tomaten nicht abzieht; manche Leute mögen die Haut jedoch nicht.

# Frühling

## Artischockenpüree

*Dieses gewürzte Gemüsepüree kann auf Röstbrot gestrichen oder als Beilage zu Fleisch- und Gemüsegerichten serviert werden. Die Artischocken kann man durch mehlige, reife Dicke Bohnen ersetzen, die man erst in Brühe gart, damit sie sich gut enthäuten lassen.*

ERGIBT ETWA 350 ML

3 mittelgroße Artischocken
40 g Parmesan oder ein anderer Hartkäse, gerieben
3 EL natives Olivenöl extra
1 TL fein gehackter Knoblauch
¼ TL Salz
½ TL schwarzer Pfeffer aus der Mühle

◆ Die Artischocken gründlich waschen, dann in einen Dämpfeinsatz geben und diesen über einen Topf mit kochendem Wasser setzen. Abdecken und 35 bis 40 Minuten dämpfen, bis die Artischocken gar sind. Aus dem Dämpfeinsatz nehmen und abkühlen lassen, bis man sie anfassen kann.
◆ Den Stiel jeder Artischocke am Ansatz großzügig abschneiden, dann die Artischocken längs halbieren. Das ungenießbare Heu im Innern herauslösen und wegwerfen. Nun liegen die zarten gelben Blätter, das feste Herz und der Boden frei. Die dunkelgrünen Außenblätter abziehen und wegwerfen. Die zarten Blätter, das Herz und den Boden in Stücke schneiden. (Insgesamt sollte das eine Menge von ungefähr 300 ml ergeben.)
◆ Die Artischockenstücke mit dem Käse, dem Olivenöl, dem Knoblauch, dem Salz und dem Pfeffer in einen Mixer geben und pürieren, bis eine Paste entstanden ist. Erwärmt oder zimmerwarm servieren.

# Barigoule von Artischocken und Dicken Bohnen

*Im späten Frühjahr wird dieses klassische Gericht überall in der Haute Provence serviert. Das Aroma ist unbeschreiblich. Mein Rezept habe ich leichter gestaltet, indem ich einen Teil Olivenöl durch Geflügelfond ersetzt habe. Die Barigoule wird als Vorspeise gereicht oder als Hauptgericht mit Polenta oder Kartoffelpüree.*

FÜR 4 BIS 6 PERSONEN

1 bis 1,25 kg junge Dicke Bohnen (nicht zu kleine Schoten)
6 mittelgroße Artischocken
2 bis 3 Zitronen (nach Bedarf)
60 ml natives Olivenöl extra
1 Knoblauchzehe, fein gehackt
2 EL fein gehackter frischer Thymian
150 ml Geflügel- oder Gemüsefond
½ TL Salz

◆ Die Dicken Bohnen aus den Schoten lösen. In einem Topf Wasser zum Kochen bringen und die Bohnenkerne 1 Minute blanchieren; abschütten und enthäuten. Von 1 kg Schoten sollten noch etwa 200 g Bohnen übrig sein. Beiseite stellen.
◆ Die Artischocken vorbereiten: Den Stiel am Ansatz herausschneiden. Die äußeren harten Blätterschichten entfernen, dazu die Blätter zurückbiegen und herausbrechen. Das obere Drittel der Artischocke mit einem scharfen Edelstahlmesser abschneiden; 1 Zitrone halbieren und damit die Schnittfläche einreiben. Fortfahren, zähe Blätter herauszubrechen, bis das zarte, hellgelbe Innere sichtbar wird. Dieses oben beschneiden, um restliche harte Blattspitzen zu entfernen. Mit Zitrone einreiben. Faseriges Heu mit einem Edelstahllöffel herauslösen. Weiches Heu muss nicht entfernt werden, da es nach dem Kochen essbar ist. Eine große Schüssel mit Wasser füllen. 1 bis 2 Zitronen auspressen und pro 1 l Wasser 2 EL Zitronensaft hinzufügen. Jede Artischocke längs in 6 Stücke schneiden und in das Zitronenwasser legen. Zuletzt alle Stücke herausnehmen und trockentupfen.

*Fortsetzung nächste Seite*

◆ Das Olivenöl in einer schweren Kasserolle bei mittlerer Temperatur erhitzen. Knoblauch und Artischocken dazugeben und 4 bis 5 Minuten sautieren, bis die Artischocken leicht goldgelb sind. Die Dicken Bohnen, den Thymian, den Fond und das Salz hinzufügen und auf niedrige Temperatur schalten. Bei geschlossenem Topf 15 bis 20 Minuten köcheln lassen, bis die Bohnen zart sind und die Artischockenböden sich leicht mit einer Gabel einstechen lassen. Heiß oder warm servieren.

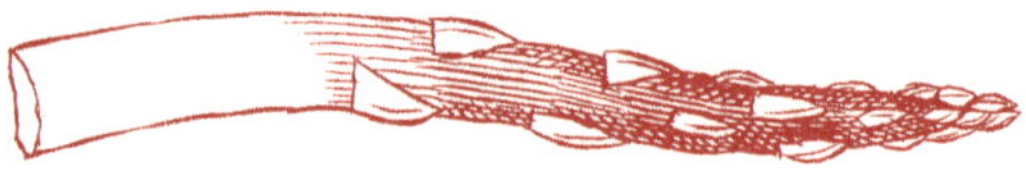

# Salat von wildem Spargel

*Die Suche nach wildem Spargel gehört zu den schönsten Frühjahrsaktivitäten in der Haute Provence. Die farnartigen Wedel des Spargels sind leicht auszumachen, da die Wälder und Hügel zu dieser Jahreszeit größtenteils noch braun gefärbt sind, wodurch sich das satte Grün des Spargels gut abhebt. Die Spargelspitzen sprießen um die Pflanze herum aus dem Boden. Sie sind wesentlich kleiner als ihre gezüchteten Verwandten; oft sind sie nicht dicker als ein kräftiger Draht; ein bleistiftlanger Spargel gilt schon als groß. Um weiteres Wachstum zu fördern, sollten die Spargel an der Erdoberfläche abgeschnitten und nicht in der Mitte durchgebrochen werden.*

FÜR 2 ODER 3 PERSONEN

300 g wilder Spargel oder sehr kleiner grüner Zuchtspargel, in 3 cm große Stücke geschnitten
Klassische Vinaigrette (Seite 74) mit Schalotten
2 hart gekochte Eier (nach Belieben)

◆ In einer Kasserolle gesalzenes Wasser zum Kochen bringen. Den Spargel hineingeben. Wilden Spargel 1 Minute kochen, Zuchtspargel 2 Minuten. Abschütten und mit kaltem Wasser abschrecken, damit der Spargel kräftig grün bleibt.
◆ Den Spargel auf einer Platte anrichten und mit Vinaigrette beträufeln. Nach Belieben die Eier durch ein Haarsieb streichen und den Salat damit garnieren.

# Dicke Bohnen und Stockfisch in Knoblauchcreme

*Junger Knoblauch und Dicke Bohnen sind Frühlingsgemüse. Ihre delikaten Aromen harmonieren hervorragend miteinander. Sie sind in diesem Rezept mit Stockfisch kombiniert, doch pochierter frischer Fisch wäre ebenfalls gut geeignet.*

FÜR 3 ODER 4 PERSONEN

1 bis 1,25 kg Dicke Bohnen (junge bis mittelreife Schoten)
2 junge Knoblauchknollen mit Blattstengeln
200 ml Schlagsahne
1 l Wasser
2 TL Salz
1 TL schwarzer Pfeffer aus der Mühle
350 g Stockfisch (gesalzenes Dorschfilet), entsalzt und pochiert (Seite 224–225), warm gestellt
6 bis 8 Scheiben Baguette, frisch geröstet und mit Knoblauch eingerieben

◆ Die Dicken Bohnen aus den Schoten lösen. In einem Topf Wasser zum Kochen bringen und die Bohnenkerne darin 1 Minute blanchieren, dann abschütten und die etwas abgekühlten Bohnen enthäuten. Nach dem Enthäuten sollten von 1 kg Schoten etwa 200 g Bohnen übrig sein. Beiseite stellen.
◆ Die Knoblauchstengel jeweils in 4 Stücke von etwa 3 cm Länge schneiden, dabei am Wurzelende der Knolle beginnen. Die oberen Enden mit den grünen Blättchen wegwerfen. Die Schlagsahne in eine Kasserolle gießen, den Knoblauch hinzufügen und stehen lassen. Erst erhitzten, wenn die Bohnen gekocht werden.
◆ Die Bohnen, das Wasser und 1 TL Salz in eine Kasserolle geben. Bei mittlerer bis hoher Temperatur zum Kochen bringen. Dann auf niedrige Temperatur schalten und die Bohnen je nach Reifegrad 6 bis 12 Minuten im offenen Topf köcheln lassen. Danach sollten sie kräftig grün und zart, aber nicht breiig sein. Abschütten, wieder in die Kasserolle geben und bei aufgelegtem Deckel warm halten.

*Fortsetzung nächste Seite*

◆ Die Kasserolle mit der Schlagsahne und dem Knoblauch auf den Herd stellen. Die Mischung bei mittelhoher Temperatur erhitzen und ohne Deckel 10 Minuten köcheln lassen. Auf hohe Temperatur schalten, das übrige Salz (1 TL) und den Pfeffer dazugeben und die Schlagsahne auf die Hälfte einkochen lassen. Den Knoblauch herausnehmen und wegwerfen.

◆ Die Knoblauchcreme in eine vorgewärmte flache Servierschüssel gießen, darauf die warmen Dicken Bohnen und den warmen pochierten Stockfisch geben. Sofort servieren; die gerösteten Baguettescheiben dazu reichen.

## Fettuccine mit grünen Erbsen und rohem Schinken

*In diesem feinen Rezept verwende ich Butter statt Olivenöl. Kurz vor dem Servieren werden* jambon cru *und Butter zusammen mit einem Schuss Weißwein unter die Erbsen gerührt, was eine leichte Sauce für die Pasta ergibt.*

FÜR 3 ODER 4 PERSONEN

1 kg junge grüne Erbsen, gepalt (etwa 400 g)
1 l Wasser
1 TL Salz
300 g frische oder getrocknete Fettuccine
3 EL Butter
6 dünne Scheiben (etwa 60 g) *jambon cru* oder Prosciutto, ersatzweise ein anderer luftgetrockneter Rohschinken
1 TL schwarzer Pfeffer aus der Mühle
60 ml trockener Weißwein
30 g Parmesan, gerieben

◆ Die Erbsen mit dem Wasser und dem Salz in eine Kasserolle geben. Bei mittlerer Temperatur zum Kochen bringen, dann auf niedrige Temperatur reduzieren. Bei geschlossenem Topf die Erbsen 6 bis 10 Minuten köcheln lassen; die Garzeit hängt vom Reifegrad ab. Die Erbsen sollten zart, aber noch kräftig grün sein. Die gegarten Erbsen abschütten und zurück in die Kasserolle geben. In einem großen Topf gesalzenes Wasser zum Kochen bringen. Die Fettuccine in den Topf geben, gründlich umrühren und bissfest garen, was bei frischen Nudeln 2 bis 3 Minuten und bei getrockneten etwa 8 Minuten dauert. Abschütten und in eine vorgewärmte Servierschüssel füllen.

◆ Kurz bevor die Pasta fertig ist, die Butter zu den Erbsen geben, noch einmal bei niedriger Temperatur erwärmen, damit die Butter schmilzt, und mit einem Holzlöffel umrühren. Den Schinken, den Pfeffer und den Weißwein hinzufügen. Auf hohe Temperatur schalten und 1 bis 2 Minuten kochen lassen, damit die Flüssigkeit etwas reduziert wird. Dann die Erbsen zu den Fettuccine geben und mit zwei Löffeln gut vermischen. Die Hälfte des Parmesans unterziehen.

◆ Auf einer vorgewärmten Platte anrichten, mit dem restlichen Käse bestreuen und sofort servieren.

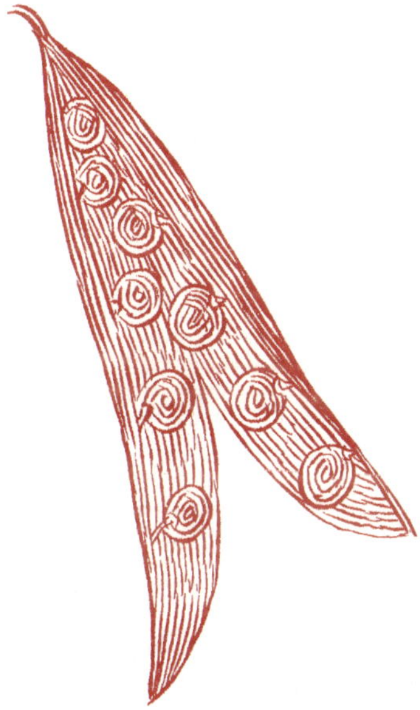

# Gebratene Ravioli mit Spinat-Knoblauch-Füllung

*Diese handtellergroßen Ravioli werden auf den Märkten in Digne angeboten. Manche sind mit knoblauchduftendem Spinat gefüllt, andere mit Käse und Kartoffelpüree und wieder andere mit gewürztem Lammfleisch. Sie werden auf Wunsch in heißem Öl, in dem sie zischend umherschwimmen, goldbraun frittiert, dann mit einer Zange herausgefischt, in eine Papierserviette eingeschlagen und dem hungrigen Käufer überreicht.*

*In diesem Rezept stelle ich Ihnen meine Variante der Ravioli vor, die nicht frittiert, sondern in einer flach mit Öl gefüllten Pfanne gebraten werden. Man kann sie auch in kochendem Wasser garen und mit geriebenem Käse bestreut genießen.*

ERGIBT ETWA 20 RAVIOLI; FÜR 5 ODER 6 PERSONEN

*Füllung:*
1,5 kg Spinat, gründlich gewaschen, harte Stiele entfernt
3 EL Butter
½ gelbe Zwiebel, fein gehackt
3 Knoblauchzehen, fein gehackt
1 TL Salz
1½ TL schwarzer Pfeffer aus der Mühle

*Teig:*
300 g Weizenmehl
2 Eigelbe
1 EL Olivenöl
¼ TL Salz, in 2 EL warmem Wasser aufgelöst
Öl zum Braten

◆ Für die Zubereitung der Füllung in einem großen Topf gesalzenes Wasser zum Kochen bringen. Den Spinat hineingeben und 3 bis 4 Minuten garen, bis er zart, aber noch immer kräftig grün ist. Abschütten und unter fließendem kaltem Wasser abschrecken. Mit den Händen so viel Flüssigkeit wie möglich aus dem Spinat herauspressen. Dann mit einer Küchenschere oder einem scharfen Messer fein schneiden. Beiseite stellen.

◆ In einer Bratpfanne die Butter bei mittlerer Temperatur zerlassen. Sobald sie schäumt, die Zwiebel und den Knoblauch dazugeben und in 2 bis 3 Minuten glasig braten. Dann den Spinat, das Salz und den Pfeffer hinzufügen und unter häufigem Rühren etwa 5 Minuten köcheln lassen, bis die gesamte Flüssigkeit verdampft ist. Vom Herd nehmen und bis zum Füllen der Ravioli beiseite stellen.

◆ Den Teig kann man mit Hilfe einer Küchenmaschine ganz einfach herstellen. Dazu erst das Mehl hineingeben, dann die Eigelbe, das Olivenöl und das gesalzene Wasser. So lange rühren, bis sich eine klebrige Kugel bildet (eventuell noch etwas Wasser dazugeben). Den Teig auf einer bemehlten Arbeitsfläche ungefähr 7 Minuten kneten, bis er elastisch ist und sich leicht ausrollen lässt. Danach den Teig locker in Frischhaltefolie einschlagen und 30 Minuten bei Zimmertemperatur ruhen lassen.

◆ Den Teig in 2 Teile teilen. Den einen Teil auf einer gut bemehlten Arbeitsfläche rechteckig (40 x 50 cm) und etwa 3 mm dick ausrollen. (Man kann dafür auch eine Nudelmaschine verwenden.) Das ausgerollte Teigrechteck nun gedanklich in 10 cm große Quadrate einteilen; in die Mitte jedes Quadrats 3 EL der Füllung setzen und so verstreichen, dass an den Rändern der Quadrate gut 1 cm frei bleibt. Den restlichen Teig zu einem ebenso großen Rechteck ausrollen und über das erste Teigrechteck legen. Mit der Handkante das obere Rechteck auf das untere pressen, dabei zwischen den Häufchen der Füllung Linien eindrücken, um die Ränder der einzelnen Ravioli zu verschließen. Mit einem Teigrädchen oder einem scharfen Messer an den Linien entlangschneiden, wodurch das gefüllte Teigrechteck in einzelne, etwa 10 cm große Ravioli geteilt wird. Die Ränder der Ravioli gut zusammendrücken.

◆ Die Ravioli können nun gegart werden. Falls sie erst einige Stunden später serviert werden sollen, müssen sie ungegart nebeneinander auf ein mit Mehl bestäubtes Tuch oder Pergamentpapier gelegt werden; sie sollten sich nicht berühren. Die Ravioli ebenfalls gut mit Mehl bestäuben und abdecken.

◆ Um die Ravioli zu garen, eine Bratpfanne 1 cm hoch mit Öl füllen. Bei mittlerer Temperatur so lange erhitzen, bis ein ins Öl gespritzter Wassertropfen zischt. Immer nur ein paar Ravioli auf einmal in die Pfanne geben, dabei darauf achten, dass sie sich nicht berühren. Die Ravioli auf der einen Seite etwa 2 Minuten, auf der anderen etwas kürzer braten. Wenn sie goldbraun sind, kann man sie mit einer Zange herausnehmen und auf Küchenpapier abtropfen lassen.

◆ Die Ravioli im Ofen warm halten, bis alle fertig sind, oder jeweils den Inhalt der Pfanne servieren.

# Frühlingstopf mit Lamm und jungen Gemüsen

*Junge Steckrüben, Erbsen, Dicke Bohnen, Spargel, Lauch, neue Kartoffeln und Möhren – die Gemüse des Frühlings – ergeben diesen delikaten Eintopf.*

FÜR 3 ODER 4 PERSONEN

8 kleine junge Steckrüben
500 g junge grüne Erbsen
1 kg junge Dicke Bohnen (nicht zu kleine Schoten)
12 Stangen junger Spargel
6 Stangen junger Lauch
3 EL Butter
500 g Lammlende oder ein ähnlich mageres, zartes Stück, überschüssiges Fett entfernt, in 2 bis 3 cm dicke Würfel geschnitten
1 EL Weizenmehl
½ TL Salz
1 TL schwarzer Pfeffer aus der Mühle
120 ml trockener Weißwein
380 ml Geflügel- oder Gemüsefond
12 bis 14 kleine neue Kartoffeln, ungeschält
14 bis 16 kleine, junge Möhren, geschabt
2 EL fein gehackter frischer Schnittlauch
1 EL fein gehackte frische glatte Petersilie

◆ Die Steckrüben putzen; das Grün bis auf 1 cm entfernen. In einem Dämpfeinsatz über einen Topf mit kochendem Wasser setzen; zugedeckt in 8 bis 10 Minuten gar dämpfen (durch Einstechen mit einem Messer prüfen). Beiseite stellen. Die Erbsen aus den Schoten lösen; sie sollten ungefähr 200 g ergeben.
◆ Die Dicken Bohnen aus den Schoten lösen. Eine Kasserolle mit Wasser füllen, zum Kochen bringen und die Bohnenkerne hineingeben. 1 Minute kochen, dann abschütten und die etwas abgekühlten Bohnen enthäuten. Nach dem Enthäuten sollten von 1 kg Schoten etwa 200 g Bohnen übrig sein. Beiseite stellen.

◆ Den Spargel putzen, dazu die holzigen Enden abbrechen oder -schneiden. Die Erbsen, die Dicken Bohnen und den Spargel über kochendem Wasser dämpfen, bis sie gar sind; das dauert bei den Erbsen und den Bohnen 6 bis 7 Minuten, der Spargel ist etwas schneller gar. Beiseite stellen.

◆ Den Lauch sorgfältig waschen. Die weißen und hellgrünen Teile in 5 cm lange Stücke schneiden; das sollte etwa 12 Stücke ergeben. Von den übrigen hellgrünen Teilen des Lauchs so viel fein hacken, dass es 4 EL ergibt. Beiseite stellen.

◆ In einer großen, schweren Kasserolle die Butter bei mittlerer Temperatur zerlassen. Sobald sie schäumt, das Lammfleisch hineingeben und unter Wenden 5 bis 6 Minuten braten, bis das Fleisch von allen Seiten angebräunt ist. Das Fleisch mit dem Mehl, dem Salz und dem Pfeffer bestreuen und unter häufigem Rühren noch 3 bis 4 Minuten braten, bis das Mehl eine kräftig braune Farbe angenommen hat.

◆ Auf hohe Temperatur schalten, mit dem Weißwein ablöschen und den Bratensatz mit einem Holzlöffel losschaben. Etwa die Hälfte des Fonds angießen und rühren, bis sich aller Bratensatz gelöst hat. Den restlichen Fond und die Kartoffeln hinzufügen. Einen gut schließenden Deckel auflegen und bei mittlerer bis niedriger Temperatur 10 Minuten köcheln lassen.

◆ Die Möhren, den Lauch und das klein gehackte Lauchgrün dazugeben. Bei geschlossenem Topf 8 bis 10 Minuten köcheln lassen, bis die Möhren und die Kartoffeln gar sind, was durch Einstechen mit einem Messer geprüft werden kann. Die Steckrüben, die Erbsen, die Dicken Bohnen und den Spargel hinzufügen und behutsam unter den leise köchelnden Eintopf rühren. Den Deckel auflegen und noch 2 bis 3 Minuten weiterköcheln lassen, damit sich die Aromen gut entfalten können.

◆ Falls ein Eintopf mit dickerer Konsistenz gewünscht wird, 1 bis 2 Kartoffeln mit etwas Brühe aus dem Eintopf herausnehmen, mit einem Mixer oder einer Küchenmaschine pürieren oder mit einer Gabel oder einem Kartoffelstampfer zerdrücken und wieder unter den Eintopf ziehen. Abschmecken und eventuell mit etwas zusätzlichem Salz würzen. Vom Schnittlauch und der Petersilie je 1 TL abnehmen, den Rest unterrühren. Mit den übrigen Kräutern bestreut servieren.

# Sommer

## Tomaten auf provenzalische Art

*Während des Sommers kommt dieses in der Provence überaus populäre Gericht mehrmals in der Woche auf den Tisch des Hauses – als perfekter Kombinationspartner für regionale Aromen wie Knoblauch, Olivenöl und frische Kräuter. Man kann diese gratinierten Tomaten als Vorspeise genießen, aber auch als Beilage zum Hauptgericht, dampfend heiß direkt aus dem Ofen oder zimmerwarm.*

FÜR 4 PERSONEN

6 oder 7 mittelgroße Tomaten, quer halbiert
3 Knoblauchzehen, fein gehackt
2 EL fein gehackter frischer Thymian
1 EL fein gehackte frische glatte Petersilie
40 g feine Semmelbrösel
1½ TL Salz
2 TL schwarzer Pfeffer aus der Mühle
4 EL natives Olivenöl extra
3 EL Parmesan, gerieben (nach Belieben)

◆ Den Grill vorheizen. Die Tomatenhälften eng nebeneinander in eine feuerfeste Auflaufform setzen, die gerade groß genug ist, um sie aufzunehmen. Gleichmäßig mit dem Knoblauch, dem Thymian, der Petersilie, den Semmelbröseln, dem Salz und dem Pfeffer bestreuen, dann mit dem Olivenöl beträufeln. Nach Wunsch mit Parmesan bestreuen.
◆ Die Auflaufform im Abstand von etwa 15 bis 20 cm unter den Grill stellen und die Tomaten 8 bis 10 Minuten grillen, bis sie weich sind und die Kruste braun wird. Sofort servieren oder abkühlen lassen.

# Ragout von grünen Bohnen und Kartoffeln

*Für dieses Ragout kann eine Mischung aus grünen und gelben Bohnen verwendet werden. Die Bohnen sollten recht reif sein und einige Samen ausgebildet haben, was eine kräftigere Konsistenz ergibt. Je reifer die Bohnen sind, desto länger müssen sie gegart werden. Falls durchwachsener Speck anstelle von* roulade *verwendet wird, sollte etwas mehr Pfeffer zugegeben werden, um die pfeffrige Komponente der* roulade *zu ersetzen. Das Ragout schmeckt besonders gut zu Braten und Koteletts.*

FÜR 4 BIS 6 PERSONEN

30 g *roulade* oder Pancetta, ersatzweise 3 Scheiben luftgetrockneter durchwachsener Speck, grob zerkleinert
2 EL natives Olivenöl extra
2 Knoblauchzehen, fein gehackt
½ gelbe Zwiebel, fein gehackt
750 g grüne Bohnen oder grüne und gelbe Bohnen gemischt, geputzt
750 ml bis 1 l Wasser
1 EL frische Winterbohnenkrautblättchen
250 g kleine fest kochende Kartoffeln, ungeschält
Salz
1 TL schwarzer Pfeffer aus der Mühle

◆ In einer Kasserolle die *roulade* (beziehungsweise die Pancetta oder den durchwachsenen Speck) bei mittlerer Temperatur im Olivenöl auslassen. Knoblauch und Zwiebel dazugeben und in 2 bis 3 Minuten glasig braten. Die Bohnen hinzufügen und unter Rühren 2 bis 3 Minuten garen, dann das Wasser und das Winterbohnenkraut dazugeben. Zum Kochen bringen. Bei niedriger Temperatur und aufgelegtem Deckel die Bohnen etwa 15 Minuten garen, bis sie zart, aber nicht zu weich sind. Die Kartoffeln hinzufügen und 20 bis 30 Minuten köcheln lassen, dabei wiederholt prüfen, ob das Gemüse fertig gegart ist. Idealerweise sollen sowohl Kartoffeln als auch Bohnen auf der Zunge zergehen, wobei die Kartoffeln immer noch ihre Form behalten sollen, die Bohnen jedoch fast auseinanderfallen dürfen, so dass man sie mühelos mit einem Holzlöffel zerteilen kann.
◆ Mit Salz und Pfeffer abschmecken. In einer Servierschüssel heiß servieren.

# Zucchini-Fricot

Fricots *sind die Verkörperung der frischen Gemüseküche. Ich weiß selbst nicht mehr, wie oft ich dieses Gericht schon bei Freunden in der Haute Provence genießen durfte, wie oft es bei einem Besuch verführerisch aus der Küche geduftet hat und wie oft ich es selbst gekocht und serviert habe. Auf die gleiche Weise kann man auch grüne und weiße Bohnen, Auberginen, Kartoffeln, Paprikaschoten oder eine beliebige Kombination der aufgezählten Gemüse zubereiten.*

FÜR 4 BIS 6 PERSONEN

3 bis 4 EL natives Olivenöl extra
4 bis 6 Knoblauchzehen, fein gehackt
1 gelbe Zwiebel, gehackt
6 Zucchini, gehackt oder in Scheiben geschnitten
1 EL frische Thymianblättchen

◆ Das Olivenöl bei mittlerer Temperatur in einer Pfanne erhitzen. Den Knoblauch und die Zwiebel hinzufügen und in 3 bis 4 Minuten glasig braten. Die Zucchini und den Thymian dazugeben und bei mittlerer Temperatur unter Rühren sautieren, bis die Zucchini ihre Farbe leicht verändern. Bei niedriger Temperatur und unter gelegentlichem Umrühren köcheln lassen. Das Gericht ist fertig, wenn die Zucchini gar und an manchen Stellen leicht angebräunt sind. Der gesamte Garprozess sollte nicht länger als 15 bis 20 Minuten dauern.
◆ In eine Servierschüssel füllen und sofort servieren.

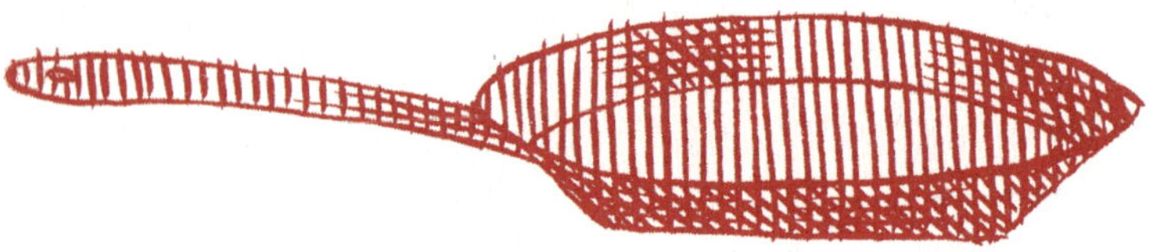

# Kürbisblütenreis

*In der Küche der Haute Provence verwendet man nicht nur den Kürbis selbst, sondern auch seine Blüten. Eine beliebte und häufige Zubereitungsart ist, die Kürbisblüten zu füllen – entweder mit Kräutern und Weichkäse oder mit einer gewürzten Hackfleischmischung, oft aus Lammfleisch. Die gefüllten Kürbisblüten werden sautiert oder gebacken und mit einer Sauce, gewöhnlich einer leichten Tomatensauce, serviert. Dieses Rezept lässt sich leichter zubereiten; die Kürbisblüten geben ihm einen frischen Geschmack und eine schöne Farbe.*

*Im Garten kann man beobachten, dass sich die Kürbisblüten nach Tagesanbruch weit öffnen und am Vormittag bereits wieder schließen. Am besten pflückt man sie vollständig geöffnet; so werden sie auch auf den Märkten verkauft. Sollte dennoch eine Blüte geschlossen sein, legt man sie für 1 bis 2 Minuten in Eiswasser – auf diese Weise öffnet sie sich ebenfalls. Nun sollte man die Blüte noch auf Insekten untersuchen.*

FÜR 6 PERSONEN

1½ EL Butter
1½ EL natives Olivenöl extra
60 g Schalotten, fein gehackt
350 g weißer Langkornreis
10 Kürbisblüten
400 ml Wasser
350 ml Geflügelfond
1 TL schwarzer Pfeffer aus der Mühle
½ TL Salz

◆ In einer Kasserolle bei mittlerer Temperatur die Butter zusammen mit dem Olivenöl erhitzen. Sobald die Butter-Öl-Mischung schäumt, die Schalotten hinzufügen und in 2 bis 3 Minuten glasig braten. Dann den Reis dazugeben und unter Rühren 1 bis 2 Minuten braten, bis er seine Farbe verändert. Die Kürbisblüten unterrühren, dann das Wasser, den Geflügelfond, den Pfeffer und das Salz hinzufügen. Auf hohe Temperatur schalten und den Inhalt der Kasserolle zum Kochen bringen. Dann bei niedriger Temperatur und aufgelegtem Deckel köcheln lassen, bis der Reis gar ist, was etwa 20 Minuten dauert.
◆ In eine vorgewärmte Servierschüssel geben und sofort servieren.

# Gratin aus Sommerkürbis, Paprika und neuen Kartoffeln

*Im Grunde genommen ist dieses Gericht nichts anderes als ein* fricot *aus Sommergemüsen; die Polenta-Haube verleiht ihm jedoch eine kräftigere Konsistenz und ein interessantes Aussehen. Der Kürbis darf etwas zerfallen, während Paprika und Kartoffeln noch leicht bissfest bleiben sollen.*

FÜR 6 BIS 8 PERSONEN

2½ EL Butter
2 EL natives Olivenöl extra
100 g gelbe Zwiebel, gehackt
2 Knoblauchzehen, fein gehackt
2 grüne, rote oder gelbe Paprikaschoten, in gut 1 cm große Stücke geschnitten
7 oder 8 (etwa 1 kg) verschiedene kleine Sommerkürbisse, beispielsweise Krummhalskürbis, Mini-Patissons und Zucchini in beliebiger Kombination, in kleine Würfel geschnitten
3 oder 4 (etwa 500 g) neue Kartoffeln, ungeschält, in gut 1 cm große Stücke geschnitten
1 TL Salz
1 TL schwarzer Pfeffer aus der Mühle
40 g Weizenmehl
80 g Polenta (Maisgrieß)
4 EL frische Thymianblättchen
2 Eier, verquirlt
250 ml Milch
50 g Gruyère, geraspelt

◆ Den Backofen auf 180 °C vorheizen.

◆ In einer Pfanne das Olivenöl mit 1 EL Butter bei mittlerer Temperatur erhitzen. Sobald die Butter schäumt, die Zwiebel, den Knoblauch und die Paprikastücke hinzufügen, auf mittlere bis hohe Temperatur schalten und 4 bis 5 Minuten sautieren. Kürbis- und Kartoffelwürfel dazugeben und weitere 7 bis 8 Minuten sautieren oder so lange, bis die Gemüse etwas von ihrer Flüssigkeit abgegeben haben und das Kürbisfleisch fast gar ist. Mit jeweils ½ TL Salz und Pfeffer bestreuen und vom Herd nehmen. Beiseite stellen.

◆ In einer großen Schüssel das Mehl, die Polenta, den Thymian und die restlichen ½ TL Salz und Pfeffer miteinander vermischen. Die Eier und die Milch hinzufügen und alles gründlich verrühren.

◆ Eine flache Auflaufform mit ½ EL Butter einfetten. Die Gemüsemischung hineingeben und die Polentamasse darauf verteilen; die Form sollte bis knapp unter den Rand gefüllt sein. 35 bis 40 Minuten backen, bis sich eine Kruste gebildet hat und an einem in die Mitte der Kruste eingestochenem Messer kein Polentateig mehr haftet. Dann die restliche Butter (1 EL) in Flöckchen auf der Kruste verteilen und mit dem Käse bestreuen. Wieder in den Ofen schieben und noch 7 bis 10 Minuten backen, bis die Kruste leicht angebräunt und das Gratin an den Rändern knusprig ist und blubbert.

◆ Aus dem Ofen nehmen und heiß oder zimmerwarm servieren.

# Sommergemüse mit Brot-Kräuter-Füllung

*Wenn man jeden Tag, oder gar zweimal am Tag, frisches Brot einkauft, wie es in der Haute Provence üblich ist, sind Reste unvermeidlich – und da das Brot im Allgemeinen ohne Konservierungsstoffe hergestellt wird, hat es nach einem Tag bereits seine Frische verloren. Solche Brotreste werden jedoch nicht einfach weggeworfen, sie werden für Gratins, in pikanten und süßen Aufläufen und für Gemüsefüllungen verwendet.*

*Zucchini, Auberginen, Paprika, Tomaten und Zwiebeln eignen sich besonders gut zum Füllen. Dafür werden die Gemüse ausgehöhlt; das Innere wird zerkleinert und mit Zwiebeln, Knoblauch und Kräutern vermischt zum Brot gegeben, das zuvor in Milch eingeweicht wurde. Mit dieser Masse füllt man das ausgehöhlte Gemüse, das dann zum Garen in den Backofen geschoben wird.*

FÜR 6 PERSONEN

20 bis 25 Scheiben trockenes Brot, vorzugsweise von einem kräftigen Landbrot, in Stücke gebrochen
1,25 l Milch oder Milch und Wasser zu gleichen Teilen
3 rote Paprikaschoten, längs halbiert
4 große längliche Auberginen, längs halbiert
4 Zucchini, jeweils etwa 10 cm lang, längs halbiert, oder 4 runde Zucchini, quer halbiert
4 mittelgroße Tomaten, quer halbiert
3 EL natives Olivenöl extra
6 Knoblauchzehen, fein gehackt
1 gelbe Zwiebel, fein gehackt
4 Eier, verquirlt
4 EL gehackte frische glatte Petersilie
4 EL gehackter frischer Thymian
4 EL gehacktes frisches Winterbohnenkraut
2 TL fein gehackter frischer Rosmarin
70 g Gruyère, geraspelt
2 TL Salz
2 TL schwarzer Pfeffer aus der Mühle

◆ Das Brot mit der Milch (oder der Milch und dem Wasser) in eine Schüssel geben und so lange einweichen, bis das Gemüse vorbereitet ist.

◆ Die roten Paprikaschoten putzen, dabei Samen und Scheidewände entfernen. Die Auberginen aushöhlen; einen Rand von gut 1 cm stehen lassen. Das Fruchtfleisch in eine Schüssel geben. Die Zucchini ebenfalls bis auf einen Rand von gut 1 cm aushöhlen, das Innere in die Schüssel zum Auberginenfruchtfleisch geben. Mit den Tomaten genauso verfahren, jedoch nur 2 EL Fruchtfleisch zur Gemüsemischung hinzufügen. Den Rest wegwerfen oder anderweitig verwenden.

◆ Den Backofen auf 180 °C vorheizen. Ein großes Backblech mit 1 EL Olivenöl einfetten.

◆ Das Fruchtfleisch von Auberginen, Zucchini und Tomaten fein hacken und wieder in die Schüssel füllen. Das eingeweichte Brot gut ausdrücken – die Flüssigkeit zurückbehalten – und ebenfalls in die Schüssel geben. Nun den Knoblauch, die Zwiebel, die Eier, die Kräuter, den Käse, das Salz und den Pfeffer hinzufügen und zu einer feuchten Masse vermischen. Ist die Masse zu trocken geraten, etwas von der Einweichflüssigkeit dazugeben.

◆ Das ausgehöhlte Gemüse auf das vorbereitete Backblech setzen und so mit der Masse füllen, dass sie gut gehäuft ist. Mit den restlichen 2 EL Olivenöl beträufeln. 30 bis 35 Minuten im Ofen garen, bis das Gemüse zart ist (durch Einstechen mit einem Messer prüfen), jedoch nicht zusammenfällt.

◆ Heiß oder zimmerwarm servieren.

# Brathuhn mit ganzen Knoblauchknollen

*Die ganzen Knoblauchknollen garen sanft im Saft des Huhns; zu jeder Portion Fleisch gehören ein oder zwei Knollen des süßlichen, milden Knoblauchs.*

FÜR 4 PERSONEN

6 feste Knoblauchknollen
2 TL Olivenöl
1 Brathuhn von 1,5 bis 1,75 kg, überschüssiges Fett entfernt
2 TL Salz
2 TL schwarzer Pfeffer aus der Mühle
1 EL frische Winterbohnenkrautblättchen oder Thymianblättchen

◆ Den Backofen auf 180 °C vorheizen.

◆ Von den Knoblauchknollen die Spitze abschneiden und wegwerfen. Die Knollen mit Olivenöl einreiben. Dann das Huhn und die Knoblauchknollen mit dem Salz, dem Pfeffer und dem Winterbohnenkraut oder dem Thymian einreiben. Das Huhn in eine flache Auflaufform oder einen Bräter geben und mit den Knoblauchknollen umlegen.

◆ Etwa 1¼ bis 1½ Stunden braten; dabei das Huhn sowie den Knoblauch wiederholt mit dem ausgetretenen Fleischsaft begießen. Das Huhn ist gar, sobald klarer Fleischsaft austritt, wenn ein Schenkel mit einem Messer eingestochen wird. Auf eine Platte legen, locker mit Alufolie abdecken und etwa 10 Minuten ruhen lassen, dann tranchieren. Die Knoblauchknollen rings um das tranchierte Huhn verteilen und sofort servieren.

# Le grand aïoli

Le grand aïoli *gehört zu den besonderen Sommerfesten in der Provence. Ein Anlass dafür könnte ein sonntägliches Treffen auf dem Lande mit Familie und Freunden sein oder auch eine lokale* fête du village *– ein Dorffest –, wie es am 15. August, an Mariä Himmelfahrt, gefeiert wird. Über das ganze Dorf verstreut, an Fensterläden und Türen von Bäckereien, Lebensmittelgeschäften und am Rathaus, sind handgeschriebene Schilder angeschlagen mit der Ankündigung eines* grand aïoli *und mit Informationen darüber, was die Teilnahme kostet und wie das Boule-Turnier abläuft, das in diesem Rahmen stattfindet.*

*Ich veranstalte auch gern zu Hause* aïoli*-Feste, doch nichts lässt sich mit der Teilnahme an einem örtlichen* grand aïoli *vergleichen, an dem das ganze Dorf beteiligt ist. Morgens wird unter den ausladenden Maulbeerbäumen auf dem Marktplatz eine lange Tafel aufgebaut und mit weißen Papiertischdecken versehen. In der Mitte der Tafel sind Flaschen des hiesigen Weines aufgereiht, und es gibt einen Stand, an dem Pastis ausgeschenkt wird. Gegen 11.30 Uhr beginnt sich der Platz mit Männern, Frauen und Kindern zu füllen. Die Frauen tragen Körbe mit dem notwendigen Geschirr, mit Tellern, Besteck, Gläsern und Servietten, da dies selbst mitgebracht werden muss. Im Hintergrund ist das Geräusch aneinander stoßender Boule-Kugeln zu hören, während auf den Tischen die Schüsseln mit der goldenen, knoblauchduftenden Mayonnaise, dem* aïoli, *verteilt werden, dessen Aroma von der sommerwarmen Luft emporgetragen wird.*

*Bis 12.30 Uhr haben alle einen Sitzplatz gefunden, dem Wein wird schon eifrig zugesprochen, freiwillige Helfer schwirren umher und verteilen Brot an den Tischen. Die Frauen des Dorfes waren den ganzen Morgen über mit Kochen beschäftigt und bringen nun das Ergebnis ihres emsigen Schaffens zu Tisch: Schüsseln voll mit gekochtem Gemüse. Eine nach der anderen eilen sie heran und füllen die Teller mit ein oder zwei Möhren, einer Kartoffel, einem Häufchen grüner Bohnen, einer Roten Bete, einem hart gekochten Ei und einem Stück Stockfisch. Lachend beschwichtigen sie diejenigen, die nach mehr Bohnen, noch einer Kartoffel oder einem weiteren Ei verlangen. In dem Moment, in dem das erste Gemüse in den auf die Teller gehäuften* aïoli *getunkt wird, tritt in der fröhlich feiernden Runde relative Stille ein. Bald wird diese aber wieder von Gesprächen und Lachen unterbrochen, und die freudige Erregung legt sich erst, wenn das zum Abschluss gereichte Gebäck aus der örtlichen Bäckerei verspeist ist. Jetzt zerstreut sich die Gesellschaft; die einen gehen Kaffee*

*Fortsetzung nächste Seite*

*trinken, andere beteiligen sich aktiv oder als Zuschauer an den wieder aufgenommenen Boule-Spielen und wieder andere unternehmen einen Spaziergang.*

Aïoli *wird nicht nur zu gekochtem Gemüse, zu Eiern und Stockfisch genossen, sondern auch als Brotaufstrich oder als Beilage zu kaltem Fleisch wie Huhn, Schwein oder verschiedenen Fischarten. Man kann* aïoli *in kleinen oder großen Mengen zubereiten, es kommt dabei lediglich darauf an, das richtige Mengenverhältnis beizubehalten. Möchte man* aïoli *auf die klassische Art und Weise zubereiten, verwendet man dazu Mörser und Stößel. Dabei zerdrückt man zuerst die Knoblauchzehen mit dem Stößel; dann werden die Eier aufgeschlagen und die Eigelbe untergemischt, wozu man ebenfalls den Stößel verwendet. Zum Schluss lässt man das Öl eintröpfeln.*

*Die hier beschriebene Methode, bei der Schneebesen und Schüssel verwendet werden, funktioniert jedoch einwandfrei. Der Knoblauch wird mit dem Salz in einer separaten Schüssel zerdrückt und dann der fertigen Mayonnaise zugegeben.*

*Den* aïoli *mit reichlich frischer Baguette und Wein servieren.*

FÜR 12 BIS 14 PERSONEN

*Aïoli:*
6 bis 10 Knoblauchzehen, fein gehackt
½ TL Salz
6 Eigelbe (Zimmertemperatur)
750 ml natives Olivenöl extra
Schwarzer Pfeffer aus der Mühle

24 fest kochende Kartoffeln
36 Möhren
36 Rote Beten
2,5 bis 3 kg zarte junge grüne Bohnen
24 Eier
12 bis 15 Stücke Stockfisch (gesalzenes Dorschfilet), je 200 g, entsalzt und pochiert (Seite 224–225)

◆ In einer kleinen Schüssel die Knoblauchzehen und das Salz mit Hilfe eines Stößels zerreiben, dann beiseite stellen. In einer größeren Schüssel die Eigelbe mit einem Schneebesen verquirlen. Das Olivenöl in Portionen von jeweils ½ TL sehr langsam und unter Schlagen unter die Eigelbe ziehen. Damit fortfahren, bis eine dickflüssige Emulsion entstanden ist. Dies wird nach der Beigabe von etwa 6 TL der Fall sein. Nun kann das restliche Olivenöl in ganzen Teelöffeln dazugegeben werden. Die Knoblauch-Salz-Mischung vorsichtig unterziehen und alles zu einer Paste verarbeiten. Mit Pfeffer abschmecken. Den *aïoli* bis zum Servieren abgedeckt kühl stellen.

◆ Die Kartoffeln in einen großen Topf geben und so viel Wasser dazugießen, dass sie bedeckt sind; 2 TL Salz ins Kochwasser geben. Zum Kochen bringen, dann bei mittlerer Temperatur etwa 25 Minuten schwach kochen lassen, bis die Kartoffeln sich mit einem scharfen Messer einstechen lassen. Abschütten und beiseite stellen.

◆ Die Möhren schaben oder nur bürsten. In leicht gesalzenem Wasser zum Kochen bringen, die Temperatur reduzieren und ungefähr 20 Minuten köcheln lassen, bis sie gar sind, aber noch Biss haben. Abschütten und beiseite stellen.

◆ Von den Roten Beten alle Blättchen entfernen, dabei vom Strunk etwa 1 cm stehen lassen. Die Roten Beten wie die Kartoffeln kochen, jedoch ohne Zugabe von Salz. Sie benötigen eine längere Gardauer, etwa 50 Minuten bis 1 Stunde. Abschütten, etwas abkühlen lassen und schälen. Nicht vergessen, dass die Roten Beten alle anderen Zutaten, mit denen sie in Berührung kommen, rot verfärben.

◆ Die Bohnen putzen, dann in leicht gesalzenem Wasser wie die Möhren garen. Etwa 15 Minuten köcheln lassen; sie sollten zart, aber nicht zu weich sein. Abschütten und beiseite stellen.

◆ Die Eier in einen großen Topf legen und mit Wasser bedecken. Zum Kochen bringen, dann bei reduzierter Temperatur 12 Minuten schwach kochen lassen. Abschütten und in kaltem Wasser abschrecken, um den Garprozess zu stoppen. Erneut abschütten.

◆ Zum Servieren das Gemüse, die Eier und den Stockfisch auf Platten anordnen und mit dem *aïoli,* der zuvor in mehrere Schüsseln gefüllt wird, auf der Tafel verteilen.

# Herbst & Winter

## Krautsalat mit rohem Schinken

*Der* jambon cru, *im letzten Winter hergestellt, kommt aus der Vorratskammer, der Kohlkopf stammt aus dem winterlichen Küchengarten. Beide werden in Streifen geschnitten und mit Olivenöl und Essig in einen wunderbaren Salat verwandelt. Es werden die einfachsten Zutaten verwendet, die man nach dem einfachsten Rezept kombiniert – das Ergebnis ist jedoch alles andere als schlicht.*

FÜR 3 ODER 4 PERSONEN ALS VORSPEISE ODER BEILAGE

250 bis 300 g Weißkohl, in dünne Streifen gehobelt
4 EL natives Olivenöl extra
3 EL Rotweinessig
1 EL Dijon-Senf
½ TL Salz
5 sehr dünne Scheiben *jambon cru* oder Prosciutto, ersatzweise ein anderer luftgetrockneter Rohschinken, in feine Streifen geschnitten
½ TL schwarzer Pfeffer aus der Mühle

◆ In einer Schüssel alle Zutaten bis auf den schwarzen Pfeffer gründlich vermischen. Dann erst den Pfeffer untermischen und den Krautsalat in eine Servierschüssel füllen.

# Chicorée und Feldsalat

*Chicorée wird im Frühjahr gesetzt. Vom Frühjahr über den Sommer bis in den Herbst hinein bildet er große, dicke Wurzeln und viel dunkelgrünes, sehr bitteres Blattwerk. Ungefähr zur Herbstmitte werden die Blätter bis auf 2 cm gestutzt, und die Wurzeln werden vorsichtig ausgegraben. Diese Wurzeln gräbt man dann in Furchen im Boden ein oder, was heute eher üblich ist, in mit Sand und lockerer Erde gefüllte Behälter, die – außer während der schlimmsten Frostperioden – im Freien bleiben. Unter dem Sand in völliger Dunkelheit entwickeln die Wurzeln Triebe, die zu den* chicons, *den Blattsprossen oder -köpfen heranwachsen. Sobald diese eine Größe von 5 bis 20 Zentimetern erreicht haben, werden die Wurzeln ausgegraben und die Sprosse abgeschnitten – sie können nun in der Küche verwendet werden. Die Wachstumsperiode variiert von 3 bis 5 Wochen, doch solange es kalt genug ist, können die Sprosse einige Monate lang im Sand gelagert werden. Aus rohem Chicorée kann man köstliche Salate zubereiten. Geschmorter Chicorée passt hervorragend zu Fleischgerichten und schmeckt auch als Gratin mit Käse-Semmelbrösel-Haube vorzüglich.*

*Die sowohl kulinarisch als auch farblich äußerst gelungene Kombination aus den länglichen elfenbeinfarbenen Chicoréeblättern und den rundblättrigen Sträußchen des sattgrünen Feldsalats ist gleichermaßen Gaumenfreude und Augenschmaus. Man kann den Chicorée durch glatte Endivie oder Friséesalat ersetzen, den Feldsalat durch Brunnenkresse oder junge Rucola (Rauke).*

FÜR 4 PERSONEN

4 oder 5 kleine Sprosse Chicorée
40 g Gorgonzola
6 EL natives Olivenöl extra
3 EL Balsamessig
1 EL Rotweinessig
½ TL Salz
½ TL schwarze Pfefferkörner, grob zerstoßen
60 g *roulade* oder Pancetta, ersatzweise luftgetrockneter durchwachsener Speck, in 3 cm lange und ½ cm breite Streifen geschnitten
150 g Feldsalat
30 g Walnußkerne, geröstet und gehackt

*Fortsetzung nächste Seite*

◆ Das bittere Herz der Chicorée-Sprosse mit der Spitze eines scharfen Messers keilförmig herausschneiden, dann die Sprosse je nach Größe längs in 4 oder 6 Teile schneiden. Beiseite stellen.

◆ In einer kleinen Schüssel mit einer Gabel den Käse zerdrücken und mit dem Olivenöl vermischen. Beide Essigsorten, das Salz und den Pfeffer hinzufügen und zu einer Vinaigrette verrühren. Beiseite stellen. In einer kleinen Bratpfanne die *roulade* (beziehungsweise die Pancetta oder den durchwachsenen Speck) knusprig braten, was etwa 3 bis 5 Minuten dauert. Mit einem Sieblöffel aus der Pfanne nehmen und zum Abtropfen auf Küchenpapier legen.

◆ Die Chicoréeteile in eine Schüssel geben und mit der Vinaigrette übergießen. Mit zwei großen Löffeln gründlich vermischen.

◆ Den Feldsalat gleichmäßig auf 4 Salattellern verteilen, dabei 4 Sträußchen als Garnitur zurückbehalten. Jeweils die gleiche Anzahl mit Dressing überzogener Chicoréestreifen auf dem Feldsalat anrichten. Mit den zurückbehaltenen Feldsalatsträußchen und den Walnüssen garnieren.

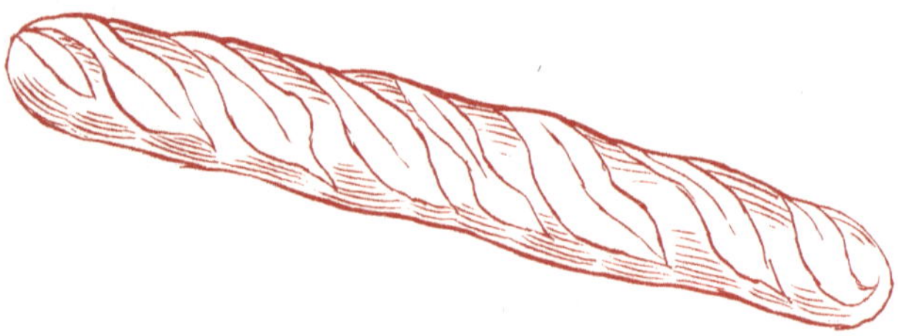

## Kürbissuppe mit Frühlingszwiebeln und Gorgonzola

*Durch den unmittelbar vor dem Servieren untergezogenen Käse erhält dieses Gericht seine samtige Konsistenz und seine pikante Note. Der Käse schmilzt und löst sich in der Suppe auf, die er somit bindet und aromatisiert. Nach Wunsch kann auch ein milderer Käse ausgewählt werden. Für dieses Rezept sollte man eine Kürbisart wie Zuckerkürbis oder Musquée de Provence verwenden statt des großen Riesenkürbisses, da dieser relativ wenig Eigengeschmack und eine grobe und faserige Konsistenz hat. Butternusskürbis und Eichelkürbis sind ebenfalls gut geeignet.*

FÜR 4 PERSONEN

1, 5 kg Winterkürbisse (siehe oben)
6 EL Butter
300 ml Geflügelfond
60 ml Milch
60 ml Schlagsahne
60 g Frühlingszwiebeln oder Lauch, fein gehackt
15 g Gorgonzola

◆ Den Backofen auf 180 °C vorheizen.
◆ Samen und Fasern der Kürbisse entfernen. Die Kürbisse in etwa 10 cm dicke Spalten oder Stücke schneiden. Diese auf ein Backblech legen und 2 EL Butter in Flöckchen darauf verteilen. Etwa 50 Minuten backen, bis das Kürbisfleisch gar ist (durch Einstechen mit einer Gabel prüfen). Aus dem Ofen nehmen und etwas abkühlen lassen, dann die Schale abziehen und das Fruchtfleisch würfeln.
◆ In einer Kasserolle den Fond bei mittlerer Temperatur bis knapp unter den Siedepunkt erhitzen. Vom Herd nehmen. Portionsweise die Kürbisstücke mit dem Fond, 2 EL Butter, der Milch und der Schlagsahne in einen Mixer geben und fein pürieren. Die Masse wieder in die Kasserolle füllen und bei mittlerer Temperatur erhitzen. Die Frühlingszwiebeln oder den Lauch dazugeben und 2 bis 3 Minuten köcheln lassen, bis die Suppe heiß ist. Den Käse und die restlichen 2 EL Butter hinzufügen und gerade so lange unterrühren, bis der Käse und die Butter zu schmelzen beginnen. In vorgewärmte Suppentassen schöpfen und heiß servieren.

# Kürbisgratin

*Der Musquée de Provence ist die Kürbissorte, die überall in der Haute Provence anzutreffen ist. Kleine Exemplare wiegen um 7 kg, große bringen bis zu 20 kg auf die Waage, doch unterscheidet man sie eher nach ihrem Aussehen und Geschmack als nach ihrer Größe. Die Schale ist kupferfarben mit einem Anflug von mattem Grün: der Kürbis selbst ist platt und rund geformt, mit unregelmäßig tiefen Einkerbungen und Ausbuchtungen. Nach der Ernte im Spätherbst werden die Kürbisse in den Lagerraum gebracht, wo sie sich bis zum Frühjahr halten. Wenn man nun Kürbis in der Küche benötigt, schneidet man lediglich ein Stück beziehungsweise eine Spalte zwischen zwei Einkerbungen heraus, der restliche Kürbis wird weitergelagert. Auf den regionalen Märkten werden die Kürbisse ebenfalls spaltenweise angeboten. Dort sieht man sie aufgestapelt, mit einem angeschnittenen Kürbis obenauf und einem Schild, auf dem der Kilopreis steht.*

*Das feste Kürbisfleisch ist kräftig orangefarben und besitzt gegart einen nussigen Geschmack und eine cremige Konsistenz.*

FÜR 3 ODER 4 PERSONEN ALS BEILAGE

1 kg Winterkürbis, beispielsweise Hubbard oder Eichelkürbis
1½ EL Weizenmehl
2 EL frische Thymianblättchen
½ TL Salz
1 TL Cayennepfeffer oder gemahlene getrocknete Chilischoten
3 EL Butter
2½ EL natives Olivenöl extra
30 g Gruyère oder Schweizer Käse, gerieben

◆ Den Backofen auf 180 °C vorheizen.

◆ Den Kürbis schälen, die Samen entfernen und das Fruchtfleisch in 1½ cm dicke Würfel schneiden. Die Würfel in eine Schüssel geben und mit dem Mehl, den Thymianblättchen, dem Salz und den gemahlenen Chillies bestreuen. Die Mischung mit zwei Löffeln wenden, damit die Kürbiswürfel ringsum bestäubt sind. 1½ EL Butter in eine kleine Auflaufform geben, die gerade groß genug ist, um die Kürbiswürfel in einer Lage aufzunehmen. Das Olivenöl in die Auflaufform gießen. Den Kürbis in die Form füllen. Die restlichen 1½ EL Butter in kleine Stückchen schneiden und auf dem Gratin verteilen.

◆ Die Kürbiswürfel etwa 45 Minuten garen, bis sie fast durch sind. Aus dem Ofen nehmen und mit dem Käse bestreuen. Wieder in den Ofen schieben und noch 10 bis 15 Minuten backen, bis der Kürbis zart ist, was durch Einstechen mit einer Gabel geprüft werden kann. Heiß servieren.

# Gebackene neue Kartoffeln mit Rosmarin und Salbei

*Durch das Olivenöl erhalten die Kartoffeln beim Backen eine schön knusprige Schale, während Rosmarin und Salbei sie mit ihrem Aroma durchdringen. Auf diese Art zubereitete Kartoffeln passen hervorragend zu jeder Art von Fleischgerichten, sie sind jedoch auch für sich, nur mit geriebenem Gruyère oder einem Löffel Weichkäse aus Ziegen- oder Schafsmilch, ein Genuss.*

FÜR 3 ODER 4 PERSONEN

8 mittelgroße neue Kartoffeln
4 EL natives Olivenöl extra
2 EL Salz
2 EL schwarzer Pfeffer aus der Mühle
6 bis 8 Zweige frischer Rosmarin
6 bis 8 Stengel frischer Salbei

◆ Den Backofen auf 180 °C vorheizen.
◆ Die Kartoffeln ringsum mit Olivenöl, Salz und Pfeffer einreiben. In eine flache Auflaufform eng nebeneinander legen; die Kräuterstengel dazwischenstecken.
◆ Im Ofen 1 bis 1½ Stunden backen, bis die Kartoffelschalen knusprig und leicht angebräunt sind und das Innere zart cremig ist. Die Kartoffelschale wird dabei etwas zusammenschrumpfen. Heiß servieren.

# Linsen-Möhren-Gemüse mit Speck

*Die milde Süße der Möhren geht mit der salzigen Note der Speckstreifen und dem nussigen Aroma der Linsen eine harmonische Verbindung ein.*

FÜR 4 PERSONEN ALS HAUPTGERICHT ODER FÜR 6 PERSONEN ALS VORSPEISE

4 Möhren (etwa 300 g)
60 g *roulade* oder Pancetta, ersatzweise luftgetrockneter durchwachsener Speck, in 3 cm lange und ½ cm breite Streifen geschnitten
1 bis 2 EL Olivenöl
1 gelbe Zwiebel, gehackt
3 Knoblauchzehen, gehackt
400 g grüne Linsen (vorzugsweise Puy-Linsen) oder braune Linsen (Seite 76)
1,5 l Wasser
1 TL Salz
2 frische Lorbeerblätter oder 1 getrocknetes Lorbeerblatt
3 Zweige frischer Thymian
1½ TL schwarzer Pfeffer aus der Mühle
1 EL fein gehackter frischer Thymian oder frisches Winterbohnenkraut

◆ Die Möhren schaben und in 1 cm dicke Scheiben schneiden; größere Scheiben halbieren. Beiseite stellen. In einem schweren Suppentopf bei mittlerer Temperatur die *roulade* (beziehungsweise die Pancetta oder den durchwachsenen Speck) auslassen. Das Olivenöl dazugeben, dann die Zwiebel und den Knoblauch hinzufügen und in 3 bis 4 Minuten glasig braten. Die Möhren in den Topf geben und 1 bis 2 Minuten sautieren; die Linsen hinzufügen. Gut umrühren und sautieren, bis das Gemüse glänzt. Wasser, Salz, Lorbeer und die Thymianstengel hinzufügen. Zum Kochen bringen, dann bei niedriger Temperatur und aufgelegtem Deckel 30 Minuten köcheln lassen. Prüfen, ob die Linsen gar sind. Sie sollten weich sein, aber noch ihre Form behalten. Weitere 30 bis 40 Minuten köcheln lassen, bis die Linsen die meiste noch vorhandene Flüssigkeit aufgenommen haben.
◆ Wenn die Linsen gar sind, Pfeffer und Thymian oder Winterbohnenkraut dazugeben und abschmecken. In vorgewärmten Schalen servieren.

# Kichererbsen aus neuer Ernte mit Knoblauchwurst

*In der Haute Provence gedeihen Kichererbsen, die nur so groß sind wie die Kuppe des kleinen Fingers; sie sind also kleiner als die Kichererbsen, die im Supermarkt verpackt angeboten werden. Im Spätherbst, gleich nachdem sie geerntet und gereinigt sind, kann man die ersten auf den Freiluftmärkten finden, und auch in den kleinen lokalen Lebensmittelgeschäften werden sie angeboten. Sie haben einen nussig-süßlichen Geschmack, und ihre Konsistenz bleibt stets leicht kernig, auch wenn sie vollständig durchgegart sind. Ich kann sie schüsselweise verspeisen, begleitet lediglich von einem grünen Salat, frischem Brot und einem Glas Rotwein. Man kann das Gericht variieren, indem man vor dem Servieren in Stücke geschnittene Grillwürstchen dazugibt. Gelagerte Kichererbsen trocknen etwas aus, so dass später im Jahr verwendete Kichererbsen oder Kichererbsen der Vorjahresernte eine sehr viel längere Gardauer benötigen. Es ist daher empfehlenswert, gelagerte Kichererbsen vor der Zubereitung über Nacht einzuweichen.*

FÜR 6 BIS 8 PERSONEN

400 g getrocknete Kichererbsen
2 l Wasser
2 frische Lorbeerblätter oder 1 getrocknetes Lorbeerblatt
3 Zweige frischer Thymian, zusätzlich 1 EL gehackter frischer Thymian
1 TL Salz
1 TL schwarzer Pfeffer aus der Mühle
6 milde oder würzige Knoblauchwürstchen
1 EL Butter

◆ Die Kichererbsen verlesen, dabei Steinchen oder andere Verunreinigungen aussortieren. Wenn die Kichererbsen nicht kurz zuvor geerntet wurden, sollten sie über Nacht in so viel Wasser eingeweicht werden, dass sie damit bedeckt sind. Zum Kochen abschütten, spülen und mit den 2 l Wasser in eine Kasserolle geben. Den Lorbeer, die Thymianzweige, das Salz und den Pfeffer hinzufügen und zum Kochen bringen. Die Temperatur auf mittel bis niedrig reduzieren und die Kichererbsen bei halb geschlossenem Topf 2 bis 3 Stunden garen, bis sie weich sind. Vom Herd nehmen und abschütten; die Kochflüssigkeit auffangen.

◆ Die Flüssigkeit wieder in die Kasserolle gießen und bei hoher Temperatur zum Kochen bringen. Auf die Hälfte einkochen lassen. In der Zwischenzeit die Würstchen mit einer Gabel einstechen, in einen kleinen Topf geben und mit Wasser bedecken. Zum Kochen bringen und bei niedriger Temperatur 4 bis 5 Minuten schwach kochen lassen, dann abschütten. Die Butter in einer großen Pfanne bei mittlerer Temperatur zerlassen. Sobald sie schäumt, die Würstchen hineingeben und unter Wenden von allen Seiten goldbraun braten. Vom Herd nehmen und in 2 cm große Stücke schneiden.

◆ Die Kichererbsen in die reduzierte Flüssigkeit geben, dann die Würstchen mit ihrem Fleischsaft hinzufügen. Bei mittlerer Temperatur heiß werden lassen. In vorgewärmte Schüsseln schöpfen und mit dem gehackten Thymian bestreuen.

## Potée aus Kohl, Kartoffeln, Rüben und Würstchen

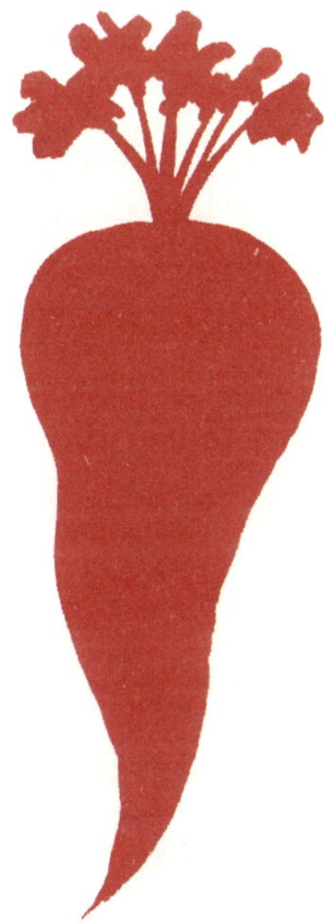

Potée *wird ein herzhaftes Gericht aus den Bergen genannt, das in seiner deftigsten Zubereitung aus Stücken von* roulade, *gepökeltem Schweinefleisch, Eisbein und Würstchen besteht. Ich habe das Rezept leichter gemacht, da die Aromen auch mit weniger Fleisch gut zur Geltung kommen. Zu diesem Gericht, das man besonders an einem eisigen Wintertag zu schätzen weiß, reicht man reichlich Brot, mit dem man die Brühe auftunken kann, sowie eingelegte Zwiebeln.*

FÜR 4 BIS 6 PERSONEN

250 g *roulade* oder Pancetta, ersatzweise luftgetrockneter durchwachsener Speck, in 1½ cm dicke Würfel geschnitten
1 gelbe Zwiebel, unzerkleinert
4 Steckrüben, geschält und geviertelt

*Fortsetzung nächste Seite*

- 6 fest kochende Kartoffeln, ungeschält geviertelt
- 4 Möhren, geschabt und in 5 cm lange Stücke geschnitten
- 4 oder 5 Zweige frischer Thymian
- 2 frische Lorbeerblätter oder 1 getrocknetes Lorbeerblatt
- 6 ganze Nelken
- 4 Wacholderbeeren
- 4 EL gehackte frische glatte Petersilie
- 12 schwarze Pfefferkörner
- 1½ TL Salz
- 1 Wirsingkohl, geputzt und Strunk entfernt, in keilförmige Stücke geschnitten
- 12 milde oder würzige, nicht zu fette Schweinswürstchen

◆ Die *roulade* (beziehungsweise die Pancetta oder den durchwachsenen Speck), die Zwiebel, die Steckrüben, die Kartoffeln, die Möhren, den Thymian, den Lorbeer, die Nelken, die Wacholderbeeren, die Petersilie und die Pfefferkörner zusammen in einen schweren Suppentopf geben. So viel Wasser dazugießen, dass es 5 Zentimeter über den Zutaten steht, dann das Salz hinzufügen. Bei mittlerer bis hoher Temperatur zum Kochen bringen und den Schaum, der sich auf der Wasseroberfläche abgesetzt hat, abschöpfen. Nun bei niedriger Temperatur ohne Deckel 15 Minuten köcheln lassen.

◆ Den Wirsingkohl dazugeben, 10 Minuten später die Würstchen. Ungefähr 30 Minuten köcheln lassen, bis die Würstchen gar sind und der Wirsingkohl sich mit der Brühe verbunden hat. (Die gesamte Kochzeit beträgt etwa 1 Stunde.)

◆ Mit Hilfe eines Sieblöffels die *roulade*, die Würstchen und das Gemüse aus der Brühe nehmen und alles auf einer Platte anrichten. Mit etwas Brühe übergießen und heiß servieren.

Schaf,
Ziege
&
Schwein

## REZEPTE

*Pâté maison*

◆

*Caillette*

◆

*Boudin noir*

◆

*Lammkoteletts mit Rosmarinsauce*

◆

*Gratin aus Lammfleisch, weißen Bohnen und getrockneten Tomaten*

◆

*Lammragout mit frischen Erbsen*

◆

*Zicklein mit Kartoffeln und Knoblauch*

◆

*Würziges Ragout vom Schwein*

◆

*Schweinebraten mit Rotweinglasur*

◆

*Schweinemedaillons mit grünen Oliven*

In der rauen, kargen Landschaft der Haute Provence gehören grasende Schafe und Ziegen zum gewohnten Bild. Sie sind die einzigen Herdentiere, die von dieser mageren Kost leben können. Immerhin finden sie so viel Nahrung, dass sie gut gedeihen, Junge gebären und Milch produzieren. In der Vergangenheit waren diese Tiere für die Bewohner der Region lebensnotwendig; der Verkauf von Wolle garantierte das Einkommen, und Fleisch, Milch und Käse sicherten die tägliche Ernährung. Die Schafherden wurden gewöhnlich von Ziegen begleitet, oft hielten sich Familien einige Ziegen, um ihren Haushalt mit Milch und Käse zu versorgen.

Die Jungtiere, die Lämmer der Schafe und Ziegen, wurden normalerweise verkauft. Das Fleisch der älteren Tiere, die nicht mehr im gebärfähigen Alter waren, verarbeitete man zu frischer und gepökelter Wurst. Aus Schweinen, deren Mast aus Getreide, Wurzelgemüse, Maronen und Früchten bestand und unproblematisch war, machte man am Schlachttag – der ein besonderes Winterfest war – *boudin noir* und andere Spezialitäten, und es gab köstlich frische Koteletts. Viel wichtiger jedoch waren die Schweine das ganze Jahr über als größte Fleischlieferanten für die Vorratshaltung in Form von *pâté*, luftgetrocknetem Schinken und Würsten.

In manchen Fällen durften Schweine frei im Wald umherstreifen und sich ihre Nahrung selbst suchen, meistens wurden sie jedoch in *porcheries*, in speziellen Ställen für die Muttersau und ihre Ferkel, gehalten. Schafe und Ziegen waren in *bergeries* genannten Stallgebäuden untergebracht. Die mehrstöckigen Wohnhäuser der

Dörfer hatten zu ebener Erde Scheunen und Stallungen mit großen Toren – hier lebten die Ziegen und Schafe.

Die Tiere wurden täglich auf die Wiesen und in den Wald geführt, um zu grasen; abends kehrten sie dann zurück in den Stall, wo sie zusätzlich mit Heu oder etwas Getreide gefüttert und, je nach Jahreszeit, gemolken wurden. Hier bekamen und säugten sie auch ihre Jungen.

Nach dem Ersten Weltkrieg und auch wieder nach dem Zweiten Weltkrieg wurden zahlreiche Gehöfte und Schafställe leer zurückgelassen und dem Verfall preisgegeben. Weniger abgelegene Gebäude fanden schließlich Käufer, die sie restaurierten, und viele *bergeries* wurden, wo es die Bebauungsvorschriften erlaubten, zu Wohnhäusern umgestaltet. Einige der schönsten Häuser in der Haute Provence sind solche ehemaligen Schafställe mit ausladenden, niedrigen Ziegeldächern und massiven Steinmauern. Manche werden immer noch als Stallgebäude benutzt, besonders in den dünner besiedelten Bergregionen. Es ist eine wunderbare Erfahrung, eine *bergerie* von innen zu sehen, wo man von der Wärme und dem beruhigenden Atmen der Tiere, dem Duft von Heu und der Stille umgeben ist.

Im Jahr 1605 wurde *la grande transhumance* – die große Transhumanz – in der Provence offiziell eingeführt; es gibt jedoch Hinweise, dass dieser Brauch bereits im Mittelalter existierte. Als Transhumanz wird eine halbnomadische Fernweidewirtschaft bezeichnet. Für die Schäfer der ganzen Provence bedeutet das, dass sie im Sommer ihre Schaf- und Ziegenherden von den heißen, trockenen Regionen der Plateaus und Täler auf die grünen Almen der Hochalpen hinauftreiben.

Noch bis vor einiger Zeit wurde der Treck zu Fuß bewältigt, von Mensch und Tier gemeinsam, wie es seit fast 400 Jahren der Fall war. Doch seit den siebziger Jahren verwendete man für den Tiertransport immer häufiger Lastwagen, was zwar den Almauftrieb von einer langen Woche auf einige Stunden verkürzte, ihn aber auch seiner Romantik beraubte. Der Auftrieb war in den Dörfern, durch die die Herden zogen, ein Riesenspektakel gewesen und hatte ein solches Zusammengehörigkeitsgefühl geschaffen, dass jetzt, 20 Jahre später, der Auftrieb wieder zu Fuß stattfindet, mit der Unterstützung der lokalen Tourismusbüros.

Die Herden sammeln sich, begleitet von den Schäfern und deren Freunden, von Hunden und Eseln, während der letzten beiden Juniwochen. Die Esel sind beladen mit Kochutensilien, Decken und so viel Verpflegung, dass es für die sechs bis zehn Tage, die der Treck dauern wird, ausreicht. Mit ihren Herden – manche davon bis zu 1000, andere nur 300 oder 400 Tiere groß – machen sich die Schäfer auf den Weg übers Land: Sie folgen den *drailes*, den jahrhundertealten Pfaden der

Transhumanz, entlang an Autobahnen und unbefestigten Straßen, durch Dörfer hindurch, an Bauernhöfen, Obstgärten und Wäldern vorbei, immer weiter hinauf, um die kühlen, grasbewachsenen Täler zu erreichen.

Der sonore Klang der großen Glocken, die von den Leitschafen getragen werden, kündigen schon von weitem den Durchzug des Trecks an. Der Almauftrieb ist jedesmal eine besondere Attraktion, und überall entlang der Strecke, sei es in Wohnhäusern oder in Restaurants, eilen die Menschen an die Tür, um das Schauspiel nicht zu verpassen und um an einem historischen Augenblick teilzuhaben.

*La grande transhumance* hat sich nur wenig verändert, seit ich vor 25 Jahren in der Tür eines Restaurants stand, um mitzuerleben, wie Hunderte von Schafen die Straße und die Bürgersteige ausfüllten und beim Vorbeiziehen ihre weichen Körper an mich drückten. Zum ersten Mal hörte ich ihre Glocken Ende Juni, während ich mit meiner Familie beim Abendessen im Hôtel du Notre Dame in Quinson saß. In der Dämmerung prangte der Abendhimmel in tief lavendelblauem Licht, der Farbe des Sommers in der Haute Provence, darunter wogte ein reifes Weizenfeld, vor dessen blassgoldenem Schimmer sich die vorbeiziehenden Tiere und Menschen eindrucksvoll abzeichneten. Viele Schäfer tragen noch heute die schwarzen breitkrempigen Filzhüte und die schweren braunen oder schwarzen Schäferumhänge, die ich in jener Nacht gesehen habe, sowie den gekrümmten Stab – die traditionelle Tracht und Ausstattung der provenzalischen Schäfer von damals.

In der Haute Provence werden auch Kühe gehalten; verglichen mit der Anzahl der Schafe sind es jedoch relativ wenige, aber auch sie nehmen an der Transhumanz teil. Häufiger ziehen sie allerdings innerhalb eines Departements umher, ohne andere zu durchqueren. Das gilt besonders für das Departement Alpes-de-Haute-Provence, da dort sowohl alpine Regionen wie Barcelonnette, Col d'Allos und Ubaye als auch tiefer gelegene, heißere und trockenere Gebiete wie Moustiers-Ste.-Marie, Riez und Banon zu finden sind.

Die wichtigsten Schlachtbetriebe der Region stehen in Sisteron, aus dem auch das berühmte Sisteron-Lamm stammt, das nicht nur seiner besonderen Zartheit wegen geschätzt wird, sondern auch seines hocharomatischen Fleisches wegen, das die Lämmer durch Grasen auf den Wildkräuterwiesen erhalten. *Agneau de Sisteron* ist häufig auf Aufklebern oder Schildern zu lesen, mit denen Fleischereien in ihren Schaufenstern werben. Fast immer im Angebot sind Keulen, Steaks, Koteletts und Stücke vom Hals; zu Ostern kann man auch ganze Lämmer bestellen.

*Chevreaux* – Ziegenlämmer – können zu Ostern ebenfalls bestellt werden. Als mein Mann und ich Ziegen und Schweine züchteten, wurden wir von den Käufern unseres Käses gefragt, ob wir auch Zicklein verkaufen würden und falls ja, wieviel sie dafür bezahlen müssten und ob sie eines bestellen könnten – wohl wissend, dass es bei uns billiger sein würde als beim Fleischer. So verkauften wir etwa die Hälfte unserer Zicklein und behielten die meisten weiblichen Ziegen für die Zucht im Spätjahr und wegen der Milch im darauf folgenden Frühjahr.

Unsere erste Ziegenherde erstanden wir im Jahr 1970, nachdem wir Kalifornien verlassen hatten, um in Frankreich zu leben. M. Moret, von dem wir unser Haus gekauft hatten, erzählten wir von unserem Vorhaben, Ziegen zu züchten und aus deren Milch Käse herzustellen, den wir dann zum Verkauf anbieten wollten. Er war es, der uns später davon unterrichtete, dass Schäfer in Esparron-du-Verdon ihre Ziegen verkaufen wollten.

Wir verabredeten uns für den nächsten Tag bei ihm zu Hause, um von dort gemeinsam nach Esparron zu fahren. Heute ist Esparron ein Touristenmekka und als Zweitwohnsitz beliebt. Neu erbaute Villen pflastern die Hänge, und moderne Eisdielen und Pizzerias bevölkern den Jachthafen, in dem sich Segelboote und Katamarane in großer Zahl tummeln. Zu jener Zeit war Esparron jedoch noch ein abgelegenes Dörfchen im Hinterland mit nur wenigen Einwohnern. M. Moret parkte das Auto, und wir gingen eine der mit Kopfstein gepflasterten Gässchen hinauf. Unsere Französischkenntnisse waren begrenzt, daher war uns nicht klar, weshalb wir in einem Dorf und nicht an einem Hof anhielten. Doch waren es nicht nur unsere Französischkenntnisse, die begrenzt waren, sondern auch unsere Kenntnisse in punkto Ziegenhaltung in der Haute Provence. Mme. Dovier, die Züchterin, war bereit, sieben ihrer 22 Ziegen, die im Stall – das heißt im Erdgeschoss ihres Wohnhauses – untergebracht waren, an uns zu verkaufen. Wir begriffen erst alles, als sie die großen schweren Holztore öffnete, um uns in den Stall zu lassen, damit wir die Tiere selbst begutachten konnten.

Wir waren fasziniert und einigten uns mit Mme. Dovier auf einen Preis von 50 Franc pro Tier. Am nächsten Tag holte M. Moret die Ziegen ab und brachte sie zu uns, wo wir gleich versuchten, die Namen der Ziegen zu lernen: Café au lait, Reinette und Lassie, mit Betonung auf der letzten Silbe. Die Tierzucht war uns völlig fremd, so ernteten wir mit unseren ersten Versuchen, die Ziegen unter Kontrolle zu halten, Gelächter wie auch Anteilnahme im Dorf. Wir gossen Autoreifen mit Zement aus, die wir sozusagen als Anker an jeweils einer Ziege befestigten. Es funktionierte nicht. Als nächstes versuchten wir, unsere Tiere an langen Seilen anzubinden, die wir um tief in den Boden getriebene Metallpfähle wickelten. Diese Methode funktionierte nur leidlich besser.

Als wir im folgenden Frühjahr in ein Haus umzogen, das auf der gegenüberliegenden Seite des Tales am Waldrand lag, schafften wir uns einen – angeblich abgerichteten – Schäferhund an und begannen, einen großen Teil des Tages mit den Ziegen im Wald umherzuziehen. Abends wurden sie zusätzlich mit Gerste gefüttert und anschließend gemolken. Lassie, unsere älteste Ziege, überlebte den Winter nicht. Sie war unsere erste Ziege, die starb, und wir waren sehr traurig. Wir begruben sie feierlich, was – so erfuhren wir später – in der Geschichte der hiesigen Ziegenhaltung einmalig war, denn jeder sonst wusste, dass man Tiere, die den nächsten Winter voraussichtlich nicht überlebten, schlachtete und verspeiste.

Die nächste Gruppe von Ziegen kauften wir einige Monate später von zwei Brüdern, die den Winter mit ihren Schafen in La Motte, nicht weit entfernt von St.-Julien-le-Montagnier, verbrachten. Das alte, steinerne Bauernhaus in La Motte stand direkt an der hochgelegenen Straße und überblickte das darunter liegende Tal. Die Brüder Audibert waren uns von ihrem Äußeren und ihrem Ruf her bekannt, denn wir hatten sie und ihre Haushälterin, wie sie genannt wurde, bereits gesehen; sie waren in ihrem alten schwarzen Citroën im Dorf umhergefahren, die Baskenmützen tief in die Stirn gezogen, oder hatten das Auto in der Nähe geparkt und saßen bei einer Zigarette und einem Pastis im Café. Daher wussten wir, dass wir richtig waren, als uns der Citroën ins Blickfeld kam, der unter einem einzelnen Maulbeerbaum neben dem Haus stand.

Wir gingen die Stufen zur Haustür hinauf, die nur leicht angelehnt war, und klopften. Die Tür schwang auf, und wir hörten eine Stimme aus dem Inneren rufen: »Entrez«. Unser Französisch war mittlerweile etwas besser geworden, auch wussten wir nun mehr von den einheimischen Bräuchen, und als einer der Brüder, der an einem massiven Holztisch saß, auf dem eine Flasche Wein, zwei Gläser, ein Zipfel Hartwurst, Brot und ein scharfes Messer versammelt waren, uns davon anbot – um halb elf am Morgen –, sagten wir ja. Der andere Bruder kam dazu und brachte Stühle und weitere Gläser. Auch bei geschäftlichen Angelegenheiten fiel man nicht gleich mit der Tür ins Haus. Das vorangehende höfliche Gespräch war mindestens genauso wichtig wie das Geschäft selbst. Der Raum hatte weiß getünchte Wände, die jedoch mit der Zeit gelblich und an manchen Stellen sogar schwarz geworden waren, was offensichtlich vom steten Rauch der offenen Feuerstelle herrührte, wo man aus der noch glühenden Asche und der an die Seite gerückten Kaffeekanne schließen konnte, dass die Brüder vermutlich hier kochten. Ein nach Osten blickendes Fenster und die teilweise offen stehende Haustür waren die einzigen Lichtquellen.

Nachdem wir eine Weile über das Wetter geredet und den Brüdern als Antwort auf ihre Nachfrage erzählt hatten, wo wir herkamen, was eine Diskussion über Amerikaner nach sich zog, die während des Zweiten Weltkriegs in dieser Region gewesen waren, wandten wir uns allmählich dem Thema Ziegen zu.

Die Brüder Audibert waren tatsächlich entschlossen, ihre Ziegen zu verkaufen, da sie nicht mehr am Almauftrieb teilnehmen wollten. Sie hatten vor, sich niederzulassen und in ein Haus im Dorf zu ziehen; für ihre Schafe hatten sie eine in der Nähe gelegene *bergerie* gemietet. Wir erstanden 13 trächtige Ziegen, so dass wir nun einen *troupeau* – eine Herde – von 25 Tieren besaßen.

Zu Ostern verkauften wir das erste Mal einige Zicklein zum Schlachten; wir selbst wollten jedoch keine essen. Unsere damaligen Nachbarn, M. und Mme. Brumet, waren entsetzt und klärten uns darüber auf, dass frisches Zicklein zu den ganz besonderen Delikatessen gehört. Sie boten sich an, uns die traditionelle Zubereitungsmethode zu zeigen und nach der morgendlichen Schlachtung gemeinsam mit uns das Mittagsmahl zuzubereiten. Wir nahmen das freundliche Angebot an.

Am Schlachttag nach dem Frühstückskaffee begleitete ich M. Brumet in die Küche. Während ich ihm zusah, wie er Frühlingszwiebeln und Knoblauch hackte und mit etwas Olivenöl in eine Pfanne gab, erklärte er mir, dass dies, eine *friture du sang,* der erste Gang sei. Ich sollte die Pfanne mit dem Olivenöl, dem Knoblauch und den Frühlingszwiebeln halten und damit das Blut auffangen, was ich auch tat. Es gerann zu einer Crêpe, die wir später auf dem Herd unter Wenden anbrieten. Die fertige *friture du sang* wurde in Tortenstücke geschnitten, und obwohl ich zuerst einige Abneignung dagegen verspürte – wie beim ersten Mal, als ich Blutwurst probierte –, fand ich sie dann wirklich köstlich.

Als Hauptgang wurden die sautierten *abats*, die Innereien – Herz, Nieren, Lungen und Leber –, serviert. Sie waren ebenfalls in Olivenöl gebraten worden, zusammen mit Knoblauch, Salz, Pfeffer und viel Petersilie. Die weitere Mahlzeit bestand aus knusprigem Brot von der hiesigen Bäckerei, einem großen grünen Salat und natürlich aus Ziegenkäse, den wir beigesteuert hatten. Dazu tranken wir Rotwein. Zum Dessert hatte Mme. Brumet aus Winteräpfeln, deren Vorrat sich nun dem Ende zuneigte, eine Apfeltarte gebacken, die wir mit Vanilleeiscreme von einem *glacier* aus Aups verspeisten. Nach einer abschließenden Tasse starkem schwarzen Kaffee verabschiedeten wir uns. Als Dankeschön schenkten wir Mme. und M. Brumet eine der beiden Lammkeulen; die andere *gigot* – großzügig mit Knoblauch gespickt und mit Olivenöl bestrichen – grillten wir über unserer offenen Feuerstelle, die wir, wie die Brüder Audibert, zum Kochen nutzten.

Das Fleisch von älteren Ziegen und Schafen kann man ebenfalls verzehren, für beides ist jedoch eine andere Zubereitung erforderlich, da das Fleisch von Tieren in fortgeschrittenem Alter nicht mehr so zart ist. Der Geschmack ist ausgeprägter, was sich am intensivsten beim Fett auswirkt. Während dieser Jahre aßen wir Hammelkoteletts wesentlich häufiger als Lammkoteletts, wobei ich vor dem Zubereiten immer das Fett entfernte. Wir entwickelten eine derart starke Vorliebe für den Geschmack von Hammelfleisch, dass wir es regelrecht vermissten, als wir wieder in Kalifornien lebten. Wir kauften Lammfleisch, doch besaß dies weder den Lamm- noch den Hammelgeschmack der Haute Provence.

Zu dieser Zeit unterrichtete ich an einer Highschool in Nordkalifornien. Dort hatte ich einen Schüler, der Mitglied im Verein Future Farmers of America war (ein Verein, in dem zukünftige amerikanische Jung-Landwirte ihre Freizeit verbringen und sich auf verschiedenen beruflich relevanten Fachgebieten weiterbilden können). Der junge Mann züchtete nicht nur Schafe, sondern arbeitete auch für einen der größten Schafschlachthöfe des oberen Central Valley. Von ihm konnte ich ein zweijähriges Schaf kaufen. Auf einer Kräuterfarm bei Dixon erhielt ich Thymian, so dass wir einen Sommer lang in den Genüssen schwelgen konnten, die uns so sehr mit unserem alten Leben in Frankreich verbanden: Wir ließen es uns gut gehen bei gegrillten Hammelkoteletts mit Thymian und gartenfrischen Tomaten. Außerdem froren wir einen Teil des Fleischs als Vorrat für winterliche Eintopfgerichte und Braten ein.

Nur noch wenige unserer Nachbarn und Bekannten in Frankreich hielten selbst Ziegen und Schafe, so waren Zicklein und Lämmer nahezu eine Rarität. Ein Schwein hingegen war immer noch eine Notwendigkeit. Im Frühling kaufte man ein Ferkel, das man das Jahr über mästete, um es dann im Winter zu schlachten. Jedes noch so kleine Teilchen wurde verwendet, hauptsächlich für die Herstellung von haltbaren Fleischwaren wie *pâté, petit salé, jambon cru* und *saucissons* als Vorrat, den die Familie übers Jahr verbrauchen konnte. Manche Teile und Organe waren für das traditionelle Mittagessen am Schlachttag selbst reserviert. Sowohl Nachbarn als auch Verwandte halfen mit, denn es sind nicht nur vier starke Männer vonnöten, um das Schwein beim Schnitt durch die Halsschlagader festzuhalten, es werden auch viele fleißige Hände bei der Herstellung von *boudin, pâté, saucisson, caillettes, rillettes* und anderen traditionellen Fleischzubereitungen gebraucht. Für Männer wie Frauen war dieser Tag ein gesellschaftliches Ereignis. Die Männer kümmerten sich um die Schlachtung und das Einsalzen des Fleisches, während die Frauen das Fleisch für die weitere Verarbeitung und zum Kochen vorbereiteten.

Ausnehmend wichtig war dabei die Herstellung von *jambon cru* und *roulade,* was besonderes Können erforderte, da die Schinken und der frische durchwachsene Speck durch Einsalzen und Aufhängen haltbar gemacht wurden. Beides war und ist bis heute ein wichtiger Bestandteil der Ernährung – nicht nur als für sich genossene Spezialitäten, sondern auch als Aromazutaten in *daubes*, Ragouts, Salaten, Nudelgerichten und Gerichten mit Obst und Gemüse, wodurch die Speisen ihren typischen regionalen Charakter erhalten.

Zu Beginn der Verarbeitung bereitete man in einem Pökelgefäß – einem *saloir* genannten Holzkasten mit schrägen Wänden und einem Loch auf einer Seite – ein Bett aus Steinsalz, legte darauf die Schinken und bedeckte sie mit weiterem Salz. Über einen Zeitraum von 20 Tagen wendete man sie nun täglich, wobei man nach Bedarf noch mehr Salz dazugab. Nach dieser Zeit wurden die Schinken mit schwarzem Pfeffer eingerieben, locker in Tücher eingeschlagen und zum vollständigen Trocknen in einem kühlen, luftigen Raum aufgehängt. Die ersten Scheiben des fertigen Schinkens wurden nach alter Tradition zu Beginn der Weinlese im Oktober,etwa neun Monate später, abgeschnitten.

Zur selben Zeit stellte man auch die *roulade* her, die möglicherweise unter ihrem italienischen Namen Pancetta besser bekannt ist. Flach ausgebreitet wurde der Schweinebauch mit einer Mischung aus Salz, Pfeffer, Thymian, gemahlenem Wacholder und Winterbohnenkraut bestrichen, anschließend fest aufgerollt und gut mit Garn verschnürt. Dann kam die *roulade* in das Pökelgefäß, wo sie unter Wenden über einen Zeitraum von fünf bis sechs Tagen eingesalzen wurde. Danach wickelte man sie in Tücher und hing sie zum Lufttrocknen auf. Innerhalb von vier bis fünf Monaten war sie soweit gereift, dass man sie als Würzzutat verwenden oder in Scheiben geschnitten auf einer *charcuterie*-Platte servieren konnte.

Heutzutage ist der Brauch, selbst ein Ferkel bis zur Schlachtreife zu mästen – was in der Haute Provence bis in die siebziger Jahre noch gang und gäbe war –, fast verschwunden. Er wird nur noch von der älteren Generation praktiziert und auch da im allgemeinen nur in den abgelegeneren Regionen. Dennoch hat die Begeisterung für alles, was vom Schwein kommt, keineswegs nachgelassen.

Viele meiner Nachbarn kaufen sich immer noch ein frisches halbes Schwein oder eine Portion frisches Schweinefleisch, um – ohne die Mühen der Aufzucht des Tieres und der Schlachtung – ihre Lieblingspasteten und ihren eigenen Schinken herzustellen. In Fleischereien, Supermärkten, Lebensmittel- und Delikatessengeschäften findet man alles, was man für eine *charcuterie*-Platte braucht: mit Wacholder gewürzte, grobe *pâté de campagne*; samtig zarte *pâtés de foie*, pur oder mit Trüffeln oder Wildpilzen; *jambon cuit* und *jambon cru*; und sehr gehaltvolle *rillettes* und *caillettes* sowie *fromage de tête* (Schweinskopfsülze). Sandwiches mit gekochtem oder rohem Schinken und mit *pâté* werden in jedem Café serviert, und es gibt nur wenige Dinge, die besser schmecken als eine knusprig frische halbe Baguette, aufgeschnitten, auf beiden Seiten mit Butter bestrichen und mit französischem Schinken belegt. Zusammen mit einem kalten *demi-pression* – einem Bier vom Fass – zählt dies meiner Meinung nach zu den köstlichsten Mittagessen, die man in Frankreich zu sich nehmen kann. Schweinefleisch wird stets gern serviert und verzehrt; ganze Platten voll gegrillter Schweinekoteletts werden im Sommer draußen und im Winter drinnen zubereitet, immer aromatisiert mit Kräutern. *Rôti de porc,* ein gerollter gebundener Schweinebraten, der kalt mit Senf und Cornichons oder heiß im eigenen Saft von Kartoffelpüree umgeben serviert wird, gehört zum Standardrepertoire jedes Haushalts und Restaurants.

Als wir unsere Ziegen kauften, meinte M. Gos, ein Schweinezüchter aus dem Dorf, dass wir ebenfalls Schweine aufziehen und sie als Mastschweine verkaufen sollten, da eine große Nachfrage bestehe. Er selbst werde älter und könne nicht mehr so viele Schweine wie früher halten, doch wolle er nicht all die Leute enttäuschen, die sich jahrelang darauf verlassen hatten, ihre ein bis zwei Schweine pro Jahr bei ihm zu kaufen. Die Molke, die bei der Käseherstellung anfiel, so sagte er uns, sei mit Kleie vermischt ein hervorragendes Schweinefutter. Er machte uns darauf aufmerksam, dass unser kleiner Hof eine *porcherie* besaß, und so beschlossen wir, den Versuch zu wagen, und kauften eine Sau. Wir nannten sie Lucretia. Sie war ein süßes, winziges Ferkel, als wir sie kauften, und gehörte sofort zur Familie. Zur Familie gehört sie immer noch, doch ist aus ihr ein Schwein von enormen Ausmaßen geworden. Drei Monate nach der Paarung bescherte sie uns einen Wurf winziger Ferkel, den wir zu gegebener Zeit an M. Gos' Kunden verkauften.

# Pâté maison

*Jede Familie, jeder* charcutier *und jeder* traiteur *der Haute Provence hat ein eigenes Rezept für die* pâté de campagne, *und keines gleicht dem anderen. Die Fleischsorte, das verwendete Stück und seine Qualität, die Frische und die Qualität der Gewürze, das Verhältnis von Fleisch zu Speck, ob das Fleisch und der Speck von Hand zerkleinert oder durch den Fleischwolf gedreht wurden – all das bringt weitere Unterschiede mit sich. Die in diesem Rezept vorgestellte Pastete lässt sich sehr einfach zubereiten; sie besteht lediglich aus Teilen vom Schwein, die mit Wacholder, Knoblauch, Salz und Pfeffer gewürzt sind.*

*Ich empfehle das Zerkleinern des Fleisches von Hand, wie es auch viele meiner Nachbarn auf dem Land tun, im Gegensatz zu den Dorfbewohnern, die den mechanischen Fleischwolf bevozugen, doch erhält man auf beide Arten eine köstliche* paté. *Durch das Zerkleinern von Hand wird ihre Konsistenz grober und abwechslungsreicher, während die durch den Fleischwolf gedrehte Masse homogener ist. Verlangen Sie bei Ihrem Fleischer frischen Rückenspeck, auch als grüner Speck bezeichnet, und Schweinenetz (die aus feinem Fettgewebe bestehende Eingeweidehaut des Bauchfells). Sie sollten mageres Fleisch, beispielsweise aus der Keule, verwenden. Das Verhältnis ist maßgeblich, wobei die jeweils exakte Menge von magerem Fleisch und Fett vom Gewicht der verwendeten Schweineleber abhängt. Anstelle von tiefgefrorener Schweineleber bestellen Sie lieber frische Schweineleber bei Ihrem Fleischer, da dadurch sowohl die Konsistenz als auch der Geschmack Ihrer Pastete noch besser wird.*

ERGIBT ETWA 1,75 BIS 2 KG PASTETE

1 kg frische Schweineleber
1 kg Schweinekeule
1 kg frischer Rückenspeck
1 kleine Knoblauchknolle
2 EL schwarze Pfefferkörner
2 EL Wacholderbeeren
4 EL Salz
1 Stück Schweinenetz (25 x 30 cm) oder dieselbe Menge frischer Rückenspeck (½ cm dicke Scheiben)
Mehl und Wasser zum Anrühren einer Paste

◆ Den Backofen auf 160 °C vorheizen.

◆ Die Leber, das Fleisch und den Speck jeweils separat fein zerkleinern und beiseite stellen. Die Knoblauchknolle in einzelne Zehen zerteilen, schälen und fein hacken. Die Pfefferkörner und die Wacholderbeeren zusammen in einer Gewürzmühle mahlen. In einer großen Schüssel Leber, Fleisch und Speck, Knoblauch, Pfeffer, Wacholder und Salz mit den Händen gründlich vermischen. (Bei Verwendung eines Fleischwolfs das Fleisch und den Speck zuerst in Stücke schneiden, bevor sie durchgedreht werden. Die verschiedenen Fleischstücke können zusammen oder separat durchgedreht werden. Anschließend werden die Gewürze mit den Händen untergeknetet.) Eine kleine Portion der Masse anbraten und probieren, ob weiteres Würzen erforderlich ist. Dabei ist aber zu beachten, dass die Pastete beim Durchziehen ein intensiveres Aroma bekommt.

◆ Eine Pastetenform oder eine Brotbackform mit dem Schweinenetz auskleiden, an den Seiten überlappen lassen. Bei Verwendung von Rückenspeck die Form mit sich überlappenden Scheiben auslegen, dabei einige Scheiben zum Bedecken der Pastete übrig lassen. Die Masse in die Form geben und mit dem Schweinenetz oder dem Speck abdecken. Aus dem Mehl und dem Wasser eine Paste anrühren und damit die Ränder der Form bestreichen. Den Deckel darauf setzen. Durch die Paste wird die Form während des Garvorgangs versiegelt. Alternativ kann man eine Brotbackform verwenden, die mit Alufolie fest verschlossen wird. Die Form in einen größeren Topf oder einen Bräter stellen und diesen mit heißem Wasser füllen, so dass die Pastetenform bis zur Hälfte im Wasser steht.

◆ Die Pastete im Backofen etwa 2½ Stunden garen, bis klarer Fleischsaft austritt, wenn sie mit einem Messer eingestochen wird.

◆ Aus dem Backofen nehmen und den Fleischsaft abgießen. Den Deckel durch einen Teller ersetzen, der durch ein Gewicht beschwert wird (ich verwende dazu einen in Alufolie gewickelten Ziegelstein). Den Teller auf die Pastete drücken, damit sie zusammengepresst wird und weiterer Fleischsaft austritt, der ebenfalls abgegossen wird. Die Pastete abkühlen lassen, dann immer noch mit dem Gewicht beschwert für mindestens 12 Stunden, am besten jedoch für 24 Stunden, in den Kühlschrank stellen. Danach das Gewicht entfernen und die Pastete mit dem Deckel der Form oder mit Frischhaltefolie oder Alufolie abdecken.

◆ Die *pâté maison* zum Servieren in etwa 1 cm dicke Scheiben schneiden. Im Kühlschrank ist sie bis zu 10 Tagen haltbar.

# Caillette

Caillettes, *die Bestandteil des* charcuterie-*Angebots sind, werden traditionell am Schlachttag aus Leber, Herz, Lunge, Nieren sowie Schulter- und Beinfleisch zubereitet. Man schneidet Innereien und Fleisch in Würfel und vermischt sie mit zerkleinertem frischem Rückenspeck. Die Masse wird gewürzt, zu Kugeln geformt, in Schweinenetz gewickelt und im Backofen gegart. Eine Scheibe* caillette *mit Dijon-Senf und sauer eingelegtem Gemüse ist immer eine delikate Vorspeise.*

*Manche Zutaten sind möglicherweise nicht so leicht erhältlich, doch dürfte ein gutes Fleischerfachgeschäft in der Lage sein, sie zu beschaffen. Auf dem Land könnten Sie auch einen Fleischer fragen, der Hausschlachtungen macht. Ist Lunge nicht erhältlich, den Anteil Schweineschulter auf 1 kg erhöhen.*

ERGIBT 10 CAILLETTES; 1 CAILLETTE REICHT FÜR 4 PERSONEN

500 g Schweineleber
500 g Schweinelunge
500 g Schweineherz
500 g Schweinenieren
750 g Schweineschulter
125 g frischer Rückenspeck
8 Knoblauchzehen, fein gehackt
80 g frische glatte Petersilie, gehackt
20 g frische Thymianblättchen
1 EL Salz
2 EL schwarzer Pfeffer aus der Mühle
10 Stücke Schweinenetz (je etwa 20 x 20 cm)

◆ Den Backofen auf 160 °C vorheizen.
◆ Alle Sehnen und Adern von Leber, Lunge und Herz entfernen. Von den Nieren das Fett abschneiden. Leber, Lunge, Herz, Nieren und Schweineschulter in Würfel von etwa 1 cm Größe schneiden; den frischen Speck fein hacken. Alles in eine Schüssel geben, Knoblauch, Petersilie, Thymian, Salz und Pfeffer hinzufügen. Gründlich vermischen, dann zu 10 Kugeln von der Größe einer Grapefruit formen. Jede Kugel in ein Stück Schweinenetz wickeln und auf ein Backblech setzen.

◆ Die *caillettes* etwa 2 Stunden backen, bis sie eine tiefbraune Farbe haben und gar sind. Aus dem Ofen nehmen, abkühlen lassen, abdecken und in den Kühlschrank stellen, wo sie bis zu 10 Tagen haltbar sind. Man kann sie auch einfrieren; sie halten sich dann bis zu 6 Monaten.

◆ Leicht gekühlt oder zimmerwarm servieren, dazu die *caillettes* in etwa 1 cm dicke Scheiben aufschneiden.

## Boudin noir

*Meine erste Begegnung mit der Blutwurst fand kurz nach unserem Umzug in die Haute Provence statt, als ich bei einer Bekannten eingeladen war. Nach einer einfachen und »harmlosen« Vorspeise aus Möhrensalat, dünn aufgeschnittenem Schinken und Oliven sah ich, wie eine Platte voll schwarzer Würste aufgetragen wurde – ich war entsetzt. Auch wenn ich kurz mit dem Gedanken spielte, mich hinter meinem Ausländertum zu verstecken, war mir doch klar, dass es unglaublich unhöflich wäre, die* boudin *nicht zu essen. Die Gastgeberin, die später eine gute Freundin von mir wurde, reichte die Platte herum und erklärte dabei, dass es sich bei den Würsten um ein ganz besonderes Gericht ihrer Familie handelte und dass man sie stets mit viel Kartoffelpüree und Apfelmus servierte.*

*Also ließ ich mir meine Portion reichen – und war vom ersten Bissen an hingerissen. Blutwurst gehört seitdem zu meinen französischen Lieblingsgerichten. In Frankreich erhält man sie bei jedem Fleischer und im Supermarkt, und wenn ich dort bin, koche ich* boudin noir *mindestens jede Woche oder alle zwei Wochen.*

*Über die Jahre – und vor allem, als wir gerade wieder nach Kalifornien umgezogen waren – kauften wir einige Male ein Schwein von etwa 70 kg, schlachteten es zusammen mit Freunden und ließen so die Schlachtfeste wieder aufleben, die wir in Frankreich so gern gefeiert hatten. Es war stets die* boudin, *auf die ich mich am meisten freute. Ich selbst hielt den Eimer, in dem das Blut gesammelt wurde, und rührte es immer und immer wieder um, damit es nicht gerann. In der Nacht zuvor hatte ich 10 kg Zwiebeln gehackt und sie in einen Kopfkissenbezug gefüllt zum Abtropfen aufgehängt. Am Schlachttag selbst vermischte ich sie mit Salz, Pfeffer, Cayennepfeffer, gemahlenen Fenchelsamen und Viergewürzpulver*

*Fortsetzung nächste Seite*

*und garte sie sanft in dem vom Schwein gewonnenen weichen Fett. Mit Hilfe eines weiten Trichters füllte ich die Wurstmasse dann in Wursthäute aus Darm, den ich zuvor ausgespült und gesäubert hatte, und band etwa alle 12 cm eine Wurst ab. In einem großen Kessel fing das Wasser zum Pochieren der Würste gerade zum richtigen Zeitpunkt an zu kochen und einige Weidenstecken standen ebenfalls bereit. Mehrere Wurstketten wurden nun an die Weidenstecken gebunden und diese über den Kessel gelegt. Doch zuvor mussten die Würste hier und da mit einer Nadel eingestochen werden, damit sie beim Pochieren nicht platzten. Sobald die ins heiße Wasser hängenden Würste gar waren, wurden sie herausgenommen und zum Trocknen aufgehängt, bevor sie für das Mittagessen gebraten werden konnten.*

ERGIBT ETWA 40 WÜRSTE

5 kg gelbe Zwiebeln
1,5 kg frischer Rückenspeck, grob zerkleinert
1 EL gemahlene Fenchelsamen
2 TL frisch geriebene Muskatnuss
1 TL gemahlener Piment
4 EL schwarzer Pfeffer aus der Mühle
2 l frisches Schweineblut
250 ml Schlagsahne
3 EL Salz
10 m Schweinedarm, gründlich gereinigt
Butter und natives Olivenöl extra zum Braten

◆ Am Abend zuvor die Zwiebeln grob hacken und in einen sauberen Kopfkissenbezug oder einen Stoffbeutel füllen. Den Bezug aufhängen, darunter eine Schüssel stellen, um den ablaufenden Zwiebelsaft aufzufangen. Am nächsten Tag die Zwiebeln in einer großen Pfanne bei mittlerer Temperatur mit der Hälfte des frischen Specks, den gemahlenen Fenchelsamen, dem Muskat, Piment und Pfeffer braten, bis die Zwiebeln glasig sind und das Fett vollständig ausgelassen ist. Vom Herd nehmen und auf Zimmertemperatur abkühlen lassen. Die Zwiebeln mit dem ausgelassenen Fett und dem restlichen Speck durch den Fleischwolf drehen. Mit dem Blut, der Schlagsahne und dem Salz vermischen.
◆ Zum Füllen des Schweinedarms ein Ende des Darms über einen weiten Trichter stülpen und festbinden. Mit einer Schöpfkelle oder einem Löffel die Wurstmasse in den Trichter geben. Die Wursthaut füllen, bis die Masse aufgebraucht ist. Etwa alle 12 cm eine Wurst mit Küchengarn abbinden.

◆ In einem großen Topf Wasser zum Kochen bringen. Jede Wurst an mehreren Stellen mit einer Nadel einstechen und in den Topf geben. Die Temperatur auf mittel bis niedrig reduzieren und das Wasser etwa 30 Minuten leicht sieden lassen, bis beim Einstechen in eine Wurst klarer Fleischsaft austritt. Die Würste mit einer Zange vorsichtig aus dem Wasser nehmen und zum Abtropfen beiseite legen. Der optimalen Luftzirkulation wegen ist es noch besser, sie aufzuhängen.

◆ Nach dem Abkühlen kann man die Würste in Frischhaltefolie einschlagen; so sind sie einige Tage lang im Kühlschrank haltbar. Zum Braten in einer Pfanne etwas Butter mit wenig Olivenöl bei mittlerer Temperatur erhitzen. Die Würste dazugeben und bei niedriger Temperatur 7 bis 8 Minuten braten; dabei wenden, damit sie auf beiden Seiten gebräunt und vollständig heiß sind.

# Lammkoteletts mit Rosmarinsauce

*Lamm- und Hammelkoteletts kommen in der Haute Provence häufig auf den Tisch, sei es zu Hause oder im Restaurant. Oft werden sie mit einer Sauce serviert, die auf den typisch regionalen Aromen basiert. In diesem Rezept sind es Rosmarin und Ziegenkäse, die ihren einzigartigen südfranzösischen Beitrag leisten.*

FÜR 4 PERSONEN

½ TL Salz
4 magere Lammkoteletts aus der Keule oder der Schulter, gut 1 cm dick geschnitten, je 150 bis 250 g schwer
1 TL schwarzer Pfeffer aus der Mühle
1 TL fein gehackter frischer Rosmarin, zusätzlich 5 Zweige Rosmarin
180 ml trockener Weißwein
120 ml Geflügelfond
60 g Ziegenfrischkäse

*Fortsetzung nächste Seite*

◆ Den Grill vorheizen. In einer ofenfesten Pfanne das Salz bei hoher Temperatur erhitzen; die Pfanne sollte groß genug sein, um die Koteletts nebeneinander in einer Lage aufzunehmen. Die richtige Temperatur ist erreicht, wenn ein in die Pfanne gespritzter Wassertropfen zischt. Nun die Lammkoteletts hineinlegen und 2 bis 3 Minuten braten, bis die untere Seite gebräunt ist. Dann wenden, mit dem Pfeffer würzen und die andere Seite 2 Minuten braten. Den gehackten Rosmarin hinzufügen, dann die Koteletts noch zweimal wenden. Vom Herd nehmen und unter dem Grill bis zum gewünschten Grad fertig garen; etwa 5 Minuten, wenn sie innen noch etwas blutig (rare) und 7 Minuten, wenn sie rosa (medium) sein sollen. Falls nötig, erneut wenden. Aus der Pfanne nehmen und warm halten.

◆ Die Pfanne wieder auf den Herd stellen und auf mittlere bis hohe Temperatur schalten. Den Weißwein zugießen und den Bratensatz vollständig mit dem Kochlöffel losschaben. Den Geflügelfond und 1 Rosmarinzweig dazugeben. Um ein Drittel einkochen lassen, den Rosmarinzweig entfernen. Dann den Ziegenfrischkäse unterziehen, damit die Sauce sämig wird.

◆ Die heißen Koteletts auf einer vorgewärmten Servierplatte oder auf einzelnen Tellern anrichten und jedes Kotelett mit einem Löffel Sauce beträufeln. Mit den restlichen Rosmarinzweigen garnieren.

# Gratin aus Lammfleisch, weißen Bohnen und getrockneten Tomaten

*Lamm und Bohnen sind in der Haute Provence eine klassische Kombination. Man kann runde weiße Coco-Bohnen (frisch oder getrocknet) verwenden; kleine, ovale weiße Bohnen sind ebenfalls gut geeignet. 1 bis 2 EL* coulis *(Seite 151) oder etwas Tomatenmark können anstelle der getrockneten Tomaten verwendet werden, doch geben letztere dem Gericht mehr Konsistenz und Geschmack. Die Bohnen werden separat gekocht und mit Lorbeerblättern, Winterbohnenkraut und zum Schluss noch mit den getrockneten Tomaten aromatisiert. Lässt man die getrockneten Tomaten weg, sind die Bohnen eine Beilage zu verschiedenen Fleischgerichten. Die Lammhachse wird geschmort, dann wird das Fleisch vom Knochen gelöst und zu den gekochten Bohnen gegeben. Das Gericht könnte nun bereits serviert werden, doch als Gratin ist es raffinierter.*

FÜR 4 ODER 5 PERSONEN

*Bohnen:*
200 g getrocknete Coco-Bohnen oder andere weiße Bohnen
1,75 l Wasser
1 TL Salz
2 frische Lorbeerblätter oder 1 getrocknetes Lorbeerblatt
4 EL fein gehacktes frisches Winterbohnenkraut
8 ungesalzene getrocknete Tomatenhälften

*Lamm:*
2 Lammhachsen, zusammen etwa 750 g
½ TL Salz
½ TL schwarzer Pfeffer aus der Mühle
½ gelbe Zwiebel, gewürfelt
1 Möhre, geschabt und gewürfelt
2 Stangen Sellerie, gehackt
1 EL fein gehackter frischer Rosmarin
125 ml trockener Weißwein
125 ml Geflügelfond

*Fortsetzung nächste Seite*

*Kruste:*
2 EL Butter
70 g getrocknete grobe Semmelbrösel
¼ TL Salz
½ TL schwarzer Pfeffer aus der Mühle
4 EL fein gehackte frische glatte Petersilie

◆ Die Bohnen verlesen, dabei Steinchen und andere Verunreinigungen aussortieren. Die Bohnen in eine Kasserolle geben und das Wasser, das Salz, die Lorbeerblätter und 2 EL des Winterbohnenkrauts hinzufügen. Zum Kochen bringen, dann auf niedrige Temperatur schalten und 2 bis 2½ Stunden köcheln lassen, bis die Bohnen gar sind. Abgießen, dabei 400 ml der Kochflüssigkeit auffangen. Die Bohnen in der Kasserolle beiseite stellen.

◆ Die getrockneten Tomaten in eine Schüssel geben, mit 250 ml der aufgefangenen Bohnenflüssigkeit übergießen und 10 bis 15 Minuten stehen lassen, bis sie weich sind. In einer Küchenmaschine oder einem Mixer 100 g Bohnen zusammen mit den eingeweichten Tomaten und deren Flüssigkeit pürieren. Beiseite stellen.

◆ Während die Bohnen garen, die Lammhachsen vorbereiten. Den Backofen auf 230 °C vorheizen. Die Hachsen mit dem Salz und dem Pfeffer bestreuen und in eine Auflaufform setzen, die gerade groß genug ist, um sie aufzunehmen. 25 bis 30 Minuten im Ofen braten. Dann die Hachsen wenden und mit Zwiebel, Möhre, Sellerie, Rosmarin und den restlichen 2 EL Winterbohnenkraut bedecken. Alles mit dem Weißwein und dem Geflügelfond übergießen und mit einem Deckel oder mit Alufolie verschließen. Die Temperatur auf 180 °C reduzieren und 2 bis 2½ Stunden schmoren, bis das Fleisch zart ist und sich leicht vom Knochen lösen lässt. Während die Hachsen im Ofen garen, gelegentlich das Fleisch mit Gemüse und Brühe begießen, dann den Deckel wieder auflegen.

◆ Die Lammhachsen aus dem Backofen nehmen; diesen auf 180 °C eingestellt lassen. Die Schmorflüssigkeit in der Auflaufform, die recht dickflüssig eingekocht sein wird, durch ein Haarsieb in eine Schüssel geben; das Gemüse wegwerfen. Die Schmorflüssigkeit entfetten. Das Fleisch von den Knochen lösen und zusammen mit dem Bohnen-Tomaten-Püree und 200 ml der Schmorflüssigkeit zu den Bohnen geben. Bei mittlerer Temperatur zum Köcheln bringen. Die Temperatur reduzieren und alles ohne Deckel unter ständigem Rühren 20 bis 30 Minuten köcheln lassen. Falls die Mischung trocken zu werden beginnt, noch etwas zurückbehaltene Schmor- oder Bohnenflüssigkeit unterrühren. Das Ergebnis sollte einer sehr dickflüssigen Suppe ähneln.

◆ Für das Gratin eine Auflaufform von 3 bis 4 l Inhalt mit ½ EL Butter einfetten. In einer Schüssel die Semmelbrösel mit dem Salz, dem Pfeffer und der Petersilie vermischen. Die Bohnen-Fleisch-Masse in die vorbereitete Auflaufform geben und gleichmäßig mit der Semmelbröselmischung bestreuen. Die restlichen 1½ EL Butter großzügig in Flöckchen darauf verteilen. Unabgedeckt überbacken, bis die Kruste goldbraun ist, was etwa 15 Minuten dauert. Direkt in der Auflaufform heiß zu Tisch bringen.

## Lammragout mit frischen Erbsen

*Diesen einfachen Eintopf bereitet man am besten im Frühling zu, wenn Lamm und frische Erbsen Saison haben. Beide Aromen harmonieren hervorragend miteinander, und wenn man das Ragout mit Reis, Pasta oder neuen Kartoffeln serviert, ergibt es ein vollständiges Hauptgericht. Das Lammfleisch kann auch durch Schweinefleisch ersetzt werden.*

FÜR 4 PERSONEN

1 EL Butter
2 EL gehackte Schalotten
1 kg Lammfleisch ohne Knochen, das Fett entfernt, in 3 bis 4 cm große Würfel geschnitten
1 EL Weizenmehl
1 TL Salz
1 TL schwarzer Pfeffer aus der Mühle
250 ml Geflügelfond
3 oder 4 Zweige frischer Thymian, zusammengebunden
Etwa 1 l Wasser
2 kg grüne Erbsen, gepalt
2 EL gehackte Sellerieblätter

*Fortsetzung nächste Seite*

◆ In einer Pfanne die Butter bei mittlerer Temperatur zerlassen. Sobald sie schäumt, die Schalotten dazugeben und in 2 bis 3 Minuten glasig braten. Die Temperatur auf mittel bis hoch schalten, das Lammfleisch hinzufügen und von allen Seiten anbräunen. Den ausgetretenen Fleischsaft bis auf 1 EL abschütten. Bei gleichbleibender Temperatur das Fleisch mit dem Mehl, ½ TL Salz und dem Pfeffer bestreuen. Unter Rühren das Fleisch damit überziehen und weiter anbräunen; darauf achten, dass das Mehl nicht verbrennt. Mit 125 ml Geflügelfond ablöschen und den Bratensatz mit dem Kochlöffel vollständig losschaben. Langsam die restlichen 125 ml Fond zugießen. Auf niedrige Temperatur schalten, das Thymianbündel hineingeben und den Deckel auflegen. 15 bis 20 Minuten köcheln lassen, bis das Fleisch zart ist. Bis zu 100 ml Wasser während des Kochens hinzufügen, falls erforderlich.

◆ Während das Fleisch köchelt, 1 l Wasser in einer Kasserolle zum Kochen bringen. Die Erbsen und das restliche Salz (½ TL) dazugeben und köcheln lassen, bis die Erbsen fast gar sind, aber noch immer eine kräftig grüne Farbe haben. Die Gardauer richtet sich nach dem Alter und der Größe der Erbsen; sie werden zwischen 5 und 15 Minuten benötigen. Dann die Erbsen abschütten und gründlich abtropfen lassen.

◆ Sobald das Lammfleisch gar ist, die Erbsen und die Sellerieblätter unterrühren. Ohne Deckel noch 5 Minuten köcheln lassen. Das Ragout in eine vorgewärmte Schüssel geben und sofort servieren.

# Zicklein mit Kartoffeln und Knoblauch

*In der Haute Provence gehört dieses Gericht zu den klassischen Ostergenüssen, obwohl ich es zum ersten Mal im Frühsommer probierte. Victorine Freinet, eine meiner Nachbarinnen, kam zu mir in meine Küche und erklärte mir die genaue Zubereitungsmethode. Wir hatten sie mit ihrer Familie zum sonntäglichen Mittagessen eingeladen, und ich nehme an, sie wollte sichergehen, dass diese Delikatesse auch richtig zubereitet wurde.*

*Für dieses Gericht gart man Stücke vom Zicklein, das mageres Fleisch besitzt, auf einem Bett von Kartoffeln, die mit Olivenöl und Knoblauch gewürzt sind. Während das Fleisch gebraten wird, tränkt und aromatisiert es die sich herrlich goldbraun färbenden Kartoffeln mit seinem Saft. Der Zickleinkopf, der als eine besondere Delikatesse gilt, wird in zwei Teile gespalten und separat – aber ebenfalls auf einem Bett von Kartoffeln – gegart, da er eine längere Garzeit benötigt als die anderen Fleischstücke.*

FÜR 8 BIS 10 PERSONEN

120 ml natives Olivenöl extra
12 bis 15 mehlig kochende Kartoffeln, geschält und in 2 bis 3 cm große Würfel geschnitten
36 Knoblauchzehen (etwa 3 Knollen), geschält und unzerkleinert
8 bis 10 lange Zweige frischer Thymian
8 bis 10 Stengel Winterbohnenkraut
1 EL Salz
1½ EL schwarzer Pfeffer aus der Mühle
2,5 bis 3 kg Fleisch mit Knochen vom Zicklein, in Portionsstücke geschnitten

◆ Den Backofen auf 200 °C vorheizen.
◆ In ein 3 bis 4 cm tiefes Backblech oder eine große, flache Schmorpfanne so viel Olivenöl gießen, dass es einen dünnen Film bildet. Die Kartoffeln, 24 Knoblauchzehen, die Hälfte des Thymians und des Winterbohnenkrauts, ½ EL Salz und ½ EL Pfeffer in eine Schüssel geben. Vermischen, dann 60 ml Olivenöl zugießen. Die Kartoffeln in einer Lage auf dem Blech verteilen, beiseite stellen.

*Fortsetzung nächste Seite*

◆ Das Fleisch mit dem übrigen Thymian und Winterbohnenkraut einreiben, dann die Stengel zu den Kartoffeln geben. Das Fleisch mit dem restlichen Salz (½ EL) und Pfeffer (1 EL) einreiben. Mit einem scharfen Messer die übrigen 12 Knoblauchzehen in Scheibchen schneiden. Nun mit dem Messer kleine Schlitze ins Fleisch schneiden und die Knoblauchscheibchen hineinstecken. Das Fleisch auf den Kartoffeln anrichten. Fleisch und Kartoffeln mit dem restlichen Olivenöl (60 ml) beträufeln und in den Backofen schieben.

◆ 15 Minuten braten. Die Temperatur auf 180 °C reduzieren, gelegentlich die Kartoffeln wenden und etwa 1½ Stunden weiterbraten, bis die Kartoffeln gar und goldbraun sind und bis klarer Fleischsaft austritt, wenn das Fleisch mit einem Messer eingestochen wird. Handelt es sich um Fleisch von einem sehr jungen Zicklein, verringert sich die Gardauer.

◆ Das Fleisch auf einer Servierplatte anrichten und mit einigen Kartoffeln umlegen. Die übrigen Kartoffeln in eine Schüssel füllen und zum Fleisch reichen.

## Würziges Ragout vom Schwein

Civet de porcelet *ist häufig auf Speisekarten von provenzalischen Landgasthöfen zu finden. Traditionell werden die* civets *genannten Ragouts mit Zwiebeln, Rotwein und Blut, das später hinzugefügt wird, zubereitet, man kann aber auch – wie in diesem Rezept – Weißwein verwenden und das Blut weglassen.* Porcelet *bedeutet eigentlich Spanferkel. Wer möchte, kann frische oder getrocknete Pilze hinzufügen. Im alpinen Raum wird die Sauce mit Schlagsahne gebunden; diese Variante gibt es aber nur dort. Ich finde dieses Rezept äußerst praktisch, da es sich von den Zutaten her leicht an jede beliebige Jahreszeit anpassen lässt. Wie bei anderen Schmorgerichten auch sind hier die idealen Beilagen diejenigen, die durch den dazu servierten Fleischsaft noch an Geschmack gewinnen, wie zum Beispiel Wurzelgemüse, Reis oder Pasta.*

FÜR 4 PERSONEN

1 kg entbeinter Schweinerücken oder ein anderes zartes Stück Schweinefleisch, in 5 cm große Würfel geschnitten
1 l trockener Weißwein
1 Möhre, geschabt und in 2 bis 3 cm dicke Scheiben geschnitten
1 gelbe Zwiebel, längs geviertelt und mit 6 ganzen Nelken gespickt
1 Stück getrocknete Orangenschale, etwa 7 cm lang
10 schwarze Pfefferkörner, mit einem Fleischklopfer zerdrückt
2 frische Lorbeerblätter oder 1 getrocknetes Lorbeerblatt
1 Knoblauchzehe, fein gehackt
2 lange Zweige frischer Thymian
5 Stengel frische glatte Petersilie
4 EL natives Olivenöl extra
1 TL Salz
30 g Weizenmehl
125 ml Crème fraîche oder saure Sahne (nach Belieben)

◆ Das Fleisch in eine große Schüssel geben, dann den Wein, die Möhre, die Zwiebel, die Orangenschale, die Pfefferkörner, den Lorbeer, den Knoblauch, den Thymian, die Petersilie und 2 EL Olivenöl hinzufügen. Die Zutaten gründlich vermischen, dann abdecken und über Nacht kühl stellen.

◆ Das Fleisch aus der Marinade nehmen und trockentupfen. Die Marinade durch ein Sieb in eine Schüssel gießen und beiseite stellen; das Gemüse wegwerfen. Die restlichen 2 EL Olivenöl in eine schwere Kasserolle mit Deckel geben und bei mittlerer bis hoher Temperatur erhitzen. Das Schweinefleisch hinzufügen und unter Wenden 5 Minuten anbräunen. Das Fleisch mit dem Salz und dem Mehl bestreuen und weiterbraten, bis auch das Mehl gebräunt ist. Mit 120 ml Marinade ablöschen und den Bratensatz vollständig mit dem Kochlöffel losschaben. Unter Rühren die restliche Marinade dazugießen. Auf niedrige Temperatur schalten, den Deckel auflegen und 45 Minuten bis 1 Stunde köcheln lassen, bis sich das Fleisch mit einem scharfen Messer leicht zerteilen lässt.

◆ Nach Wunsch die Crème fraîche oder die saure Sahne unterrühren. Dann das Ragout in eine vorgewärmte Schüssel füllen und sofort servieren.

# Schweinebraten mit Rotweinglasur

*Der beim Schmoren des Schweinefleischs entstehende Fleischsaft sammelt sich in der Pfanne und vermischt sich mit dem Rotwein – dieser Flüssigkeit verdankt der fertige Braten seine bronzefarbene Glasur. Dieses Gericht wird bei uns als besonderes Sonntagsessen serviert, wenn wir Gäste haben. Der Braten wird aufgeschnitten und mit dem eingekochten Bratensaft übergossen. Ich serviere ihn gern mit Kartoffelpüree oder würzigem Winterkürbispüree und reiche dazu frischen Spinat oder Mangold, der mit etwas Butter verfeinert wurde.*

FÜR 6 BIS 8 PERSONEN

Etwa 1,25 kg entbeinter Schweinerücken im Stück, gebunden, mit Fettschicht auf einer Seite
1 TL Salz
1½ TL schwarzer Pfeffer aus der Mühle
4 Knoblauchzehen, in dünne Scheiben geschnitten
4 EL gehackter frischer Salbei
1 EL Butter
½ gelbe Zwiebel, fein gehackt
1 EL fein gehackter frischer Thymian
300 ml trockener Rotwein
125 bis 250 ml Wasser

◆ Den Backofen auf 200 °C vorheizen. Eine Schmorpfanne in den Ofen schieben und einen Einsatz hineinstellen.
◆ Den Schweinerücken von allen Seiten mit dem Salz und dem Pfeffer einreiben. Mit einem scharfen Messer kleine Schlitze in das Fleisch schneiden und mit den Knoblauchscheibchen spicken. 2 EL Salbei fest in die Fettschicht drücken.
◆ In einer Pfanne die Butter bei mittlerer Temperatur zerlassen. Sobald sie schäumt, die Temperatur auf mittel bis hoch schalten und den gewürzten Braten mit der Fettseite nach unten in die Pfanne legen. Nur 3 bis 4 Minuten braten, bis das Fett gebräunt ist. Aus der Pfanne nehmen und beiseite stellen.

◆ Die Zwiebel, den Thymian und die übrigen 2 EL Salbei in die Pfanne geben und 2 bis 3 Minuten sautieren, bis die Zwiebel glasig ist. Die Temperatur auf mittel bis hoch schalten und den Wein zugießen. 1 Minute köcheln lassen, dabei den Bratensatz mit dem Kochlöffel vollständig losschaben. Den Pfanneninhalt in die heiße Schmorpfanne gießen, dann den Braten mit der Fettseite nach oben auf den Einsatz legen.
◆ Das Fleisch 10 Minuten braten. Dann die Temperatur auf 180 °C reduzieren und mit dem Garen 45 bis 50 Minuten fortfahren, dabei den Braten häufig mit der Weinmischung begießen; nach Bedarf Wasser hinzufügen, damit sie flüssig bleibt. Um den Garprozess zu überprüfen, das Fleisch etwas einschneiden oder ein Backofenthermometer in die Mitte des Bratens einführen; bei 65 °C ist das Fleisch rosa (medium) gebraten, bei 70 °C ist es durchgebraten. Den Braten auf ein Tranchierbrett oder eine Platte legen, locker mit Alufolie abdecken und 10 bis 15 Minuten ruhen lassen, bevor er tranchiert wird.
◆ In der Zwischenzeit die Schmorpfanne auf den Herd stellen. Auf mittlere bis hohe Temperatur schalten und 125 ml Wasser angießen. Den Bratensatz in der Pfanne mit dem Kochlöffel vollständig losschaben und den Bratensaft unter ständigem Rühren auf etwa 200 ml einkochen lassen.
◆ Den Schweinebraten in ungefähr 1 cm dicke Scheiben schneiden und auf einer vorgewärmten Platte anrichten. Den reduzierten Bratensaft nochmals erhitzen, falls er in der Zwischenzeit abgekühlt ist, und das Fleisch damit begießen. Sofort servieren.

# Schweinemedaillons mit grünen Oliven

*In diesem pikanten Gericht, das sich erstaunlich schnell zubereiten lässt, verbinden sich die Aromen der Oliven und des Lorbeers und verleihen dem Fleisch, den Zwiebeln und dem Fleischsaft eine besondere Würze. Ich serviere die Medaillons gern mit cremigem Kartoffelpüree, das sich wunderbar mit dem köstlichen Bratensaft vermischt.*

FÜR 4 BIS 6 PERSONEN

1½ EL natives Olivenöl extra
1½ EL Butter
1½ gelbe Zwiebeln, grob gehackt
2 frische Lorbeerblätter oder 1 getrocknetes Lorbeerblatt
24 in Salzlake eingelegte grüne oder schwarze Oliven, entsteint
750 g Schweinelende, in gut 1 cm dicke Scheiben geschnitten
125 ml Wasser

◆ In einer Pfanne das Olivenöl und die Butter bei mittlerer Temperatur erhitzen. Dann die Zwiebeln hinzufügen und 1 Minute braten. Die Lorbeerblätter und die entsteinten Oliven in die Pfanne geben und alles 1 bis 2 Minuten sautieren, bis die Zwiebeln glasig sind.
◆ Auf mittlere bis hohe Temperatur schalten. Die Zwiebeln und die Oliven in der Pfanne zur Seite schieben. Die Fleischscheiben hineinlegen und 1 bis 2 Minuten ohne Wenden braten; die Scheiben sollen bis fast zu ihrer halben Dicke durchgebraten sein. Dann wenden und weitere 1 bis 2 Minuten braten, bis das Fleisch gerade durch ist. Mit dem Wasser ablöschen und den Bratensatz in der Pfanne mit dem Kochlöffel vollständig losschaben; dabei die Medaillons öfter wenden. Die Medaillons mit den Oliven auf einer vorgewärmten Platte anrichten und mit dem Bratensaft begießen. Sofort servieren.

Wild
&
Fisch

## REZEPTE

*Gegrillte Wacholder-Wachteln*

◆

*Fasan mit Maronen, Steinpilzen und Kohl*

◆

*Hasen-Daube mit Teigdeckel*

◆

*Daube vom Wildschwein*

◆

*Fischsuppe »Haute Provence«*

◆

*Gegrillte Forelle mit Rosmarin*

◆

*Frittierte Stockfischküchlein mit Tomaten-Coulis*

◆

*Flusskrebssauce für Pasta*

◆

*Flusskrebse auf Blattsalaten mit Vinaigrette und Aïoli*

◆

*Stockfisch-Kartoffel-Terrine*

◆

*Rinderrouladen mit Anchoïade*

◆

*Schnecken auf provenzalische Art*

*La chasse, la pêche et les champignons* – Jagen, Fischen und Pilzesammeln – sind die besonderen Leidenschaften der Männer in der Haute Provence, die noch tief in der Tradition ihrer Väter und Vorväter verwurzelt sind. In den Wäldern und entlang von Feldern und Weinbergen jagen sie alle Arten von Vögeln, einschließlich Fasanen, Waldschnepfen, Tauben und Drosseln, aber auch Feldhasen und Wildschweine. Auch Schnecken werden gern »gejagt«, allerdings auf etwas andere Weise. In den Bergen, an den Randgebieten der Alpen, vom Jabron-Tal und von Sisteron im Westen bis Entrevaux im Osten, erbeuten erfahrene Jäger Hochwild und gelegentlich sogar wilde Bergschafe, letztere sind jedoch häufiger in den nördlicheren Ausläufern der alpinen Regionen um Ubaye und Barcelonnette und in den Savoyer Hochalpen anzutreffen. Die voll Stolz nach Hause gebrachten Wildtiere und Vögel bilden die Grundlage für die Zubereitung solch traditioneller Gerichte wie *civet* vom Wildschwein, Röstbrot mit Drosseln vom Spieß und *daube* vom Feldhasen. In Familien, bei denen die Männer auf die Jagd gehen, werden ausgefallene Pastetenspezialitäten wie etwa *pâté* vom Fasan, vom Rebhuhn, vom Feldhasen und vom Wildschwein zubereitet. Es gibt *charcutiers,* die sich auf die Herstellung von Würsten und Pasteten aus Wild und Federwild spezialisiert haben. Sie bieten diese Spezialitäten in ihren Geschäften an oder verkaufen sie auf Märkten von ihren Lieferwagen herunter, in denen ihre Waren in farbenfrohen Dosentürmen auf der Verkaufstheke gestapelt sind oder in Girlanden von der Decke hängen.

In den alpinen Regionen dekorieren die Fleischer im November und Dezember ihre Schaufenster mit Fasanen in vollem Federkleid und sorgfältigen Arrangements gerupfter *grives* (Drosseln). Gern stellen sie ein ganzes Wildschwein aus, das dann mit stacheligen Borsten draußen vor der Ladentür in der eisigen Winterluft steht. Weitere winterliche Dekorationen sind zum Beispiel rote Bänder und duftende Piniengirlanden, die auch andere Geschäfte schmücken. Lokale Restaurants schreiben stolz saisonale Spezialitäten auf ihre Tageskarte, besonders beliebt sind dabei *civet de sanglier* (Wildschwein) oder *daube de marcassin* (Frischling). Auf den Hors-d'œuvre-Platten findet man zu dieser Jahreszeit frische *pâté de grive* oder *pâté de lièvre* (Feldhase).

Zieht der September ins Land und mit ihm die Jagdsaison, sieht man in den Cafés Männer in Jagdkleidung der verschiedensten Art sitzen: von sorgfältig zusammengestellten Tarnkombinationen bis zum Blaumann, über dem schichtweise alte graue Sweatshirts und darüber eine Jägerweste getragen werden. Sie genehmigen sich eine kleine Tasse *café express* mit Zucker oder ein Gläschen Pastis, vielleicht auch Cognac, und diskutieren über die Ereignisse des Tages.

Besonders an Wochenenden trifft man immer wieder auf ein halbes bis ein Dutzend Männer, die – scheinbar müßig und ohne ersichtlichen Grund – im Abstand von etwa zehn Metern an einer Straße stehen, ihr Gewehr locker über den Arm gehängt. Doch der Schein trügt – es handelt sich hierbei um einen der Streckenposten einer weit auseinander gezogenen Gruppe in kreisförmiger Aufstellung, die einen Abschnitt *garrigue (*mit Gestrüpp bewachsenes Gebiet), in dem Wildschweine leben, aufmerksamst beobachtet. Die *battue* – wie die Gruppe genannt wird – hofft, ihre potentielle Jagdbeute, das heißt den oder die Eber, dadurch einzuschließen, dass sie in immer kleiner werdenden Kreisen vorrückt. Auf jeden Fall bietet diese Vorgehensweise einen guten Vorwand für einen ausgedehnten Waldspaziergang, bei dem Geselligkeit und Vergnügen von den Jägern groß geschrieben werden. Natürlich geht man dabei nicht ohne Lunch-Pakete mit frischer Baguette und einigen Flaschen Wein aus dem Haus, da ein ungezwungenes Mittagsmahl ein absolutes Muss ist, auch wenn es sich um eine so ernste Angelegenheit wie die Jagd handelt.

Wildschweine werden aber nicht nur von Gruppen, sondern auch von Einzelpersonen gejagt, insbesondere von den Bewohnern ländlicher Gegenden, die im Vergleich zu den Wochenendbesuchern die einheimische Tierwelt und deren Verhaltensweisen besser kennen. Manche ziehen es auch einfach vor, allein und auf sich selbst gestellt auf die Jagd zu gehen statt in einer großen Gruppe.

Die Zahl der Wildschweine hat sich in der Haute Provence in den letzten Jahren vergrößert; so ist es keine Seltenheit, sie aus den Hügeln und den Wäldern kommen und auf Getreidefeldern und in Weinbergen umherstreifen zu sehen. Jean-Louis hat in seinem Wohnzimmer den ausgestopften Kopf eines solchen Ebers hängen. Als er eines Nachts vor seinem Haus ein seltsames Geräusch hörte – es war mitten in der Jagdsaison –, schnappte er sich sein Gewehr und eilte, noch mit seinen Filzpantoffeln an den Füßen, nach draußen, wo er auf leisen Sohlen so lange das Tier verfolgte, das mit schwerem Tritt die kleine gepflasterte Straße hinabtrottete, bis er sich in der richtigen Position für einen sauberen Schuss befand. Der Schuss hallte durch die Nacht und lockte die wenigen Nachbarn aus ihren Häusern, die mit Oh- und Ah-Rufen Jean-Louis' Jagdglück bestaunten und im Mondlicht zu diskutieren begannen, wie schwer der Eber sein mochte und wie alt und, natürlich, wie viele *daubes* sich wohl aus ihm kochen ließen und ob es möglich wäre, aus dem Sattel einen schönen Braten zuzubereiten, da es schien, als sei der Eber noch nicht zu alt und zu zäh für ein solches Vorhaben, und so weiter. Während die anderen Wache hielten, holte Jean-Louis seinen Lieferwagen, in den sie das Wildschwein, das fast 100 Kilogramm wog, mit vereinten Kräften hineinwuchteten. Zu Hause angekommen, hängten sie den Eber in die Garage.

Wenige Kilometer von der Stelle entfernt, an der Jean-Louis den Eber erlegt hatte, stieß seine Frau Marguerite an einem Wintermorgen in der Frühe auf der Fahrt nach Régusse, wo sie arbeitete, mit einem Wildschwein zusammen. Es war noch sehr dunkel auf der kleinen Straße, die sich durch den Wald schlängelt, so konnte sie das Tier erst sehen, als es direkt vor ihr im Lichtkegel ihrer Scheinwerfer auftauchte. Sie bremste sofort, als sie das massige Wildschwein erblickte, doch es war bereits zu spät. Sie riss die Autotür auf und stürzte hinaus, um zu sehen, was passiert war. Als sie so über das Tier gebeugt dastand, noch mit dem Schrecken in den Gliedern, wurde sie von einem anderen Auto, das sich langsam näherte und schließlich anhielt, hell angeleuchtet. Ein Mann kam aus dem Dunkel auf sie zu und fragte sie, was sie da tue und wieso ihr Auto die Straße völlig blockiere. Als er das tote Wildschwein sah, ermahnte er sie, sie solle ja nicht versuchen, es mit nach Hause zu nehmen, stellte sich als Angestellter von »Forêts et Eaux« vor und begann, das tote Tier von der Straße herunterzuziehen. Marguerite eilte weiter in die Schule und rief von dort aus ihren Mann an, um ihm zu berichten, was geschehen war und wo er den toten Eber finden konnte. Kaum zehn Minuten nach Marguerites Anruf traf er an der Unfallstelle ein – von dem Tier keine Spur. Am späten Vormittag drehte sich das Gespräch im Dorfcafé nur um eins: nämlich um das Wildschwein, das Jacques am Straßenrand gefunden, mit nach Hause genommen und dort geschlachtet hatte. Jean-Louis lachte und erklärte den Anwesenden, dass es sich dabei wohl um Marguerites Eber handelte, und erzählte von Marguerites Begegnung mit dem Forstbeamten. Alle stimmten zu, dass es kein Forstbeamter, sondern Jacques gewesen war, der lediglich mehr Zeit gewinnen wollte, um mit einem größeren Wagen an die Unfallstelle zurückzukehren und das tote Tier sicher nach Hause zu bringen. Am selben Abend, als Marguerite und Jean-Louis von der Arbeit nach Hause kamen, fanden sie auf ihrem Küchentisch, gut eingewickelt und verschnürt, ein dickes Paket Fleisch, genug für zwei große *daubes.*

Obwohl Fleisch von gezüchteten Wildschweinen erhältlich ist, wird das von freilebenden Tieren bevorzugt – und das mit gutem Grund. Denn dieses Fleisch schmeckt nach *garrigue,* es besitzt ein deutlich kräftigeres Aroma, besonders nach der klassischen »Rotwein-Behandlung«. Eine meiner Freundinnen nimmt für ihre Marinade stets einen guten Châteauneuf-du-Pape: »Man muss einen körperreichen Wein verwenden, der neben dem Fleisch bestehen kann und der zu ihm passt, der ein *civet* erst zu dem macht, was es sein sollte.« Als Bestandteil von Würsten oder Pasteten wird das Fleisch im Allgemeinen kräftig mit Wacholder und anderen Kräutern gewürzt. Vor allem in Bergdörfern findet man luftgetrocknetes Wildschweinfleisch. Man genießt es, in dünnen Scheibchen abgeschabt, mit Olivenöl beträufelt und mit schwarzem Pfeffer bestreut, als Vorspeise oder zwischen weichen frischen Baguettehälften als Sandwich.

Ein Herr, bereits in den Achtzigern, erzählte uns, er komme jedes Jahr aus Marseille hierher, um zu jagen. Er wohne dann in einem Dörfchen bei Riez, wo er ein kleines Haus besitze. Sein unmittelbarer Nachbar ging ebenfalls gern auf die Jagd, so taten sie sich zusammen und gossen ihre eigenen Bleikugeln. Wenn sie ein Wildschwein erbeutet hatten, brieten sie es am Spieß, den sie in der Küche des Nachbarn über das offene Feuer seines niedrigen Herdes stellten.

In den letzten Jahren hat die Wildschweinpopulation zugenommen, während die Zahl der Vögel und Feldhasen in den einstmals ruhigen ländlichen Gebieten,

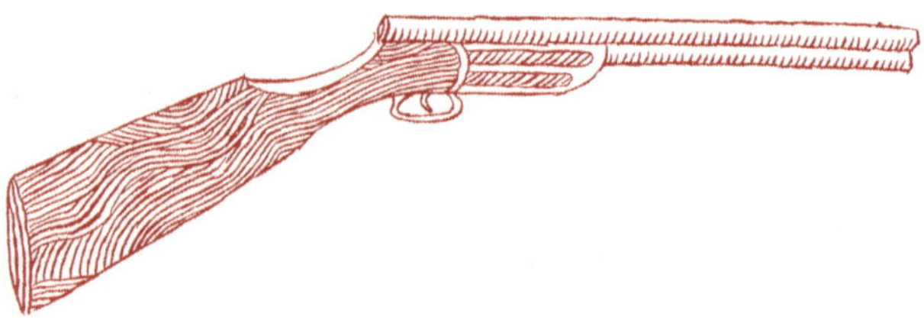

die heute breitere Straßen und mehr Verkehr haben, geringer geworden ist. Jäger müssen an immer abgelegenere und bislang unberührte Orte vordringen. In der oberen Haute Provence sind die meisten, die mit ihren Gewehren durchs Unterholz preschen, Männer wie M. Fretoni, einer meiner Nachbarn, der passionierter Jäger ist. Dieser Tage begegnet ihm zwar kaum noch Wild, doch lässt er sich das Vergnügen seines gewöhnlich allein unternommenen frühmorgendlichen Spaziergangs über die Hügel und durch die Wälder nicht nehmen. Er erzählt mir Geschichten aus vergangenen Zeiten, als er jung war und es in den Wäldern dieser Region noch so viele Waldschnepfen, Rebhühner und Fasanen gab, dass die Menschen zur Jagdsaison stets Wild auf den Tisch bringen konnten. Häufig handelte es sich dabei um *faisandé* – angegangenes Fleisch –, das man vor der Zubereitung so lange hatte abhängen lassen, bis sich das Fleischeiweiß zu zersetzen begann. M. Fretoni ist kein Freund dieser Praxis, doch gibt es andere, die darauf schwören, dass Fleisch mit dem sogenannten Hautgout, dem ausgeprägten Wildgeschmack, ein besonderer Leckerbissen sei. Es gibt exakte Regeln dafür, wie lange ein bestimmter Vogel abhängen muss, bevor er gekocht wird. Die *bécasse* oder Waldschnepfe beispielsweise soll demnach erst 40 Tage lang am Schnabel aufgehängt werden, anschließend weitere zehn Tage an den Füßen, bis Flüssigkeit aus dem Schnabel tropft, was als Zeichen dafür gilt, dass die Köstlichkeit nun gerupft, gegart und auf Röstbrot gestrichen werden kann. Was dieses Abhängen angeht, bin ich mit M. Fretoni einer Meinung. Ich mag es nicht, doch kenne ich genug Leute, die das anders sehen.

Auf M. Fretonis persönlicher Delikatessenliste rangiert die Drossel ganz oben. Die kleinen Vögel sind in dieser Region noch zahlreich vertreten. Für die Art und Weise der Jagd und die Jagdsaison gibt es strenge Vorschriften. Drosseln, die Zugvögel sind, kann man von Beginn der Jagdsaison im September bis zum Ende der Jagdsaison im Februar jagen, doch nur von Sonnenaufgang bis Sonnenuntergang. Tagsüber verlassen die Vögel den Schutz des Gestrüpps und des Waldes und zerstreuen sich über Weinberge und Felder, wo sie schwer zu erlegen sind. Bei Einbruch der Dunkelheit kehren sie in den Wald zurück. Während der Jagdsaison, in der Abenddämmerung und im Morgengrauen, sieht man Männer an den Feldrändern kauern, die auf den kurzen und einzigen Augenblick warten, von dem man sicher sein kann, dass die Vögel auch tatsächlich erscheinen.

Eine Methode der Drosseljagd ist hoch spezialisiert und darf nur im März ausgeübt werden und nur von Tagesanbruch bis in die Abenddämmerung hinein; auch die Anzahl der erbeuteten Vögel pro Tag ist begrenzt. Diese Technik war früher in der Haute Provence einmal gang und gäbe, bevor die Vorschriften für die Jagd strenger wurden. Heute wird sie kaum noch ausgeübt. Mit Klebstoff bestrichene kleine Stöckchen werden an langen Stangen befestigt, die zwischen die Äste eines Baums gesteckt werden. Nun wartet der Jäger geduldig, bis sich eine Drossel auf dem Stock niederlässt. Ist dies der Fall, kleben zuerst die Krallen daran fest, dann die Flügel. Die Stange wird heruntergeholt und nach Hause getragen, wo der Jäger den Vogel befreit und vorsichtig säubert. Dann setzt er ihn in einen Käfig und stellt diesen an einen geschützten Ort. Während der Jagdsaison dient der Vogel quasi als lebender Köder. Der Käfig (oder die Käfige, da Jäger oftmals mehrere Käfige mit Vögeln besitzen) wird in den Wald mitgenommen, wo er in einen Baum gehängt wird, um andere Vögel anzulocken. Daneben wartet der Jäger in seinem *cabanon,* einem Verschlag von etwa 1 x 1,50 Meter Größe aus alten Weinkisten, Sperrholzplatten und Fensterläden, alles zur besseren Tarnung hinter Ästen versteckt. Besonders gut ausgestattete *cabanons* besitzen sogar einen kleinen Ofen gegen die Kälte.

Bei einem Spaziergang tief in den Wäldern trifft man gelegentlich auf solch seltsame kleine Häuschen oder Überreste davon, und bei Trödlern findet man von Müllhalden und verlassenen Speichern gerettete Vogelkäfige – filigrane Konstruktionen aus kleinen Holzstückchen, die von Hand mit Draht zusammengesteckt wurden. Für mich sind dies kunstvolle Zeugnisse für die fortdauernde Leidenschaft der Provenzalen für die kleinen Vögel, die sie einst eingesperrt hatten, und für die Bedeutung der *grives* im jahreszeitlich geprägten Ritual des Lebens und Essens.

Wenn man aus Drosseln Pastete zubereitet, verwendet man den ganzen Vogel, und auch gegrillt oder gebraten werden die Drosseln samt den Knochen und allem anderen serviert, und zwar auf geröstetem Brot, das vorzugsweise auf derselben Feuerstelle gegrillt wurde. Sie schmecken nach Wild, doch nicht sehr intensiv. Sitzt man im Winter in der vom Feuer gemütlich erwärmten Küche und genießt diese Köstlichkeit, ist man, so empfinde ich es, im Einklang mit einer alten Tradition.

Im Gegensatz zu den Drosseln und den Wildschweinen sind die Hasen, Fasane, Tauben und Rebhühner, die man bei der Jagd fängt, nicht unbedingt Wildtiere, da diese auch auf Farmen gezüchtet und an einheimische Jagdgesellschaften verkauft werden, die sie kurz vor Saisonbeginn in ihrem Gebiet aussetzen. Wie zu erwarten, besitzen diese Tiere dann nicht das ausgeprägte Wildaroma, sondern schmecken eher mild und sind schneller gar als ihre wilden Verwandten.

Eine Art Jagd ist auch das Schneckensammeln. Nach einem Regenguss die Schnecken vom nassen Gras und den Straßen aufzulesen, ist eine Beschäftigung für die ganze Familie – für Männer wie Frauen, Alt und Jung. Wenn es geregnet hat, sieht man nicht selten hier und da auf den Straßen Menschen mit Eimern in gebückter Haltung, die nach Schnecken suchen. Nachts findet die Suche mit Taschenlampen statt. Die Zahl der Schnecken hat abgenommen, doch kann man immer noch die kleinen, flachen, runden Schnecken finden, die *blanquettes* genannt werden, und manchmal auch die größere Art mit den konisch zulaufenden braunen Häusern, die Weinbergschnecken. Zu der Zeit, als das Schneckensammeln nicht nur eine Freizeitbeschäftigung war, sondern Schnecken wie Olivenöl und Knoblauch eine fester Bestandteil der Küche waren, besaß jeder spezielle Kisten für die Schneckenhaltung. In diesen *limacières* wurden die Schnecken mindestens zwei Wochen lang ausschließlich mit Feldthymian und Maismehl gefüttert, um sie für die Zubereitung zu reinigen. (In der Haute Provence sagt man umgangssprachlich nicht *escargot* für Schnecke, sondern *limace*, was eigentlich Nacktschnecke bedeutet.)

Meine Kinder liebten das Abenteuer des Schneckensammelns, und jeden Sommer gehörte es zu den wichtigsten Aktivitäten. Unser »Schneckenkäfig«, wie wir die *limacière* nannten, bestand aus einer alten Weinlesekiste, die mit einem Drahtgitter abgedeckt war. Wir nagelten das Gitter an allen Seiten fest und ließen nur eine kleine Ecke lose, durch die wir neu gefundene Schnecken hineinsteckten. Die lose Stelle beschwerten wir mit einem Stein – allerdings war das keine zufriedenstellende Lösung. Es gab viele Flüchtlinge, und im Sommer überprüften wir den Käfig morgens und abends. Traditionell werden die verschiedenen Schneckenarten auch in verschiedenen *limacières* gehalten, da sie dazu neigen, sich gegenseitig anzugreifen; wir hielten unsere Schnecken jedoch in einem einzigen Käfig.

Wenn die Zeit für das sommerliche Schneckenfest gekommen war – und wir unsere Gefangenen nicht hatten entkommen lassen –, führten wir sorgfältig alle Anweisungen aus, was die Zahl der Waschvorgänge, die hinzuzufügende Menge Salz und Essig und die Kochdauer betraf. Die größeren Schnecken wurden mit Zahnstochern oder kleinen Gäbelchen aus ihren Häusern herausgezogen und mit *aïoli* verzehrt. Die kleineren *blanquettes,* von denen es immer wesentlich mehr gab, wurden in einer roten Sauce gekocht und *à la sucerelle* gegessen, was bedeutet, dass die Schnecke in die Hand genommen und ausgesaugt wurde, wobei man alles bis auf das bittere Schwanzende verspeiste. Eine etwas weniger abenteuerliche, wenngleich auch zeitraubendere Methode ist, die kleinen Schnecken nach dem Garen aus ihren Häusern zu ziehen, das bittere Schwanzende abzuschneiden und sie nun in einer Tomaten-Kräuter-Sauce zu servieren. Ihre Konsistenz ist fest und ihr Geschmack würzig und leicht bitter.

Forelle, Flusskrebs und Hecht leben in den Flüssen und Seen, die die Landschaft der Haute Provence mit prägen. Fischen ist, da es passiver abläuft, als Freizeitbeschäftigung noch beliebter als die Jagd. Durance, Verdon, Bléone und Asse sind die größten Flüsse, und durch die Errichtung von Staudämmen wurden die Seen von Castillon, Ste.-Croix, Esparron und Quinson geschaffen. Kleine Flüsse und Bäche schlängeln sich durch die Region; im Sommer häufig fast völlig ausgetrocknet, werden sie durch die Regenfälle im Winter und Frühjahr zu reißenden Strömen. In der Forellensaison sieht man überall an den Flussufern Tische und Stühle stehen. Angelruten stecken in Halterungen, und daneben haben sich im Schatten die Fischer mit ins Gesicht gezogener Kappe auf Decken ausgestreckt. Später, wenn das Nickerchen um und der Nachmittagskaffee getrunken ist, werden die Stühle näher ans Ufer gerückt. Die Angler lassen sich darin nieder und warten träge auf die Insektenschwärme, die die Fische an die Oberfläche locken. Auch Frauen und Mädchen angeln, während sie sich an der Jagd kaum beteiligen.

Eines der ersten Geschenke, das meine Tochter von einem französischen Angelfreund bekam, war ein Kinder-Anglerkörbchen mit einer Auswahl von Fliegen und Haken. Wir bestückten die Angel. Sie machte sich glücklich auf den Weg, mit dem kleinen Korb über der Schulter und mit erwartungsvoller Miene angesichts all der Fische, die sie zu fangen gedachte. Von ihrem ersten Angelausflug brachte sie drei kleine Forellen mit nach Hause, die sie ausnahm, briet und uns servierte.

Die Restaurants an den Seen und Flüssen, wie das Restaurant Dame d'Argent am Fluss Argens bei Sillans-la-Cascade, haben Forellenbecken, um den Bedarf für *truite à meunière* (Forelle auf Müllerin-Art) oder *truite bleu* (Forelle blau) zu decken. Angler, die mit ihrem leckeren Fang nach Hause zurückkehren, grillen die Forellen gewöhnlich über der Feuerstelle oder braten sie in der Pfanne in Butter oder Olivenöl. In den im Landesinneren befindlichen Regionen der Haute Provence bereiten Angler, die sich nach dem Geschmack des Meeres sehnen, ihre Version der *soupe de poisson* zu. Diese mediterrane Fischsuppe besteht aus kleinen Felsenfischen und Krebsen, die im Ganzen – Gräten, Augen, einfach alles – mit Kartoffeln, Gewürzfenchel, Knoblauch, Wasser und Tomaten eingekocht und dann durch ein Passiergerät passiert werden. Das Ergebnis ist ein öliges Püree, das mit einer roten Paprikasauce serviert wird und zu dem man mit Knoblauch eingeriebene Scheiben von Krustenbrot reicht. Um diese Suppenvariante der Berge, zu der Forelle und eventuell Flusskrebse gehören, weiter zu vervollkommnen, werden während des Kochens eingesalzene Anchovis oder Anchovis aus der Dose beigegeben, wodurch die Suppe ihre maritime Note erhält.

Flusskrebse gehören ebenfalls zu den Delikatessen, die bei Feinschmeckern und Anglern besonders beliebt sind, auch wenn ihre Zahl seit Anfang des Jahrhunderts stark zurückgegangen ist. Schuld daran ist zum Teil der verstärkte Einsatz von Pestiziden und giftigen Chemikalien in der Landwirtschaft, besonders nach dem Zweiten Weltkrieg und dann wieder in der Zeit zwischen 1950 und 1990; nun gibt es jedoch Anzeichen dafür, dass der Einsatz dieser Mittel dank besserer Informationen und strengerer Kontrollen zurückgeht. Auf dem Land wurde, wie man mir sagte, die folgende Fangmethode für Flusskrebse einst viel praktiziert: Ein bereits stinkender Schafskopf wird in einen Drahtkorb gelegt und dieser an einem Seil in ein tiefes Wasserloch hinuntergelassen. Dort bleibt er ungefähr einen Tag. Zieht man ihn dann wieder heraus, wimmelt es darin nur so von Flusskrebsen. Der Drahtkorb kann durch ein Geflecht aus dornigem Beerengestrüpp ersetzt werden, was den Flusskrebsen den Rückzug erschwert, wenn der Kopf aus dem Wasser gezogen wird. Ranziger Speck oder Fett soll ebenfalls ein guter Köder sein. Nach dem Fangen – es ist gut möglich, 50 oder 100 Stück auf einmal zu erbeuten – werden die Flusskrebse in Wasser, Wein und Kräutern gekocht, abgegossen und in Schüsseln serviert. Sie werden gegessen, indem man die Schale so abzieht, dass der fleischige Schwanz freigelegt wird, und befindet sich unter dem Kopf etwas von der golden-orangefarbenen Creme, dem Rogen, kann man diese entweder auslöffeln oder aussaugen, je nach persönlichem Stil oder Neigung. Der Rogen wird als Delikatesse angesehen. Man kann Flusskrebs auch an Saucen, Suppen und Salate geben, wo schon eine kleine Menge ein Gericht aromatisiert und verfeinert.

Anchovis und Stockfisch haben bei der Ernährungsweise der Menschen in der Haute Provence lange eine wichtige Rolle gespielt. Frühe Aufzeichnungen zeigen, dass im 17. Jahrhundert eingesalzener Fisch, Gewürze und andere exotische Dinge mit Eseln über Hügel und Gebirgspässe ins weit vom Meer entfernte Hinterland gebracht wurden. Seitdem sind Stockfisch und Anchovis untrennbar mit manchen Gerichten verbunden, die traditionell an Festtagen und zu bestimmten Anlässen serviert wurden und werden. Stockfisch ist Bestandteil des *grand aïoli* und die Basis für *brandade*. Ebenso gehört er zum traditionellen Weihnachtsmenü, das noch in vielen Familien zubereitet wird.

Eingesalzene Anchovis gelangen immer noch durch Händler auf die Märkte im Landesinneren. Sie stehen in Fässern neben Oliven und Kapern und werden mit Schöpfkellen in Plastikbeutel abgefüllt, zusammen mit einer kleinen Menge des Salzes, in das sie eingelegt sind und mit dem sie abgewogen und verkauft werden. Dieselben Händler verkaufen auch Stockfisch in ganzen Filets oder in Stücken; ein paar davon baumeln von den Stützstreben der Marktschirme, der Rest wird aufeinander gestapelt und sieht aus wie unregelmäßig geformte Teller. Anchovis gibt es auch in Supermärkten und Lebensmittelgeschäften zu kaufen, in grobes Salz eingelegt in Dosen oder als Halbkonserve in kleinen Gläsern, die in der Kühltheke neben dem Käse und dem Schinken zu finden sind. In Öl eingelegte Anchovis sind ebenfalls erhältlich, doch wird ihr Aroma meistens vom Öl überlagert. Während es Anchovis immer zu kaufen gibt, ist Stockfisch ein saisonales Produkt, das gewöhnlich nur vom Herbst bis ins späte Frühjahr erhältlich ist, was es zu einem Nahrungsmittel für die kalten Tage des Jahres macht. Ist der Mai vorbei, kann man Stockfisch auf den Märkten und auch woanders kaum noch bekommen.

In jeder Bäckerei oder Pizzeria findet man Pizzas sowie die *pissaladière* (eine Art Zwiebelpizza), zu deren Belag auch Anchovis gehören. Mit Olivenöl und Knoblauch zerstoßen werden Anchovis zur *anchoïade,* die als Dip zu Rohkost oder zum Aperitif auf Röstbrot gestrichen serviert wird. Außerdem würzt sie Brathähnchen und Tomatensalat, ergibt vermischt mit leicht altbackenem Brot eine köstliche Füllung für Gemüse und aromatisiert sowie bindet Saucen. Anchovis müssen lediglich mit Wasser abgespült werden, wenn sie in Salz eingelegt waren (für manche Gerichte braucht man sie allerdings unabgespült). *Morue salée,* Stockfisch (gesalzenes Dorschfilet), hingegen muss in immer wieder erneuertem Wasser eingeweicht werden, bevor er für die weitere Verarbeitung in der Küche bereit ist. Die Dauer der Einweichzeit lässt sich schwer festlegen, da sie davon abhängt, wieviel Salz verwendet wurde und wie lange das Einsalzen zurückliegt. Daher sollten bei der Verwendung von Stockfisch 24 Stunden zum Einweichen und Abspülen – das heißt zum Entsalzen – eingeplant werden, auch wenn es sein kann, dass nur eine bis zwei Stunden nötig sind. Nach dem Entsalzen wird der Fisch üblicherweise pochiert, was nur noch wenige Minuten dauert, oder auch gedünstet oder gebraten.

## STOCKFISCH ENTSALZEN

Den Stockfisch (gesalzenes Dorschfilet) unter fließendem Wasser 10 Minuten lang abspülen, dann mit kaltem Wasser bedeckt einweichen und für 4 Stunden in den Kühlschrank stellen. Ein kleines Stückchen davon abschneiden, in eine Kasserolle oder eine Pfanne mit leicht siedendem Wasser geben und 3 bis 4 Minuten garen. Herausnehmen und durch Probieren den restlichen Salzgehalt überprüfen. Es sollte nicht zu mild schmecken, eher angenehm salzig. Je nachdem, was für ein Stück Stockfisch Sie gekauft haben, kann es nun zubereitet werden, oder es benötigt eine bis zu 24 Stunden verlängerte Einweichzeit mit gelegentlichem Wasserwechsel. Der Salzgehalt sollte nach obiger Methode ab und zu überprüft werden.

Nach dem Entsalzen den Fisch pochieren oder auf andere Weise zubereiten.

## STOCKFISCH POCHIEREN

Den eingeweichten Fisch in eine flache Kasserolle geben, mit Wasser bedecken und das Wasser bis unter den Siedepunkt erhitzen. Den Fisch 3 bis 4 Minuten pochieren, bis er sich mit einer Gabel mühelos zerteilen lässt. Aus dem Wasser nehmen und abkühlen lassen.

Eventuell noch vorhandene Haut oder Gräten entfernen. Wenn der Fisch zerpflückt wird, weil man ihn mit anderen Zutaten kombinieren möchte, sollte nach dem Zerteilen alles überschüssige Wasser herausgepresst werden.

## SCHNECKEN ZÜCHTEN UND VORBEREITEN

Schnecken sollten nur in Gebieten gesammelt werden, von denen man sicher sein kann, dass sie frei von Pestiziden, Herbiziden oder anderen schädlichen Chemikalien sind. Die Schnecken in eine Kiste mit stabilen Seitenwänden setzen. Die Kiste mit einer 2 bis 3 cm dicken Lage Maismehl ausstreuen und – falls möglich – mit Thymianzweigen auslegen; ein Wassertöpfchen hineinstellen. Die Schnecken nach dieser Methode zwei Wochen lang füttern; bei Bedarf frisches Maismehl und frischen Thymian auffüllen. Nach Ablauf dieser Zeitspanne die Schnecken in eine große Schüssel oder in einen Suppentopf füllen und mit Salz bestreuen; für 1 kg Schnecken benötigt man etwa 250 g Salz. Die Schnecken gründlich umrühren, das Gefäß locker mit Alufolie abdecken, in die einige Löcher gestochen wurden, und 12 bis 14 Stunden stehen lassen. Dann das Gefäß mit Wasser füllen und das Wasser wieder abgießen. Erneut mit Wasser füllen, diesmal 500 ml hellen destillierten Essig hinzufügen. Diese Spülung so oft wiederholen, bis das Wasser klar bleibt.

Wenn die Schnecken gesäubert sind, werden sie in eine Kasserolle gegeben. Ebenfalls in die Kasserolle kommen 1 gehackte gelbe Zwiebel, 1 geschabte und klein geschnittene Möhre, 1 Stengel Gewürz- oder Zuchtfenchel (in 2 cm lange Stücke geschnitten), einige Stengel frische glatte Petersilie und einige Zweige frischer Thymian, 1 l trockener Weißwein, 1 TL Salz und 1 TL schwarzer Pfeffer aus der Mühle. Alles zum Kochen bringen und den sich an der Oberfläche bildenden Schaum abschöpfen. Danach bei geschlossenem Topf und niedriger Temperatur 2½ Stunden köcheln lassen, bis man die Schnecken mit einer Nadel problemlos aus ihren Häusern ziehen kann. Abgießen und die Flüssigkeit wegschütten.

Die Schnecken abkühlen lassen, dann aus den Häusern ziehen. Bei jeder Schnecke das hintere Ende abschneiden und wegwerfen. Die Schnecken abspülen. Nun kann man sie verzehren. Sollen die Schneckenhäuser weiterverwendet werden, müssen sie ausgespült und getrocknet werden.

# Gegrillte Wacholder-Wachteln

*In der Haute Provence werden für dieses Grillgericht Drosseln oder auch Täubchen verwendet. Abwechselnd mit 1 Tag altem Brot auf Spieße gesteckt, erhalten die kräftig gewürzten Vögel über offenem Feuer oder über Kohlen gegrillt eine zart goldbraune Farbe. In diesem Rezept werden Wachteln verwendet, die gezüchtet erhältlich sind. Cremige Polenta und sautierter Spinat sind passende Beilagen.*

FÜR 4 PERSONEN

4 EL frische Thymianblättchen
1 EL schwarzer Pfeffer aus der Mühle
1 TL Salz
2 frische oder getrocknete Wacholderbeeren, zerdrückt
4 Wachteln, gesäubert
4 Scheiben durchwachsener Speck
6 frische oder 4 getrocknete Lorbeerblätter
5 Scheiben Baguette oder Landbrot (1 Tag alt)
2 Knoblauchzehen

◆ Ein Holzkohlen- oder Holzfeuer vorbereiten oder den Grill vorheizen.
◆ Den Thymian, den Pfeffer, das Salz und die Wacholderbeeren vermischen und die Wachteln innen und außen mit der Mischung einreiben. Bei der Verwendung von getrockneten Lorbeerblättern je ein Blatt in die Körperhöhle stecken. Die Vögel jeweils auf eine Scheibe Speck legen, den Speck um ihre Mitte wickeln. Die Brotscheiben von beiden Seiten mit Knoblauch einreiben. Bei der Verwendung von frischen Lorbeerblättern ein Blatt auf einen langen, stabilen Spieß stecken, dahinter eine Scheibe Brot. Dann eine Wachtel quer durch die Körperhöhle auf den Spieß stecken, dabei eng an das Brot drücken. Mit den restlichen Wachteln, dem frischen Lorbeer und dem Brot ebenso verfahren. Der Spieß schließt mit einer Brotscheibe und einem frischen Lorbeerblatt ab. Das Brot sorgt dafür, dass die Wachteln während des häufigen Drehens auf dem Grill an ihrem Platz bleiben, und es nimmt Fleischsaft auf.

◆ Sobald die Glut eine mittlere Temperatur erreicht hat, den Spieß auf den leicht geölten Grillrost (beziehungsweise in eine Grillschale) legen. Die Wachteln etwa 15 Minuten grillen; dabei alle 3 bis 4 Minuten wenden. Sie sind gar, sobald sich ein Schenkel leicht bewegen lässt und klarer oder leicht rosafarbener Fleischsaft austritt, wenn man in die dickste Stelle eines Schenkels sticht.

◆ Die Wachteln, Brotscheiben und Lorbeerblätter vom Spieß abstreifen. Die Lorbeerblätter wegwerfen. Eine Scheibe mit Fleischsaft vollgesogenes Brot auf jeden Teller und darauf eine Wachtel legen. Sofort servieren.

# Fasan mit Maronen, Steinpilzen und Kohl

*In diesem Rezept wird Fasan zusammen mit Knoblauch und Kräutern in Weißwein geschmort, dann tranchiert und auf einem Bett von gedämpftem Kohl und sautierten Maronen und Steinpilzen angerichtet. Der süßlich mehlige Geschmack der Maronen und die fleischigen Steinpilze verleihen dem Gericht Substanz. Kurz vor dem Servieren wird alles mit dem zuvor durch Wein verfeinerten und reduzierten heißen Bratensaft übergossen, so dass der Kohl nun mit Aromen getränkt ist. Zum Aufnehmen des Fleischsaftes bietet sich herrlich lockeres, knoblauchduftendes Kartoffelpüree an; für die würzige Note sorgt eine Auswahl an sauer eingelegten Gemüsen und Chutneys. Harmonisch abgerundet wird das Mahl durch Kopfsalat mit einer Vinaigrette aus fruchtigem Olivenöl, Schalotten und Rotweinessig.*

FÜR 4 ODER 5 PERSONEN

2 Fasane mit Innereien, je etwa 1,25 kg
1 TL Salz
1 TL schwarzer Pfeffer aus der Mühle
4 Knoblauchzehen, fein gehackt
4 Stangen Sellerie
6 Zweige frischer Thymian
3 Stengel frischer Majoran oder Oregano
750 ml trockener Weißwein
500 g frische Steinpilze, Shiitake oder braune Champignons
1 kg Maronen, geröstet und geschält (Seite 254–255)
6 EL Butter
1 kleiner Kohlkopf, in 1 cm breite Streifen gehobelt (etwa 400 g)
60 ml Wasser

◆ Den Backofen auf 180 °C vorheizen.

◆ Die Innereien hacken. Dann in eine Kasserolle geben und mit gesalzenem Wasser bedecken. Bei mittlerer Temperatur köcheln lassen, den Deckel auflegen und 30 bis 40 Minuten garen, bis die Innereien zart sind. Vom Herd nehmen und beiseite stellen.

◆ Die Fasane mit ¾ TL Salz und ¾ TL Pfeffer einreiben. Ein Bratgitter in einen Bräter oder eine Bratenpfanne setzen; das Gefäß soll gerade groß genug sein, um die Vögel aufzunehmen. Die Fasane mit der Brustseite nach oben auf das Gitter legen. Den Knoblauch, den Sellerie, den Thymian, den Majoran oder Oregano und 500 ml Weißwein in den Bräter geben. Den Deckel auflegen, in den Ofen schieben und 1 bis 1½ Stunden garen, bis klarer Fleischsaft austritt, wenn man mit einem Messer in die dickste Stelle eines Fasanenschenkels sticht.

◆ Etwa 15 Minuten bevor die Fasane fertig sind, die Pilz-Maronen-Mischung zubereiten. Dazu die Pilze (einschließlich ihrer Stiele) und die Maronen in gut 1 cm dicke Scheiben schneiden. In einer Bratpfanne 4 EL Butter bei mittlerer Temperatur zerlassen. Dann die Pilze dazugeben und unter häufigem Wenden 6 bis 7 Minuten sautieren, bis sie ihre Farbe verändern und Saft abgeben. Die restlichen 2 EL Butter, die Maronen und die abgetropften Innereien hinzufügen. Die Mischung bei niedriger Temperatur 3 bis 4 Minuten erhitzen, damit sich die Aromen verbinden. Das restliche Salz und den restlichen Pfeffer (je ½ TL) dazugeben. Vom Herd nehmen und warm stellen. Den Kohl in einen Dämpfaufsatz über kochendes Wasser setzen, den Deckel auflegen und 5 Minuten dämpfen, bis er zusammengefallen und gar ist. Herausnehmen und warm stellen.

◆ Die Fasane aus dem Bräter nehmen. Mit einem Sieblöffel das Gemüse aus der Pfanne heben und wegwerfen. Das Brustfleisch in Scheiben schneiden und die Schlegel abtrennen. Beiseite stellen und warm halten. Die restlichen 250 ml Weißwein und das Wasser in die Pfanne gießen und bei hoher Temperatur erhitzen; dabei den Bratensatz in der Pfanne mit dem Kochlöffel vollständig losschaben und die Flüssigkeit auf 250 ml einkochen lassen.

◆ Den Kohl auf eine vorgewärmte Servierplatte geben und mit der – falls nötig, erneut erhitzten – Pilz-Maronen-Mischung bedecken. Die in Scheiben geschnittene Fasanenbrust und die Schlegel darauf anrichten. Mit dem heißen Bratensaft begießen und sofort servieren.

# Hasen-Daube mit Teigdeckel

*Das Fleisch des Hasen hat einen ausgeprägteren Wildgeschmack und eine festere Konsistenz als das des Kaninchens, doch erhält man auch mit letzterem eine zugleich rustikale und elegante Variante dieses Gerichts. Die* daube *kann und sollte man bereits am Vortag zubereiten, da sich dadurch die Aromen besser entfalten. Auch das Gemüse lässt sich im Voraus zubereiten, so dass nur noch die Herstellung des Teigdeckels und die Fertigstellung des Gerichts übrig bleiben. Man kann den Teigdeckel auch weglassen, doch wird man für diesen kleinen Extraaufwand durch die Reaktion bei Tisch entschädigt, wenn er aufgebrochen wird und der* daube *ein herrlicher Duft entströmt.*

FÜR 4 BIS 6 PERSONEN

1 EL natives Olivenöl extra
125 g *roulade* oder Pancetta, ersatzweise luftgetrockneter durchwachsener Speck, in 1 cm große Stücke geschnitten
1 Hase oder großes Kaninchen, etwa 1,5 kg, in Portionsstücke geteilt
2 gelbe Zwiebeln, gehackt
2 Knoblauchzehen, fein gehackt
2 bis 3 EL Weizenmehl
120 ml trockener Rotwein
180 ml Rotweinessig
2 EL frische Thymianblättchen
2 frische Lorbeerblätter oder 1 getrocknetes Lorbeerblatt
2 ganze Nelken
1 TL Salz
1½ TL schwarzer Pfeffer aus der Mühle
375 ml Wasser
2½ EL Butter
4 rot- oder gelbschalige fest kochende Kartoffeln, ungeschält und geviertelt
24 frische Pfifferlinge, Steinpilze oder braune Champignons
2 EL fein gehackte Schalotten
2 EL gehackte frische glatte Petersilie
1 Stück vorbereiteter Blätterteig, 25 x 30 cm, ½ cm dick
1 Eiweiß, verquirlt

◆ Das Olivenöl in eine Kasserolle mit gut schließendem Deckel geben. Die *roulade* (beziehungsweise die Pancetta oder den durchwachsenen Speck) hinzufügen. Bei mittlerer Temperatur 1 bis 2 Minuten anbraten. Die Stücke vom Hasen oder Kaninchen dazugeben und unter gelegentlichem Wenden 10 Minuten braten, bis das Fleisch leicht gebräunt ist. Die Zwiebeln und den Knoblauch hinzufügen und 1 bis 2 Minuten braten. Mit 2 EL Mehl bestäuben und in 1 bis 2 Minuten unter Rühren anbräunen. Mit dem Rotwein und dem Rotweinessig ablöschen und den Bratensatz mit dem Kochlöffel vollständig losschaben. Den Thymian, den Lorbeer, die Nelken, ½ TL Salz, ¾ TL Pfeffer und 250 ml Wasser dazugeben. Bei der Verwendung von Feldhase wird die Zubereitung an diesem Punkt abgeschlossen. Der Feldhase muss nun abkühlen und wird abgedeckt über Nacht in den Kühlschrank gestellt. Die weitere Zubereitung erfolgt dann am darauf folgenden Tag. Bei der Verwendung von Kaninchen kann hier mit der Zubereitung fortgefahren werden. Dazu den Inhalt der Pfanne oder Kasserolle bei niedriger Temperatur und geschlossenem Deckel köcheln lassen, bis sich das Fleisch mühelos mit einer Gabel vom Knochen lösen lässt, was beim Kaninchen je nach Alter und Größe etwa 1 Stunde und beim Feldhasen bis zu 3 Stunden dauern kann. Ist das Fleisch gar, die Stücke auf eine Platte legen. Für die Sauce die restlichen 125 ml Wasser zugießen und den Pfanneninhalt zum Kochen bringen. Die Temperatur reduzieren. Den restlichen 1 EL Mehl mit 2 EL Butter verkneten, unter die Sauce rühren und alles 1 bis 2 Minuten kochen lassen, bis die Sauce leicht eingedickt ist. Vom Herd nehmen und beiseite stellen.

*Fortsetzung nächste Seite*

◆ Die Kartoffeln mit gesalzenem Wasser bedeckt etwa 20 Minuten leicht kochen lassen, bis sie gar sind. Abschütten und beiseite stellen. In der Zwischenzeit größere Pilze halbieren, kleinere ganz lassen. Die restliche Butter (½ EL) bei mittlerer Temperatur in einer Pfanne zerlassen, dann die Pilze und die Schalotten dazugeben und 3 bis 4 Minuten sautieren, bis sie ihre Farbe zu verändern beginnen. Mit dem restlichen ½ TL Salz und ¾ TL Pfeffer und der Petersilie bestreuen, kurz umrühren und vom Herd nehmen. Beiseite stellen.

◆ Den Backofen auf 200 °C vorheizen.

◆ Eine Auflaufform mit 3,5 bis 4 l Inhalt verwenden. Ich persönlich mag die braun glasierten französischen Keramikformen besonders gern. Wenn eine solche Form mit Blätterteig bedeckt aus dem Ofen kommt, könnte man meinen, sie sei tatsächlich speziell für Gerichte mit Teigdeckel hergestellt worden. Den Blätterteig auf einer leicht bemehlten Arbeitsfläche kreisförmig ausrollen, so dass er im Durchmesser gut 2 cm größer als die Auflaufform und knapp ½ cm dick ist. Die Fleischteile, die Kartoffeln, die Pilze mitsamt der Flüssigkeit und die Sauce in die Auflaufform füllen. Den Blätterteigkreis vorsichtig auf die Form legen und die Ränder fest andrücken, so dass die Form versiegelt ist. In den Blätterteig 3 bis 4 diagonale Schlitze schneiden, damit der Dampf entweichen kann. Diese Öffnungen ergeben zudem ein hübsches Muster, wenn der Blätterteig aufgeht und die verschiedenen Schichten sichtbar werden. Die Oberfläche mit dem Eiweiß bestreichen: dadurch glänzt sie nach dem Backen.

◆ Etwa 20 Minuten backen, bis der Teigdeckel goldbraun ist. Die *daube* aus dem Ofen nehmen und heiß servieren. Dabei auf jeden Teller auch ein Stück des Blätterteigs geben.

# Daube vom Wildschwein

*Eine* daube *vom Wildschein ist eine besondere Delikatesse. Jede Familie und jedes Restaurant besitzt ein eigenes Rezept mit einer oft nur leicht abweichenden Zutatenliste für die Marinade. Zu den wichtigsten Zutaten, die immer gleich bleiben, gehören ein körperreicher Wein (in den wohlhabenderen Haushalten wird ein guter Wein aus dem Rhônegebiet verwendet), Lorbeerblätter, Thymian, Knoblauch, Pfeffer, Salz und Zwiebeln. Manche Köche geben auch Winterbohnenkraut und Orangenschale bei. Andere verwenden etwas Cognac und wieder andere nehmen Möhren und Wacholder. In manchen Fällen wird nur Wein zugegeben, in anderen auch Essig und Wasser. Manchmal wird die Marinade im Voraus zubereitet, was ich selbst sehr empfehle, da sich die Küche so wunderbar mit dem Parfüm der leise im Wein köchelnden Kräuter füllt und so den Duft der Haute Provence zum Leben erweckt.*

*Ich denke, der Schlüssel zum Erfolg bei der Zubereitung dieser* daube *ist – wie bei jedem Gericht mit Wild –, dass man das Alter des Tieres kennt. Das Fleisch eines jungen Wildschweins, eines* marcassin, *benötigt eine kürzere Garzeit als das Fleisch eines ausgewachsenen, einige Jahre alten Ebers. Wurde das Wildschwein in Gefangenschaft aufgezogen und nur für die Jagd freigelassen, schmeckt sein Fleisch ähnlich wie Schweinefleisch. Einen Hinweis auf das Alter eines Tieres gibt die Farbe seines Fleisches, wobei das jüngere und daher zartere Fleisch eine hellere Farbe hat als das Fleisch eines älteren Tieres, das wesentlich dunkler ist. Auf jeden Fall sollte das Fleisch während des Garens überprüft werden, so dass man sich selbst vom bereits erreichten Gargrad überzeugen kann. Als grobe Richtlinie gilt: 1½ bis 2 Stunden Gardauer bei jungem oder auf einer Farm gezüchtetem Wildschwein und 3 bis 4 Stunden bei einem einige Jahre alten Tier.*

*Die* daube *mit Pellkartoffeln oder Kartoffelpüree, einem grünen Salat und einer guten Flasche körperreichen Rotweins, der mit dem Wildaroma des Fleisches harmoniert, servieren.*

FÜR 6 PERSONEN

*Marinade:*
2 EL natives Olivenöl extra
6 Knoblauchzehen, zerdrückt und gehackt
1 gelbe Zwiebel, in Scheiben geschnitten
4 Möhren, geschabt und in 2 cm dicke Scheiben geschnitten

*Fortsetzung nächste Seite*

1 l kräftiger Rotwein
125 ml Rotweinessig
1 l Wasser
2 frische Lorbeerblätter oder 1 getrocknetes Lorbeerblatt
1 TL schwarze Pfefferkörner
6 Wacholderbeeren
6 Zweige frischer Thymian, je etwa 15 cm lang
3 Zweige frischer Rosmarin, je etwa 15 cm lang
6 Stengel frisches Winterbohnenkraut, je etwa 15 cm lang
1 TL Salz
1 Streifen unbehandelte Orangenschale, etwa 10 cm lang und 1 cm breit
4 ganze Nelken

1,75 kg entbeintes Wildschweinfleisch, beispielsweise aus der Schulter, in 5 cm große Stücke geschnitten
2 EL natives Olivenöl extra
5 Scheiben *roulade* oder Pancetta, ersatzweise luftgetrockneter durchwachsener Speck, in 5 cm lange und 1 cm breite Streifen geschnitten
4 Knoblauchzehen, gehackt
1 gelbe Zwiebel, gehackt
2 EL Weizenmehl
2 frische Lorbeerblätter oder 1 getrocknetes Lorbeerblatt
1 Streifen unbehandelte Orangenschale, etwa 10 cm lang und 2 cm breit
1 TL Salz
1 TL schwarzer Pfeffer aus der Mühle

◆ Für die Marinade in einer großen Kasserolle das Olivenöl bei mittlerer Temperatur erhitzen. Den Knoblauch und die Zwiebel dazugeben und in 2 bis 3 Minuten glasig braten. Die Möhren hinzufügen und 1 bis 2 Minuten sautieren, bis sie ihre Farbe leicht verändern. Die restlichen Zutaten für die Marinade dazugeben und alles zum Kochen bringen. Dann bei niedriger Temperatur ohne Deckel 30 Minuten köcheln lassen.
◆ Vom Herd nehmen und auf Zimmertemperatur abkühlen lassen.
◆ Das Fleisch in ein säurefestes Gefäß geben und mit der abgekühlten Marinade übergießen. Es sollte so viel Marinade vorhanden sein, dass das Fleisch bedeckt ist. Das Gefäß abdecken und für 24 Stunden in den Kühlschrank stellen.

◆ Für die Zubereitung das Fleisch aus der Marinade nehmen und mit Küchenkrepp gründlich trockentupfen. Beiseite stellen. Die Marinade durch ein Haarsieb abgießen, dabei die Flüssigkeit auffangen und die Kräuter und das Gemüse wegwerfen. In einer schweren Kasserolle das Olivenöl bei mittlerer Temperatur erhitzen. Die *roulade*- beziehungsweise Pancetta- oder Speckstreifen dazugeben und braten, bis sie beginnen Fett abzugeben, jedoch noch keine Farbe angenommen haben. Dann aus der Kasserolle nehmen und wegwerfen. Den Knoblauch und die Zwiebel hinzufügen und 1 bis 2 Minuten braten. Das Fleisch dazugeben und bei mittlerer bis hoher Temperatur unter gelegentlichem Wenden 8 bis 10 Minuten braten, bis es braun wird. Mit dem Mehl bestäuben, wenden und noch 3 bis 4 Minuten braten, bis das Mehl ebenfalls gebräunt ist und etwas von der Flüssigkeit aufgenommen hat. Mit etwa 150 ml Marinade ablöschen und den Bratensatz mit dem Kochlöffel vollständig losschaben. Die restliche Marinade, die Lorbeerblätter, die Orangenschale, das Salz und den Pfeffer hinzufügen. Die *daube* zum Kochen bringen, danach die Temperatur auf sehr niedrig reduzieren. Bei geschlossenem Topf unter gelegentlichem Rühren mindestens 2 Stunden, falls erforderlich bis 4 Stunden (abhängig vom Alter des Tieres), köcheln lassen, bis das Fleisch sich mühelos mit einer Gabel zerteilen lässt.

◆ Das Fleisch in eine Schüssel geben und warm stellen. Bei hoher Temperatur die Flüssigkeit auf etwa 500 ml einkochen lassen. Dann das Fleisch wieder in die Kasserolle zum reduzierten Bratensaft geben und bei mittlerer Temperatur 2 bis 3 Minuten erhitzen. Das Fleisch zusammen mit etwas Sauce servieren.

# Fischsuppe »Haute Provence«

*Viele Süßwasserfische, wie die kleinen Felsenfische aus dem Mittelmeer, sind für den Verzehr zu klein oder zu grätenreich. Als Zutat für eine Fischsuppe können sie aber zu deren Aroma beitragen. In der Haute Provence wandern Karpfen, Flussbarsche, kleine Forellen und, falls erhältlich, Flusskrebse in die Fischsuppe. Weitere Zutaten stammen vom Feld und aus dem Garten: Thymian, Fenchel, Kartoffeln, Tomaten, Lorbeerblätter, Knoblauch und Lauch. Alles wird zusammen gegart und mit Hilfe eines Passiergeräts zu einer hocharomatischen, dicken Suppe verarbeitet, wobei Gräten und andere Bestandteile entfernt werden. Sogar aus den einfachsten Zutaten lässt sich eine sehr schmackhafte Suppe zubereiten, die dann über geröstetes Knoblauchbrot gegossen serviert wird. Die Beigabe von Anchovis verleiht der Suppe einen ausgeprägteren maritimen Geschmack.*

FÜR 4 PERSONEN

60 ml natives Olivenöl extra
2 Stangen Lauch, einschließlich der zarten grünen Teile, geputzt, sorgfältig gewaschen und gehackt
3 Knoblauchzehen, gehackt; zusätzlich 3 ganze Knoblauchzehen
1 Stengel wilder Gewürzfenchel oder 2 Stengel Zuchtfenchel mit Blättchen (etwa 25 cm lang), gehackt; oder Gemüsefenchel, gehackt (etwa 80 g)
3 Kartoffeln, ungeschält, in Stücke geschnitten
1 bis 1,5 kg Süßwasserfische, beispielsweise Flussbarsch, Forelle und/oder Karpfen (mit Kopf und Schwanz), gesäubert
2 oder 3 in Öl oder in Salz eingelegte und abgespülte Anchovisfilets
3 sehr reife Tomaten, grob gehackt
1 Zweig frischer Thymian oder 2 EL frische Thymianblättchen
2 frische Lorbeerblätter oder 1 getrocknetes Lorbeerblatt
1 Stück getrocknete Orangenschale, etwa 5 cm lang
1 TL Salz
1 TL schwarzer Pfeffer aus der Mühle
2 l Wasser, zusätzlich 50 ml Wasser
500 ml trockener Weißwein
12 Scheiben Baguette oder Landbrot

◆ In einem schweren Suppentopf das Olivenöl bei mittlerer Temperatur erhitzen. Den Lauch, den gehackten Knoblauch und den Fenchel dazugeben und 2 bis 3 Minuten sautieren. Dann die Kartoffeln, den Fisch und die Anchovis hinzufügen und 4 bis 5 Minuten garen, bis der Fisch auseinander zu fallen beginnt. Die Tomaten, den Thymian, den Lorbeer, die Orangenschale, das Salz, den Pfeffer, die 2 l Wasser und den Wein in den Topf geben. Zum Kochen bringen, dann bei niedriger Temperatur ohne Deckel etwa 20 Minuten köcheln lassen, bis die Kartoffeln gar sind.

◆ Vom Herd nehmen und den Inhalt des Suppentopfes portionsweise in ein Passiergerät, das über einer sauberen Kasserolle steht, füllen und passieren. Die im Passiergerät zurückgebliebenen festen Teile wieder in den Suppentopf geben und die 50 ml Wasser angießen. Unter Rühren 3 bis 4 Minuten aufkochen, dann die Masse erneut in das Passiergerät geben und in die Kasserolle passieren. Danach den Pulp, der sich noch im Passiergerät befindet, wegwerfen.

◆ Das Püree bei mittlerer Temperatur unter häufigem Rühren sanft erhitzen, dann abschmecken. Die Konsistenz sollte nicht zu dünn, aber auch nicht so dick wie eine Paste sein.

◆ Die Brotscheiben rösten und mit den ganzen Knoblauchzehen einreiben. Zum Servieren jeweils eine Scheibe Röstbrot in einen vorgewärmten Suppenteller legen und die heiße Suppe über das Brot geben. Die Fischsuppe mit den restlichen Scheiben Röstbrot servieren.

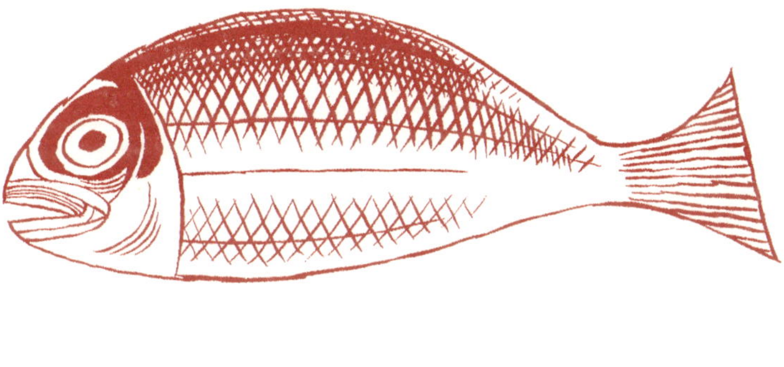

# Gegrillte Forelle mit Rosmarin

*Man könnte meinen, Rosmarin sei zu dominant für das feine Aroma der Forelle, doch verleiht es dem Fisch einen Hauch von wilder Natur, der vorzüglich zu ihm passt.*

FÜR 2 PERSONEN

2 ganze Forellen mit Kopf und Schwanz, je 750 g, gesäubert
3 EL natives Olivenöl extra
1½ TL Salz
1½ TL schwarzer Pfeffer aus der Mühle
6 Scheiben Zitrone, zusätzlich Zitronenspalten zum Garnieren
4 Zweige frischer Rosmarin, je etwa 5 cm lang; zusätzlich 8 bis 10 Zweige Rosmarin, je etwa 20 cm lang

◆ Ein Holzkohlen- oder Holzfeuer vorbereiten.

◆ Die Forellen innen und außen mit dem Olivenöl und anschließend mit dem Salz und dem Pfeffer einreiben. Je Forelle 3 Zitronenscheiben und 2 kurze Rosmarinzweige in die Körperhöhle stecken. Die Fische in eine Grillform mit langem Griff legen und diese fest verschließen. Sobald die Glut eine niedrige bis mittlere Temperatur erreicht hat, die langen Rosmarinzweige darauf verteilen und die Form auf das Rosmarinbett legen. Den Fisch von jeder Seite etwa 5 bis 6 Minuten grillen, bis das Fleisch gar ist und sich leicht von der Mittelgräte lösen lässt. Aus der Grillform nehmen und sofort mit den Zitronenspalten servieren.

# Frittierte Stockfischküchlein mit Tomaten-Coulis

*Das leichte Aroma des Tomaten-Coulis hebt den Geschmack des Stockfischs auf subtile Weise. In dieser Kombination eignen sich die Küchlein gut als Appetithäppchen oder Vorspeise. Man kann sie aber auch als Hauptgericht servieren.*

ERGIBT 20 KÜCHLEIN; FÜR 6 PERSONEN ALS APPETITHÄPPCHEN ODER VORSPEISE ODER FÜR 4 PERSONEN ALS HAUPTGERICHT

500 g Stockfisch (gesalzenes Dorschfilet), entsalzt und pochiert (Seite 224–225)
8 EL gehackte frische glatte Petersilie
2 Eier, verquirlt
2 EL schwarzer Pfeffer aus der Mühle
30 g Parmesan, gerieben
60 g getrocknete feine Semmelbrösel, vorzugsweise selbst hergestellt
2 TL zerriebener getrockneter Thymian
Pflanzenöl zum Ausbacken
250 ml Tomaten-*coulis* (Seite 151), erhitzt oder zimmerwarm

◆ Den Stockfisch in kleine Stücke zerpflücken. Die Stücke zusammen mit der Petersilie, den Eiern, dem Pfeffer und dem Käse in eine Schüssel geben. Gründlich mischen und zu Kugeln von 3 bis 4 cm Durchmesser formen. Die Kugeln zwischen den Handflächen plattdrücken, so dass Küchlein von etwa 5 cm Durchmesser entstehen; die Menge sollte für 20 Küchlein reichen. Auf eine Platte oder Pergamentpapier legen und beiseite stellen.

◆ In einer kleinen Schüssel die Semmelbrösel mit dem Thymian vermischen. In eine Pfanne ½ cm hoch Öl gießen und bei mittlerer Temperatur erhitzen. Die Küchlein von beiden Seiten in die Bröselmischung drücken und dann in die Pfanne legen. Immer nur so viele Küchlein auf einmal in die Pfanne geben, wie ausreichend Platz haben. Auf jeder Seite 3 bis 4 Minuten goldbraun frittieren. Mit einem Bratenheber herausnehmen und zum Abtropfen auf Küchenpapier setzen.

◆ Heiß oder zimmerwarm mit dem Tomaten-*coulis* servieren.

# Flusskrebssauce für Pasta

*Wenn die Fischer erfolgreich waren und mit Eimern voller Flusskrebse nach Hause kommen, werden die Krebse auf ganz einfache Art zusammen mit Salz, Pfefferkörnern und Lorbeerblättern gekocht. Sind die Krebse gar und nunmehr kräftig rot, werden sie abgeschüttet und auf Platten auf den Esstisch gestellt, neben Schüsselchen mit zerlassener Butter, Gefäßen für die leeren Krebspanzer, Fingerschalen und Servietten. Hat der Fischzug nur ein oder zwei Dutzend Flusskrebse erbracht, sollte man diese als Hauptzutat für eine Pastasauce verwenden; gegart werden sie jedoch auf die gleiche Weise.*

FÜR 3 ODER 4 PERSONEN

2 l Wasser
2½ TL Salz
1 EL schwarze Pfefferkörner, zerdrückt
4 frische oder 2 getrocknete Lorbeerblätter
2 Stengel wilder Gewürzfenchel oder 3 Stengel Zuchtfenchel, in 5 cm lange Stücke geschnitten
24 Flusskrebse
1½ EL Butter
1 EL Weizenmehl
2 Schalotten, fein gehackt
2 Knoblauchzehen, fein gehackt
180 ml trockener Weißwein
½ TL schwarzer Pfeffer aus der Mühle
2 EL fein gehackte Blätter vom wilden Gewürzfenchel oder 3 EL fein gehackte Blätter vom Zuchtfenchel
180 ml Geflügelfond
400 g frische oder 300 g getrocknete Fettuccine
30 g Parmesan, gerieben
3 EL fein gehackte frische glatte Petersilie

◆ Das Wasser in einem großen Topf zum Kochen bringen, 2 TL Salz, die Pfefferkörner, den Lorbeer und die Fenchelstengel dazugeben. 5 Minuten kochen lassen, dann die Flusskrebse hineingeben. Die Flusskrebse bei mittlerer Temperatur 6 bis 8 Minuten kochen lassen, bis sie eine kräftig rote Farbe annehmen. Mit einem Sieblöffel aus dem Wasser nehmen und beiseite stellen, bis sie soweit abgekühlt sind, dass man sie anfassen kann. Die Kochflüssigkeit durch ein mit mehreren Lagen Musselin ausgelegtes Sieb abgießen und 120 ml davon zurückbehalten; die restliche Flüssigkeit wegschütten und den Siebinhalt wegwerfen.

◆ Um das Fleisch der Flusskrebse auszulösen, muss zuerst der Kopf vom Körper durch eine drehende Bewegung abgetrennt werden. Dann die obere, locker sitzende Schale am Schwanz abziehen und den Schwanz umbiegen, so dass er abbricht. So lassen sich Schwanz und Schale wegziehen und man kommt problemlos an das Fleisch im Schwanz heran. Entlang der Rückseite des Krebsschwanzes befindet sich ein dünner, dunkler, fadenähnlicher Strang, der Darm, der entfernt werden muss. Dies gelingt leicht, wenn man ihn an der einen Seite anfasst und einfach herauszieht. Das Fleisch ist nun für die weitere Zubereitung bereit. Befindet sich am Kopf oder in der Brusthöhle gelber Rogen, diesen herausnehmen, da er sehr aromatisch ist und den Geschmack der Sauce verbessert. Das Krebsfleisch und eventuell den Rogen beiseite stellen.

◆ ½ EL Butter mit dem Mehl verkneten und beiseite stellen. Die restliche Butter (1 EL) bei mittlerer Temperatur in einer Kasserolle zerlassen, dann die Schalotten und den Knoblauch dazugeben und in 2 bis 3 Minuten glasig braten. Den Wein, den restlichen ½ TL Salz, den gemahlenen Pfeffer, die Fenchelblätter und den Geflügelfond hinzufügen. Die Wein-Fond-Mischung bei hoher Temperatur auf 250 ml einkochen. Nun die Flusskrebse, falls vorhanden auch den Rogen, und die Butter-Mehl-Masse unterrühren und weiterköcheln lassen, bis die Sauce einzudicken beginnt, was etwa 1 bis 2 Minuten dauert.

◆ In der Zwischenzeit einen großen Topf gesalzenes Wasser zum Kochen bringen. Die Pasta hineingeben, gründlich umrühren und bissfest garen. Abschütten und gut abtropfen lassen.

◆ Die Pasta in eine vorgewärmte Servierschüssel füllen. Den Parmesan und die Petersilie in die Sauce rühren, dann die Sauce über die Pasta gießen. Kurz vermischen und sofort servieren.

# Flusskrebse auf Blattsalaten mit Vinaigrette und Aïoli

*Auf gemischten Blattsalaten werden Kartoffeln, Flusskrebsfleisch und der Rogen angerichtet, mit einer leichten Vinaigrette aus Olivenöl und Zitronensaft beträufelt und mit* aïoli *garniert. Dazu sollte man geröstete Croûtons reichen.*

FÜR 4 PERSONEN

4 fest kochende Kartoffeln

*Flusskrebse:*
2 l Wasser
1 EL schwarze Pfefferkörner, zerdrückt
2 TL Salz
4 frische oder 2 getrocknete Lorbeerblätter
2 Stengel wilder Gewürzfenchel oder 3 Stengel Zuchtfenchel, in 5 cm lange Stücke geschnitten
36 lebende Flusskrebse

4 EL natives Olivenöl extra
3 bis 4 EL frisch gepresster Zitronensaft
½ TL Salz
1 TL schwarzer Pfeffer aus der Mühle
2 EL gehackte frische glatte Petersilie
300 g gemischter junger Blattsalat wie Kopfsalat, Spinat und Rucola, geputzt und gewaschen
125 ml *aïoli* (Seite 172)

◆ Die Kartoffeln mit gesalzenem Wasser bedeckt etwa 30 Minuten leicht kochen lassen, bis sie gerade eben gar sind (durch Einstechen mit einer Gabel prüfen). Die Kartoffeln abschütten und, sobald sie soweit abgekühlt sind, dass man sie in die Hand nehmen kann, in Scheiben schneiden. Beiseite stellen.
◆ In der Zwischenzeit das Wasser für die Flusskrebse zum Kochen bringen und die Pfefferkörner, das Salz, die Lorbeerblätter und die Fenchelstengel dazugeben. 5 Minuten kochen lassen, dann die Flusskrebse hineingeben. Die Temperatur reduzieren und die Flusskrebse 6 bis 8 Minuten garen, bis sie eine kräftig rote Farbe haben. Abschütten und soweit abkühlen lassen, dass man sie anfassen kann. Um das Fleisch der Flusskrebse auszulösen, zuerst den Kopf vom Körper durch eine drehende Bewegung abtrennen. Dann die obere, locker sitzende Schale am Schwanz abziehen und den Schwanz umbiegen, so dass er abbricht. So lassen sich Schwanz und Schale wegziehen und man kommt problemlos an das Fleisch im Schwanz heran. Den dunklen Darm an der einen Seite anfassen und herausziehen. Befindet sich am Kopf oder in der Brusthöhle gelber Rogen, diesen herausnehmen. Das Fleisch und den Rogen beiseite stellen.
◆ In einer kleinen Schüssel das Olivenöl, 3 EL Zitronensaft, das Salz, den Pfeffer und die Petersilie vermischen; abschmecken und eventuell noch bis zu 1 EL Zitronensaft hinzufügen. Die Blattsalate auf einzelnen Tellern anrichten. Die Kartoffeln, die Flusskrebse und – falls vorhanden – den Rogen gleichmäßig auf dem Salat verteilen und jeweils mit etwas Vinaigrette beträufeln. Jeden Teller mit einem Löffel *aïoli* garnieren und sofort servieren.

# Stockfisch-Kartoffel-Terrine

*Der Kombination aus Stockfisch und Kartoffeln begegnet man häufig. In dieser Terrine wechseln sich Schichten aus Kartoffelscheiben und eine Mischung aus Stockfisch und Béchamelsauce ab. Den Abschluss bildet eine gewürzte Butter-Semmelbrösel-Kruste.*

FÜR 4 BIS 6 PERSONEN

1,5 kg fest kochende Kartoffeln
5 EL Butter
3 EL Weizenmehl
½ TL schwarzer Pfeffer aus der Mühle
½ TL Cayennepfeffer oder gemahlene getrocknete Chilischoten
250 ml Milch
500 g Stockfisch (gesalzenes Dorschfilet), entsalzt und pochiert (Seite 224 – 225)
2 TL frische Thymian- oder Winterbohnenkrautblättchen
90 g Gruyère, geraspelt
60 g getrocknete grobe Semmelbrösel

◆ Die Kartoffeln mit gesalzenem Wasser bedeckt etwa 30 Minuten leicht kochen lassen, bis sie gerade eben gar sind (durch Einstechen mit einer Gabel prüfen). Darauf achten, dass sie nicht zu weich werden. Die Kartoffeln abschütten und, sobald sie soweit abgekühlt sind, dass man sie in die Hand nehmen kann, in dünne Scheiben schneiden. Beiseite stellen.

◆ Den Backofen auf 190 °C vorheizen. Eine normal große tischfeine Brotbackform mit 1 EL Butter einfetten.

◆ Für die Sauce in einer schweren Kasserolle 3 EL Butter bei mittlerer Temperatur zerlassen. Sobald die Butter zu schäumen beginnt, die Kasserolle vom Herd nehmen und das Mehl, den schwarzen Pfeffer und den Cayennepfeffer unterschlagen, bis eine Paste entsteht. Die Kasserolle wieder auf den Herd stellen und bei mittlerer Temperatur nach und nach die Milch unterschlagen, die in stetigem Strahl zugegossen werden sollte. Die Temperatur auf niedrig reduzieren und so lange rühren, bis keine Klümpchen mehr vorhanden sind. Dann die Sauce unter gelegentlichem Rühren etwa 10 Minuten köcheln lassen, bis sie so dickflüssig ist, dass sie die Rückseite eines Löffels überzieht. Vom Herd nehmen.

◆ Von der Sauce 125 ml abmessen und beiseite stellen. Den Stockfisch in kleine Stücke zerpflücken und diese in eine Schüssel geben. Die restliche Sauce mit dem Stockfisch zu einer Paste vermischen.

◆ Zum Zusammenstellen der Terrine ein Viertel der Kartoffelscheiben in einer Lage in die Brotbackform legen. Mit einem Drittel der Stockfischmischung, einem Drittel des Thymians oder Winterbohnenkrauts und etwa einem Viertel des Käses bedecken. Diese Lagen zwei weitere Male aufeinander schichten und mit einer Schicht Kartoffelscheiben abschließen. Mit dem übrigen Käse und den Semmelbröseln bestreuen, dann mit den 125 ml Sauce begießen. Schließlich die restliche Butter (1 EL) in Flöckchen darauf verteilen.

◆ Etwa 30 Minuten backen, bis die Terrine vollständig erhitzt ist, die Sauce an den Rändern blubbert und die Oberfläche goldbraun gefärbt ist. (Falls erforderlich, die Form noch für 1 bis 2 Minuten unter den Grill stellen, um die Kruste schön zu bräunen.)

◆ Aus dem Ofen nehmen, locker mit Alufolie abdecken und etwa 10 Minuten stehen lassen, damit die Terrine etwas fester wird. Zum Servieren mit einem Messer in Scheiben schneiden, dann bei Tisch mit einem Spatel auf die einzelnen Teller verteilen.

# Rinderrouladen mit Anchoïade

Anchoïade, *eine Mischung aus Anchovis, Olivenöl und Knoblauch, ist nicht nur für die Haute Provence, sondern für die gesamte Provence ein urtypisches Gericht. Man streicht sie auf geröstetes Brot und serviert dieses zum Aperitif, oder man reicht sie als Dip für Rohkost oder verwendet sie in Füllungen für pikantes Gebäck.*

*In diesem Rezept wird sie auf dünne Scheiben Rindfleisch gestrichen, die dann zusammengerollt, gegrillt und entweder für sich oder mit Tomatensauce serviert werden. Der Geschmack ist überwältigend, die Zubereitung jedoch ganz einfach.*

FÜR 4 PERSONEN

10 in Salz eingelegte Anchovis, filetiert und leicht abgespült; ersatzweise 20 in Öl eingelegte Anchovisfilets
8 Knoblauchzehen
80 ml Olivenöl
3 EL gehackte frische Petersilie
8 Scheiben Rindfleisch (je ½ cm dick), beispielsweise Lende, Hüfte oder Oberschale
2 TL schwarzer Pfeffer aus der Mühle
500 ml Tomaten-*coulis* (Seite 151), erhitzt (nach Belieben)

◆ Ein Holzkohlen- oder Holzfeuer vorbereiten. 8 stabile Zahnstocher in Wasser einweichen. Die Anchovis und den Knoblauch in einem Mörser mit einem Stößel, nach Belieben auch in einer Schüssel mit einem Holzlöffel oder in einer kleinen Küchenmaschine, pürieren. Nach und nach das Olivenöl einarbeiten, so dass eine dicke Paste entsteht. Die Petersilie unterrühren.

◆ Die Zahnstocher abtropfen lassen. Die Rindfleischscheiben in der Mitte mit einem 5 cm breiten Streifen Anchovispaste bestreichen, dabei an jedem Ende einen Rand von gut 2 cm frei lassen. Das Fleisch aufrollen und mit einem Zahnstocher feststecken. Mit den übrigen Scheiben Rindfleisch und der restlichen Anchovispaste auf die gleiche Weise verfahren. Jede Roulade mit etwas schwarzem Pfeffer bestreuen.

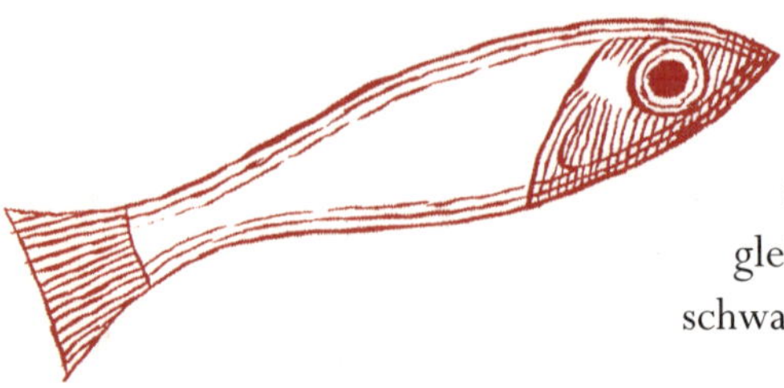

◆ Die Rouladen in eine Grillform mit langem Griff legen und diese fest verschließen. Sobald die Glut eine mittlere Temperatur erreicht hat, die Grillform darüber legen. Die Rouladen von jeder Seite 3 bis 4 Minuten grillen, bis das Fleisch gerade angebraten ist, oder so lange, bis es den bevorzugten Gargrad hat.
◆ Auf Teller verteilen und nach Wunsch heiß mit Tomaten-*coulis* servieren.

## Schnecken auf provenzalische Art

*Falls Sie nicht selbst Schnecken sammeln und füttern wollen, können Sie konservierte oder tiefgekühlte Schnecken verwenden. Das Rezept verkörpert die Aromen der Haute Provence.*

FÜR 2 ODER 3 PERSONEN ALS VORSPEISE

3 EL natives Olivenöl extra
1 Stück durchwachsener Speck, 5 cm dick, klein geschnitten
1 gelbe Zwiebel, gehackt
4 Knoblauchzehen, fein gehackt
1 Schalotte, gehackt
4 Tomaten (frisch oder aus der Dose), enthäutet und Samen entfernt, gehackt
60 ml trockener Weißwein
60 ml Geflügelfond
2 TL frische Thymianblättchen
1 TL frische Winterbohnenkrautblättchen
1 TL Salz
1 TL schwarzer Pfeffer aus der Mühle
1 El Weizenmehl
1 Dose (250 g) Schnecken, abgetropft, oder 1 kg lebende Schnecken, gereinigt und gekocht (Seite 225)
2 EL gehackte frische glatte Petersilie

*Fortsetzung nächste Seite*

◆ In einer Kasserolle das Olivenöl bei mittlerer Temperatur erhitzen. Den Speck dazugeben und 1 bis 2 Minuten braten, bis er weich wird. Dann die Zwiebel, den Knoblauch und die Schalotte hinzufügen und in 2 bis 3 Minuten glasig braten. Die Tomaten dazugeben und unter Rühren 2 bis 3 Minuten sautieren. Den Wein und den Fond angießen, dann den Thymian, das Winterbohnenkraut, das Salz und den Pfeffer untermischen. Alles gut umrühren und auf niedrige Temperatur schalten. Ohne Deckel etwa 45 Minuten köcheln lassen, bis der Inhalt der Kasserolle eingedickt ist.

◆ In einer kleinen Schüssel das Mehl mit 2 EL der heißen Sauce verrühren, dann die Mischung in die Sauce geben, um sie zu binden. Unter Rühren weitere 1 bis 2 Minuten köcheln lassen.

◆ Die Schnecken in die Sauce geben und darin 5 Minuten erhitzen, damit sich die Aromen verbinden. In eine vorgewärmte Schüssel geben, mit der Petersilie garnieren und sofort servieren. Frisches Krustenbrot dazu reichen.

Mandeln,
Nüsse
&
Maronen

## REZEPTE

*Grüner Salat mit Ziegenkäse und gerösteten Mandeln*

◆

*Portulak-Haselnuss-Salat mit Zitronenvinaigrette*

◆

*Endivien-Maronen-Salat mit Speckstreifen*

◆

*Pasta mit Walnüssen und Gorgonzola*

◆

*Ravioli mit Kürbisfüllung und Walnusssauce*

◆

*Ragout aus Schweinefleisch, Maronen und Winteräpfeln*

◆

*Forelle mit gerösteten Mandeln*

◆

*Mandelbaisers*

◆

*Eiscreme mit grünen Mandeln*

◆

*Brotpudding mit kandierten Walnüssen*

◆

*Kandierte Walnüsse*

◆

*Blätterteigtaschen mit Maronencremefüllung*

◆

*Sautierte Zwetschgen mit Walnüssen*

◆

*Vin de noix*

Die Anbaugebiete der Haute Provence, auf denen im 19. Jahrhundert Mandeln, Walnüsse, Haselnüsse und Maronen geerntet wurden und die damals einen wichtigen Teil des Wirtschaftslebens dieser Region ausmachten, sind inzwischen stark zurückgegangen; zum Teil sind sie sogar ganz verschwunden. Das Plateau de Valensole war einst völlig mit Mandelbäumen bewachsen, heute findet man nur noch hier und da in der Nähe verfallener Bauernhöfe einige wenige Bäume. Bei Quinson und Régusse, Aups und Cotignac trifft man noch auf kleine verlassene Mandelhaine, von denen ein Großteil der Bäume tot und der Rest auch nicht weit vom Absterben entfernt ist. Über diese traurige Tatsache kann auch nicht die im Frühjahr so tapfer zur Schau getragene, aber doch eher dürftige Blüte hinwegtäuschen. Jedes Jahr, wenn ich diese Bäume besuchen will, die ich so gut kenne, befällt mich die Furcht, sie könnten – wie die Mandelbäume von Valensole – letztendlich auch der Säge zum Opfer gefallen sein.

Walnüsse sind typisch für die höheren Regionen der Haute Provence, doch wie bei den Mandelbäumen sind die kommerziellen Anbaugebiete, die zu Beginn des Jahrhunderts florierten, verschwunden, und der Großteil der Produktion hat sich verlagert, weiter nach Norden in die Gegend von Grenoble und nach Westen in die von Bordeaux. Im Gebiet um Moustiers-Ste.-Marie beispielsweise gab es bis Mitte der dreißiger Jahre ausgedehnte Anpflanzungen; dann fällte man die Bäume und verkaufte das Holz für Gewehrgriffe an die Deutschen. Auch die Bäume im Jabron-

Tal überlebten nicht; sie lieferten Holz für die Möbelherstellung. Auch Sisteron, Digne, Annot und St. André-les-Alpes, das Tor zu den Pässen des Col d'Allos und den Hochalpen, besaßen noch in diesem Jahrhundert Walnussplantagen. In Annot gab es Ölmühlen, in denen Walnussöl erzeugt wurde, das ein wichtiges Lebensmittel war. Die letzte Walnussölmühle stellte im späten 19. Jahrhundert ihren Betrieb ein. Große Anpflanzungen findet man heutzutage nicht mehr, und auch kleine gibt es nur noch wenige. Man sieht hier und da einen einzelnen Baum, manchmal auch Gruppen von vier oder fünf Bäumen. Eine Ausnahme bildet nur das Jabron-Tal in den Bergen von Lure östlich und westlich von Sisteron, obwohl auch hier die Zahl der Bäume stark zurückgegangen ist. Die Walnüsse aus dieser Gegend sind von hervorragender Qualität, und der *vin de noix,* der aus ihnen hergestellt wird, gilt als regionale Spezialität. Hier, um die Stadt Noyers-sur-Jabron herum, wurden einige neue kleine Anpflanzungen geschaffen. Manche Familien besitzen sogar noch genügend alte Bäume, von denen Walnüsse geerntet und auf dem Markt verkauft werden können. Die Walnussernte beginnt Ende September, wenn die ersten frühen Walnüsse, deren Schalen bereits gesprungen sind, von Hand gepflückt werden. Zu diesem Zeitpunkt beträgt ihr Feuchtigkeitsgehalt etwa 15 bis 20 Prozent. Ihr leicht grüner Geschmack und die knackige Konsistenz machen sie zur Delikatesse. Die reifen, aber immer noch weichen Nüsse werden auf gebuttertes Brot gestrichen und zum Aperitif serviert. Der Rest der Ernte bleibt noch am Baum hängen oder wird zum Trocknen gelagert, bevor er verzehrt wird.

Im Umkreis der Haute Provence werden Maronen und Haselnüsse kommerziell angebaut. Die Edelkastanien findet man im Süden im unteren Var, in den Bergen von Maure und ihrer Umgebung, während die Haselnüsse in den alpinen Regionen gedeihen. Das Produktionszentrum beginnt ungefähr 30 Kilometer nordwestlich von St.-Tropez, in der Gegend um die Stadt La Garde-Freinet, deren Bahnhof von riesigen hundertjährigen Kastanienbäumen umgeben ist. Die Berge oberhalb von Annot und östlich davon, bei St. Benoit, wurden gegen Ende des 19. Jahrhunderts terrassiert und mit Edelkastanien bepflanzt. Nachdem der Erste Weltkrieg und die große Grippe-Epidemie im Winter 1918 von der Bevölkerung ihren Tribut gefordert hatten, gab man einige Anpflanzungen auf, nach dem Zweiten Weltkrieg dann auch den Rest. Haselnusssträucher wurden in der Haute Provence nicht kommerziell kultiviert, doch gehörten sie, wenn es die Anbaubedingungen erlaubten, wie die Edelkastanien zum Baumbestand der Bauernhöfe. Daher sind Haselnüsse und Maronen, wie auch die weiter verbreiteten Mandeln und Walnüsse, ein fester Bestandteil der kulinarischen Tradition dieser Region.

Mandeln und Walnüsse werden hauptsächlich für Gebäck und Saucen verwendet, Maronen für Süßspeisen und als stärkehaltiges Bindemittel in würzigen Zubereitungen wie Schmorgerichten. Die *casse-dents* (Zahnbrecher) genannten traditionellen Kekse bestehen, ähnlich den italienischen *biscotti,* aus hartem Teig mit großen Mandelstücken und werden in manchen Haushalten noch immer auf alte Weise aus lokal geernteten Mandeln zubereitet, obwohl sie in nahezu jeder *pâtisserie* angeboten werden. Die *casse-dents* schmecken mehr nach Mandeln als nach Zucker und werden zum Aperitif serviert. Der steinharte Keks wird in den Aperitif gedippt, vor allem wenn es sich dabei um einen süßlichen Aperitif wie *vin doux* oder einen lieblichen Wermut handelt. Mit einer Kombination aus Bittermandeln und Süßmandeln aromatisiert man *crème anglaise*, die in Teigtarteletts gefüllt und mit Aprikosen garniert wird. Mit gemahlenen Mandeln werden traditionell Saucen aus Basilikum, Olivenöl und gerösteter roter Paprika angedickt; häufig fügt man sie auch der Tapenade bei. Geröstete Mandelblättchen bilden die klassische Garnitur für *truite aux amandes (*Forelle mit Mandeln), und eine Kruste aus warmen Mandeln krönt den Ziegenfrischkäse, der umgeben von dünnen Tomatenscheiben auf einem Bett von Kopfsalat angerichtet wird. Ravioli mit Kürbisfüllung, ein Wintergericht, serviert man stets mit Walnusssauce, außerdem werden Walnüsse in Salaten und Süßspeisen verwendet und in gemahlener Form in Teigen für Gebäck.

Grüne Mandeln und grüne Walnüsse spielen im Frühling, Monate bevor sie reif für die Ernte sind, eine besondere kulinarische Rolle. Die Mandelbäume blühen im Februar und März, im April tragen sie bereits daumengroße Früchte, die von einer weichen, pelzigen Hülle umgeben sind. In dieser Hülle befindet sich die noch nicht fertig ausgebildete Schale, die ebenfalls noch weich ist und die Farbe von frischem Heu hat. Darunter sitzt der gerade im Festwerden begriffene elfenbeinfarbige Kern, der von einer weißen Haut umschlossen ist. In diesem Stadium gilt die Mandel als besondere Delikatesse: Ihr Kern hat eine weiche Konsistenz und einen feinen, aber schon deutlichen Mandelgeschmack. Noch in ihren pelzigen Hüllen reicht man die grünen Mandeln zum Aperitif; sie werden aufgebrochen und gesalzen. Unreife Mandelkerne verwendet man auch für Feingebäck. Die Walnussbäume blühen später, im April; sie sind dann mit Pollen verstreuenden Kätzchen bedeckt. Am 24. Juni, an St.-Jean-Baptiste, dem Johannistag, sind die grünen Walnüsse groß genug, um aus ihnen *vin de noix*, einen sehr aromatischen Walnusswein, herzustellen. Die Nüsse haben dann fast ihre normale Größe erreicht, aber die Schale ist noch nicht ausgebildet. Die grünen Walnüsse werden mit einem Holzhammer aufgebrochen und zum Mazerieren in Rotwein eingelegt. Fünfundvierzig

Tage später entfernt man die Walnüsse, und der Wein wird mit Zucker und Eau de vie versetzt. Es gab eine Zeit, in der *vin de noix* in der Haute Provence auf kommerzieller Ebene hergestellt wurde, doch irgendwann wurde die Produktion rückläufig, und schließlich stellte man den Wein nur noch privat her. In Forcalquier, am Rande des Plateau d'Albion, erlebt die Tradition der Herstellung von *vin maison* in letzter Zeit eine richtiggehende Renaissance, und eine kleine Brennerei und ein Aperitifhersteller haben die Produktion in größeren Mengen wieder aufgenommen. In Cafés, Restaurants und Bars der Haute Provence ist *vin de noix,* das stolze Produkt der Region, ein zunehmend öfter erhältlicher Aperitif.

Die ebenfalls im Frühjahr blühenden Kastanienbäume haben bis zur Sommermitte die kräftig grünen Kastanienschalen vollständig ausgebildet. Im Spätherbst färben sich diese dann goldbraun und beginnen aufzubrechen. Es gibt zwei Arten von essbaren Kastanien (die Rosskastanie ist nicht essbar): *châtaigne* und *marron*. Als *châtaigne* wird eine wilde Kastanie bezeichnet, die zwei bis drei kleinere Nüsse unter der stacheligen Schale verbirgt. Die *marron* besteht aus einer einzigen großen Nuss. In Geschmack und Konsistenz unterscheiden sie sich nicht wesentlich, lediglich in der Größe. Sie werden im Spätherbst geerntet oder gesammelt und ab November in größeren Dörfern und Städten in offenen flachen Pfannen geröstet und in Tüten aus Zeitungspapier gefüllt und verkauft, wie an Markttagen in Forcalquier, wo auf Tischen frische Maronen und Walnüsse aufgehäuft sind. In der heimischen Küche werden sie auf vielerlei Weise weiterverarbeitet, vom Rösten über Kochen bis zum Pürieren.

## MARONEN RÖSTEN

Man röstet Maronen für die weitere Verwendung in einem Gericht oder macht aus dem Rösten ein geselliges Ereignis für Familie und Freunde, bei dem man zusammen kocht und die warmen, weichen Maronen anschließend verzehrt. Um zu verhindern, dass die Maronen während des Kochens aufplatzen, sollte man die harte Schale auf der abgeflachten Seite kreuzweise einschneiden. Zum Rösten werden sie dann direkt über einem offenen Feuer auf den Grill oder in eine Grillform gelegt. Bei manchen traditionellen Zubereitungen besprengt man die Maronen während des Grillens mit Wein (weißem oder rotem) oder gar mit etwas Eau de vie oder Cognac. Wenn sich die harte Schale um die kreuzförmigen Einschnitte nach hinten rollt und dunkel geworden ist, was etwa 15 bis 20 Minuten dauert, sind die Maronen gar. Man löst nun die äußere Schale und dann die darunter liegende Haut ab, um das gegarte süße Innere freizulegen. Sollen die Maronen im

Backofen geröstet werden, muss man ihn auf 260 °C vorheizen, dann legt man die kreuzweise eingeschnittenen Maronen in einer Lage nebeneinander auf ein Backblech und gart sie im Ofen 15 bis 20 Minuten. Für beide Fälle gilt: Solange die Maronen noch warm sind, kann man sie wesentlich leichter schälen.

## MARONEN KOCHEN

Zum Kochen werden die Maronen ebenfalls kreuzweise eingeschnitten, in einen Topf gegeben und mit gesalzenem Wasser bedeckt. Etwa 2 Minuten oder so lange kochen, bis sich die Schale wölbt. Während die Maronen noch heiß sind, die harte äußere Schale und die pergamentartige innere Haut abziehen. Sind die Maronen schon zu stark abgekühlt, so dass das Schälen Schwierigkeiten bereitet, kann man sie nochmals kurz aufkochen. Nach dem Schälen können die Maronen als Zutat für bestimmte Gerichte verwendet werden; zum Essen sind sie jedoch noch zu hart und zu trocken. Weich und zum Verzehren geeignet sind sie erst nach einer Garzeit von 30 bis 40 Minuten.

# Grüner Salat mit Ziegenkäse und gerösteten Mandeln

*Für dieses Rezept eignet sich ganz besonders ein weicher* caillé-doux-*Käse. Die Mandeln bilden auf dem Käse eine zarte Kruste, und wären da nicht die Tomatenscheiben und der Kopfsalat, könnte man dieses Gericht für ein Käse-Mandel-Dessert halten. Hier ist meine Variante des Salats, den ich im Grand Hôtel in Valensole genossen habe.*

FÜR 4 PERSONEN

4 EL natives Olivenöl extra
1 EL Rotweinessig
½ TL Salz
½ TL schwarzer Pfeffer aus der Mühle
2 EL fein gehackte Schalotten
3 feste, leicht grüne, nicht zu saftige Tomaten
1 Kopfsalat
60 g Mandelblättchen
4 Ziegenweichkäse, je 8 bis 10 cm im Durchmesser und 1 bis 2 cm dick

◆ In einer kleinen Schüssel das Olivenöl, den Essig, das Salz und den Pfeffer zu einer Vinaigrette verrühren. Die Schalotten dazugeben.

◆ Die Tomaten in sehr dünne Scheiben schneiden. Wenn möglich, sollten sie nicht dicker als 2 mm sein. Vom Kopfsalat nur die hellen inneren Blätter verwenden; die dunkleren Außenblätter zu einer anderweitigen Verwendung beiseite stellen. Die zarten Blätter in große Stücke zerpflücken und in eine Schüssel geben. Die Vinaigrette dazugießen und den Salat mit zwei Löffeln darin wenden. Dann den Salat gleichmäßig auf einzelne Teller verteilen und die restliche Vinaigrette aus der Schüssel darüber träufeln. Die Tomatenscheiben in der Mitte des Salatbetts arrangieren.

◆ Eine Pfanne bei mittlerer Temperatur heiß werden lassen, dann die Mandelblättchen hineingeben und rösten; die Pfanne dabei schwenken. Nach 2 bis 3 Minuten haben die Mandelblättchen eine goldene Farbe angenommen.

◆ Jeweils einen Ziegenkäse auf einem Tomatenbett anrichten, dann den Käse mit den warmen Mandelblättchen bestreuen. Sofort servieren.

# Portulak-Haselnuss-Salat mit Zitronenvinaigrette

*Die leichte Zitrusnote des Portulaks wird durch die Zitronenvinaigrette angenehm betont, während die Haselnüsse mit ihrem kräftige Aroma dem Salat zusätzliche Substanz geben und seinen Geschmack wunderbar abrunden.*

FÜR 4 PERSONEN

4 EL natives Olivenöl extra
2 bis 3 EL frisch gepresster Zitronensaft
½ TL Salz
1 TL schwarzer Pfeffer aus der Mühle
2 EL gehackte frische glatte Petersilie
150 g Portulakblätter oder Stengel Portulak, geputzt
150 g junger, zarter Kopfsalat, geputzt
120 g Haselnüsse, gehackt

◆ In einer Salatschüssel das Olivenöl mit 2 EL Zitronensaft, dem Salz, dem Pfeffer und der Petersilie zu einer Vinaigrette verrühren; abschmecken und nach Geschmack noch bis zu 1 EL Zitronensaft hinzufügen. Den Portulak, die Salatblätter und die Hälfte der Nüsse dazugeben. Mit Hilfe zweier Löffel alle Zutaten behutsam miteinander vermischen.
◆ Den Salat gleichmäßig auf 4 Salattellern verteilen. Jeden Salatteller mit einer Portion der restlichen Haselnüsse garnieren.

# Endivien-Maronen-Salat mit Speckstreifen

*Die Maronen ziehen kurz in der warmen Vinaigrette, bevor sie zu diesem winterlichen Salat gegeben werden, der das Aroma der Berge in sich vereint.*

FÜR 4 ODER 5 PERSONEN

6 dicke Scheiben durchwachsener Speck, in 2 cm lange Streifen geschnitten
1 großer Kopf Endivie
1 Schalotte, fein gehackt
3 EL Rotweinessig
2 EL Wasser
½ TL Dijon-Senf
¼ TL Salz
1 TL schwarzer Pfeffer aus der Mühle
15 Maronen, geröstet und geschält (Seite 254–255), halbiert

◆ In einer Pfanne die Speckstreifen bei mittlerer Temperatur in 3 bis 5 Minuten knusprig braten. Mit einem Sieblöffel aus der Pfanne nehmen und auf Küchenpapier abtropfen lassen. Vom in der Pfanne zurückgebliebenen Fett 3 EL aufbewahren, den Rest wegschütten oder anderweitig verwenden.
◆ Nur die inneren hellgelben Blätter des Endiviensalats verwenden; in mundgerechte Stücke zerpflücken und in eine Salatschüssel geben. Die dunkleren Blätter anderweitig verwenden.
◆ Die Schalotte, das zurückbehaltene Fett, den Essig, das Wasser, den Senf, das Salz und den Pfeffer zusammen in eine Kasserolle geben. Bei mittlerer Temperatur zum Köcheln bringen und die Zutaten unter Rühren vermischen. Die Maronen hinzufügen und 1 bis 2 Minuten köcheln lassen, bis sie heiß sind.
◆ Das heiße Dressing mit den Maronen über den Salat gießen, den knusprig gebratenen Speck hinzufügen und kurz vermischen. Sofort servieren, am besten auf vorgewärmten Tellern.

# Pasta mit Walnüssen und Gorgonzola

*In diesem Rezept werden fein gehackte Walnüsse mit Gorgonzola, einem in der Haute Provence besonders beliebten importierten Käse, zu einer Sauce vermischt. Die cremige Konsistenz und der pikante Geschmack des Käses sind eine köstliche Ergänzung zum feinen Aroma der Walnüsse.*

FÜR 3 ODER 4 PERSONEN

350 g frische Pasta
80 ml Schlagsahne
60 g Gorgonzola, in kleine Stücke gebrochen
40 g Walnüsse, fein gehackt; zusätzlich 4 oder 5 Walnusshälften, grob gehackt, zum Garnieren
1 TL schwarzer Pfeffer aus der Mühle, zusätzlich Pfeffer zum Bestreuen
2 EL gehackte frische glatte Petersilie

◆ In einem großen Topf gesalzenes Wasser zum Kochen bringen. Die Pasta dazugeben, gut umrühren und bissfest garen.
◆ Kurz bevor die Pasta fertig ist, die Schlagsahne in einer kleinen Kasserolle erhitzen, dann den Gorgonzola unterrühren, bis er schmilzt. Danach die fein gehackten Walnüsse und 1 TL Pfeffer dazugeben.
◆ Die Pasta abschütten und auf eine vorgewärmte Platte geben. Sofort mit der Sauce übergießen, vermischen und mit den grob gehackten Walnüssen und der Petersilie garnieren. Mit Pfeffer nach Geschmack bestreuen und sofort servieren.

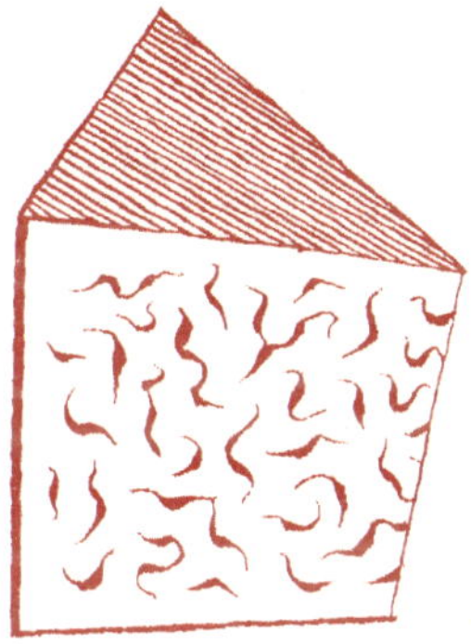

# Ravioli mit Kürbisfüllung und Walnusssauce

*Grob gehackte Walnüsse werden zusammen mit Knoblauch in Butter sautiert, dann kurz in wenig Sahne erwärmt, was eine gehaltvolle und hocharomatische Sauce ergibt, die einen reizvollen Gegensatz zu der würzigen Nussfüllung der Ravioli darstellt. Der Kürbis sollte feinkörniges, festes Fruchtfleisch haben, da sich aus einem Kürbis mit wässriger und grobfaseriger Konsistenz keine geeignete Füllung herstellen lässt. Im Zweifelsfall sollte man einen Winterkürbis wie beispielsweise einen Butternusskürbis oder einen Kürbis der Sorte Hubbard auswählen. In der Haute Provence verwendet man in diesem Fall den tief eingekerbten, fleischigen Musquée de Provence.*

ERGIBT ETWA 60 RAVIOLI; FÜR 5 ODER 6 PERSONEN

*Füllung:*

1 Winterkürbis wie Butternuss oder Hubbard, etwa 1 bis 1,25 kg, halbiert oder geviertelt, jedoch nicht geschält, Samen entfernt
1 Ei, verquirlt
70 g Gruyère, geraspelt
1 TL Salz
½ TL gemahlener Zimt
½ TL gemahlene Nelken
1 Prise Safran
1 TL schwarzer Pfeffer aus der Mühle

*Teig:*

300 g Weizenmehl
2 Eigelbe
1 EL natives Olivenöl extra
¼ TL Salz, in 2 EL warmem Wasser aufgelöst

*Sauce:*
1 EL Butter
1 EL fein gehackter Knoblauch
250 g Walnüsse, grob gehackt
100 bis 125 ml Schlagsahne
½ TL schwarzer Pfeffer aus der Mühle

1 EL gehackte frische glatte Petersilie

◆ Den Backofen auf 190 °C vorheizen.
◆ Den Kürbis mit der aufgeschnittenen Seite nach unten auf ein Backblech legen. Etwa 1 Stunde backen, bis das Fruchtfleisch gar ist, was durch Einstechen mit einem scharfen Messer geprüft werden kann. Aus dem Ofen nehmen, das Fleisch aus der Schale lösen und in eine Schüssel geben. Mit einer Gabel oder einem Kartoffelstampfer pürieren. Etwas abkühlen lassen, dann das Ei, den Käse, das Salz, den Zimt, die gemahlenen Nelken, den Safran und den Pfeffer hinzufügen und gründlich vermischen. Beiseite stellen.
◆ Der Teig lässt sich mit einer Küchenmaschine leicht herstellen. Zuerst das Mehl in die Rührschüssel geben, dann die Eigelbe, das Olivenöl und das Wasser. So lange rühren, bis sich eine klebrige Teigkugel bildet (eventuell noch etwas Wasser dazugeben). Den Teig auf eine bemehlte Arbeitsfläche legen und etwa 7 Minuten kneten, bis er elastisch ist. Dann locker in Frischhaltefolie einschlagen und 30 Minuten bei Zimmertemperatur stehen lassen. Anschließend den Teig in zwei gleiche Stücke teilen. Den einen Teil auf einer gut bemehlten Arbeitsfläche rechteckig (40 x 50 cm, etwa 3 mm dick) ausrollen. (Man kann dafür auch eine Nudelmaschine verwenden.) Das Teigrechteck in Gedanken in 4 cm große Quadrate einteilen. In die Mitte jedes Quadrats 1 TL Füllung setzen und diese etwas verstreichen; dabei an den Rändern 1 cm frei lassen. Den restlichen Teig zu einem ebenso großen Rechteck ausrollen und über das erste Teigrechteck legen. Die Häufchen der Füllung mit der Handfläche sanft flachdrücken. Mit der Handkante zwischen den Häufchen Linien eindrücken, um die Ränder der einzelnen Ravioli zu verschließen. Mit einem Teigrädchen oder einem scharfen Messer an den Linien entlangschneiden, wodurch das gefüllte Teigrechteck in einzelne, etwa 4 cm große Ravioli geteilt wird. Die Ränder gut festdrücken.

*Fortsetzung nächste Seite*

◆ Die Ravioli können nun gegart werden. Falls sie erst einige Stunden später serviert werden sollen, müssen sie ungegart nebeneinander auf ein mit Mehl bestäubtes Tuch oder Pergamentpapier gelegt werden; sie sollten sich nicht berühren. Die Ravioli ebenfalls gut mit Mehl bestäuben und mit einem Tuch oder mit Pergamentpapier abdecken.
◆ In einem großen Topf gesalzenes Wasser zum Kochen bringen. Die Ravioli vorsichtig mit Hilfe eines Löffels hineingeben. Auf niedrige Temperatur schalten und das Wasser schwach sieden lassen, bis die Ravioli gar sind; dies dürfte etwa 10 Minuten dauern.
◆ Während die Ravioli gegart werden, die Sauce zubereiten. In einer Pfanne die Butter bei mittlerer Temperatur zerlassen. Sobald sie schäumt, den Knoblauch dazugeben und 1 bis 2 Minuten sautieren, dann die gehackten Nüsse hinzufügen, einige Male umrühren. Die Schlagsahne angießen und den Pfeffer einrühren; alles unter häufigem Rühren 5 Minuten köcheln lassen.
◆ Sobald die Ravioli gar sind, abschütten und auf eine vorgewärmte Servierplatte geben. Mit der heißen Walnusssauce begießen und mit Petersilie bestreuen.

## Ragout aus Schweinefleisch, Maronen und Winteräpfeln

*Die Kombination aus süßen, mehligen Maronen und säuerlichen Äpfeln verleiht diesem herzhaften Ragout einen runden, harmonischen Geschmack. Als Beilage kann man gedünstetes Blattgemüse servieren, das nur mit etwas Zitronensaft sowie Salz und Pfeffer abgeschmeckt ist.*

FÜR 6 PERSONEN

2 EL natives Olivenöl extra
1,25 kg entbeintes mageres Schweinefleisch aus Schulter oder Keule, in 4 cm große Würfel geschnitten
6 Scheiben durchwachsener Speck, in 2 cm große Stücke geschnitten
2 gelbe Zwiebeln, gehackt

2 Schalotten, gehackt
2 EL Weizenmehl
2 TL Salz
1 TL schwarzer Pfeffer aus der Mühle
125 ml trockener Weißwein
500 ml Rinderfond
2 frische Lorbeerblätter oder 1 getrocknetes Lorbeerblatt
2 TL frische Thymianblättchen
2 EL gehackte frische glatte Petersilie
1 kg Maronen, gekocht und geschält (Seite 255)
4 säuerliche Äpfel, beispielsweise Granny Smith, geschält, Kerngehäuse entfernt, in 4 cm große Stücke geschnitten

◆ In einer schweren Kasserolle das Olivenöl bei mittlerer Temperatur erhitzen. Das Schweinefleisch dazugeben und etwa 10 Minuten braten, bis es gebräunt ist. Mit einem Sieblöffel herausheben und auf eine Platte legen, dann den ausgetretenen Fleischsaft und das Fett aus der Kasserolle abgießen.
◆ Den Speck in die Kasserolle geben und bei mittlerer Temperatur 1 bis 2 Minuten unter Rühren braten, bis er Fett abzugeben beginnt. Nun die Zwiebeln und Schalotten hinzufügen und in 1 bis 2 Minuten glasig braten. Mit dem Mehl, dem Salz und dem Pfeffer bestreuen, umrühren und das Mehl 2 bis 3 Minuten bräunen lassen. Auf hohe Temperatur schalten, mit dem Weißwein ablöschen und den Bratensatz mit dem Kochlöffel vollständig losschaben. Das Fleisch ohne den in der Zwischenzeit ausgetretenen Fleischsaft, den Rinderfond, den Lorbeer, den Thymian und die Petersilie hinzufügen. Bei niedriger Temperatur und aufgelegtem Deckel 30 Minuten köcheln lassen.
◆ Die Maronen dazugeben, vorsichtig umrühren und bei geschlossenem Topf 10 Minuten köcheln lassen. Dann die Äpfel unterrühren, den Deckel auflegen und alles etwa 15 Minuten köcheln lassen, bis die Äpfel weich sind, sich jedoch nicht auflösen. Heiß servieren.

# Forelle mit gerösteten Mandeln

Truite aux amandes *steht in Restaurants der Haute Provence häufig auf der Speisekarte. Die Forelle kommt frisch aus dem Fluss und wird in einer Mandelhülle serviert.*

FÜR 4 PERSONEN

250 ml Milch
1½ TL Salz
1 TL schwarzer Pfeffer aus der Mühle
70 g Weizenmehl
4 ganze Forellen (mit Kopf und Schwanz), je etwa 750 g, gesäubert
Pflanzenöl zum Braten
60 g Butter
60 g Mandelblättchen
2 unbehandelte Zitronen, in dünne Scheiben geschnitten

◆ Die Milch in eine flache Schüssel gießen, die groß genug ist, um eine Forelle hineinzulegen. 1 TL Salz und den Pfeffer unterrühren. Das Mehl auf einen großen Teller streuen. Jeweils einen Fisch durch die Milch ziehen, dann im Mehl wälzen.
◆ In eine große Bratpfanne so viel Öl gießen, dass sich auf dem Boden der Pfanne ein Film bildet, dann das Öl bei mittlerer Temperatur erhitzen, bis es beinahe raucht. Die Temperatur auf mittel bis niedrig reduzieren, die Fische in die Pfanne legen und bei aufgelegtem Deckel 1 Minute braten, dann bei niedriger Temperatur noch 5 bis 6 Minuten braten. Die Forellen wenden und von der anderen Seite bei aufgelegtem Deckel 4 bis 5 Minuten braten. Die Haut sollte nun goldbraun und knusprig sein und das Fleisch sich leicht von den Gräten lösen lassen. Aus der Pfanne nehmen und auf eine vorgewärmte Platte legen.
◆ In der Zwischenzeit in einer kleinen Pfanne die Butter bei mittlerer Temperatur zerlassen. Sobald sie schäumt, die Mandelblättchen hineingeben und mit dem übrigen ½ TL Salz bestreuen. Unter Rühren in 2 bis 3 Minuten goldbraun rösten, dann mit einem Sieblöffel aus der Pfanne nehmen und auf den Forellen verteilen, so dass sie ganz mit Mandelblättchen bedeckt sind. Die Forellen mit der Butter aus der Pfanne begießen, mit den Zitronenscheiben garnieren und heiß servieren.

# Mandelbaisers

*Diese Baisers oder Meringuen kann man als Kleingebäck servieren; oder man stellt sie in Form von Schalen her, die dann mit Eiscreme oder Früchten gefüllt werden.*

ERGIBT ETWA 50 KEKSE ODER 8 BIS 10 SCHALEN

170 g Mandeln
5 bittere Mandeln oder 1 TL Mandelaroma
6 Eiweiße
½ TL Salz
1½ TL Weinstein
350 g Zucker

◆ Alle Mandeln in einem Mixer oder Passiergerät fein mahlen, aber nicht pulverisieren. (Falls Mandelaroma verwendet wird, dieses zu einem späteren Zeitpunkt hinzufügen.)
◆ Die Eiweiße in eine große Schüssel aus Kupfer oder Edelstahl geben und stehen lassen, bis sie zimmerwarm sind. Den Backofen auf 120 °C vorheizen.
◆ Das Salz und den Weinstein zu den Eiweißen geben. Mit einem Schneebesen oder einem Handrührgerät schlagen, bis sich weiche Spitzen bilden. Wird Mandelaroma verwendet, dieses nun hinzufügen. Abwechselnd in Portionen von etwa 2 EL den Zucker und die Mandeln einrieseln lassen, nach jeder Portion gründlich schlagen. Sobald sich der Zucker auflöst, beginnt der Eischnee zu glänzen.
◆ Ein Backblech mit nicht eingefettetem Pergament- oder Backpapier oder braunem Papier (zum Beispiel von Einkaufstüten) auslegen. Um Kekse herzustellen, jeweils 1 EL der Baisermasse auf das Papier geben. Für Schalen jeweils ungefähr 120 ml von der Masse abnehmen und kreisförmig auf das Papier gießen. Mit der Rückseite eines Löffels in der Mitte eine Mulde formen.
◆ Die Kekse und Schalen backen, bis sie cremefarben und fest sind, was bei den Keksen 35 bis 40 Minuten und bei den Schalen ungefähr 1 Stunde dauert. Den Backofen ausschalten und das Gebäck mindestens 2 Stunden, am besten aber über Nacht, im Ofen lassen, bis es vollständig abgekühlt ist. Die Baisers in Papiertüten an einem trockenen Ort bis zur Verwendung aufbewahren. Sie sind etwa 1 Woche haltbar.

# Eiscreme mit grünen Mandeln

*Im Frühling, wenn der Mandelkern in der noch weichen Schale gerade fest wird und die Hülle noch grün und pelzig ist, können die Mandelkerne in der Küche verwendet oder direkt verzehrt werden. Sie schmecken bereits deutlich, aber sehr fein nach Mandeln, und die Konsistent ist leicht knackig, aber glatt und nicht körnig. Um diese Eigenschaften bestmöglich zur Geltung zu bringen, sollte man die Mandeln erst dann unterziehen, wenn die Eiscreme fast fertig ist, und diese servieren, solange sie noch relativ weich ist – sie soll keinesfalls zu hart gefroren sein. Bittere Mandeln, die im Herbst zuvor geerntet wurden, verleihen der Eismasse ihr Aroma und ihren Duft.*

ERGIBT ETWA 600 ML EISCREME

250 ml Schlagsahne
250 ml Milch
125 g Zucker
2 Eigelbe
5 bittere Mandeln oder ½ TL Mandelaroma
80 g geschälte grüne Mandeln, grob gehackt (etwa 1,4 kg in der Hülle)

◆ Die Schlagsahne mit der Milch und dem Zucker in eine Kasserolle geben. Bei mittlerer Temperatur bis knapp unter den Siedepunkt erhitzen, dabei gelegentlich umrühren, damit sich der Zucker auflöst. Auf niedrige Temperatur schalten.
◆ Die Eigelbe in eine Schüssel geben und glatt rühren. Langsam etwa 250 ml der heißen Sahnemasse zu den Eigelben gießen, dabei mit einem Schneebesen permanent schlagen. Ist die Masse gleichmäßig vermischt, die Eigelbmasse unter ständigem Schlagen in die Kasserolle geben. Bei niedriger Temperatur ungefähr 10 Minuten mit dem Schlagen fortfahren, bis die Masse eindickt und die Rückseite eines in die Sauce getauchten Löffels ohne zu tropfen überzieht. Die Bittermandeln oder das Mandelaroma hinzufügen und die Masse auf Zimmertemperatur abkühlen lassen. Falls Bittermandeln verwendet wurden, diese entfernen.
◆ Die Masse in eine Eismaschine füllen und nach den Anweisungen des Herstellers gefrieren. Kurz bevor sie fest wird, die grob gehackten grünen Mandeln unterziehen und weitergefrieren lassen, bis die Eiscreme fast fest geworden ist. Sofort servieren.

# Brotpudding mit kandierten Walnüssen

*Dies ist ein besonders gehaltvoller und süßer Brotpudding. Warm als Dessert mit Vanillesauce oder Eiscreme ist er der gelungene Abschluss eines Menüs. Statt Walnüssen können auch Haselnüsse oder Mandeln verwendet werden. Je gröber das verwendete Brot ist, desto lockerer und luftiger wird der fertige Pudding.*

FÜR 6 PERSONEN

3½ EL Butter
1 bis 1,5 l Milch
1 TL Vanilleextrakt
3 Eier, verquirlt
½ TL Salz
350 g Zucker
10 bis 12 Scheiben 1 Tag altes Brot (siehe oben), je etwa 2 cm dick
500 g kandierte Walnüsse (Seite 268)

◆ Eine normal große Brotbackform oder Auflaufform mit ½ EL Butter einfetten. Die Milch in eine große Schüssel gießen; bei feinporigem Brot etwa 1 l, bei grobem Landbrot 1,5 l Milch verwenden. Den Vanilleextrakt, die Eier, das Salz und den Zucker bis auf 6 EL hinzufügen. Gründlich vermischen. Das Brot beigeben und stehen lassen, bis es gut eingeweicht ist.
◆ Die kandierten Walnüsse grob hacken; zuvor 6 Walnusshälften beiseite legen. Die vorbereitete Form mit einer Schicht Brot auslegen. Mit einem Drittel der gehackten kandierten Nüsse bestreuen und etwa einem Viertel der Eiermilch übergießen. Diese Schichtenfolge zweimal wiederholen, dabei die Lagen zusammendrücken. Mit einer Schicht Brot abschließen. 1 EL Butter in Flöckchen schneiden und auf dem Brot verteilen. Die restliche Eiermilch darüber gießen. Dann die zurückbehaltenen kandierten Walnüsse fein hacken, mit den übrigen 6 EL Zucker vermischen und auf dem Pudding verteilen. Die restliche Butter (2 EL) in kleine Stücke schneiden und damit den Pudding belegen.
◆ Etwa 45 Minuten backen, bis an einem in der Mitte des Puddings eingestochenen Messer keine Puddingmasse mehr haftet. Mit einem Löffel aus der Form nehmen und in Dessertschalen füllen. Heiß oder warm servieren.

# Kandierte Walnüsse

*Dadurch, dass man die Walnüsse zweimal in Zuckersirup kocht und auch zweimal im Backofen röstet, wird gewährleistet, dass sie vollständig vom Zucker durchdrungen werden, außerdem erhalten sie auf diese Weise eine wunderbar tiefbraune Farbe. Kocht und röstet man die Nüsse nur einmal, entsteht lediglich ein heller Zuckerüberzug, der leicht abblättert. Die kandierten Walnüsse können mit Obst oder Käse zum Dessert serviert oder für Gebäck verwendet werden.*

ERGIBT ETWA 500 G

250 g Walnusshälften
250 ml Wasser
450 g Zucker

◆ Den Backofen auf 150 °C vorheizen. Ein Backblech mit Alufolie auslegen.
◆ Die Nüsse mit dem Wasser und dem Zucker in eine Kasserolle geben und zum Kochen bringen. Unter Rühren etwa 5 Minuten kochen lassen, bis ein klarer Sirup entsteht. Die Walnüsse mit einem Sieblöffel aus dem Sirup heben und auf dem vorbereiteten Backblech in einer Lage so nebeneinander ausbreiten, dass sie sich gegenseitig nicht berühren. Die Walnüsse 1 Stunde rösten, dabei ab und zu von der Folie ablösen. Sie karamellisieren schnell und glänzen wie Mahagoni.
◆ Das Backblech aus dem Ofen nehmen und die Walnüsse ein zweites Mal in den Zuckersirup geben. Zum Kochen bringen und 2 bis 3 Minuten kochen lassen. Das Backblech mit frischer Alufolie auslegen. Mit dem Sieblöffel die Walnüsse aus dem Sirup heben und erneut so auf dem Backblech ausbreiten, dass sie sich nicht berühren. Wieder in den Ofen schieben. Die Nüsse 30 bis 45 Minuten rösten, bis sie vollständig getrocknet sind; dabei gelegentlich von der Folie lösen. Aus dem Ofen nehmen und bei Zimmertemperatur abkühlen lassen.
◆ An einem kühlen, trockenen Ort in einer Dose oder einem Glas mit gut schließendem Deckel aufbewahren. Die Walnüsse sind bis zu 6 Wochen haltbar.

# Blätterteigtaschen mit Maronencremefüllung

Chaussons *sind gefüllte Teigtaschen, die gewöhnlich aus lockerem Blätterteig zubereitet werden. Sie können mit Apfelmus oder gedünsteten Apfelstücken, mit gekochten Feigen oder mit Aprikosenmarmelade gefüllt werden – kurz mit allem, was süß ist. Mit Zucker gesüßtes Maronenpüree gehörte in der Haute Provence des frühen 20. Jahrhunderts zu den besonderen Leckerbissen, die in der heimischen Küche hergestellt wurden. Heute ist es eher üblich, das bereits gesüßte Püree in Dosen oder Tuben fertig zu kaufen – seine Beliebtheit, besonders bei Kindern, ist jedoch ungebrochen.*

ERGIBT 12 GEFÜLLTE TEIGTASCHEN

1 l Wasser
6 EL Zucker, zusätzlich 100 g Zucker
1 Vanilleschote, 5 cm lang
500 g Maronen, geschält und enthäutet (Seite 255)
60 g Butter (Zimmertemperatur)
2 bis 4 EL Schlagsahne
1 Stück vorbereiteter Blätterteig (25 x 30 cm, ½ cm dick)

◆ Das Wasser mit den 6 EL Zucker und der Vanilleschote in eine Kasserolle geben und unter Rühren zum Kochen bringen. 4 bis 5 Minuten kochen lassen, bis sich der Zucker aufgelöst hat und ein Zuckersirup entstanden ist. Die Maronen hinzufügen und unter gelegentlichem Rühren etwa 30 Minuten kochen lassen, bis sie weich sind. Dann die Maronen mit einem Sieblöffel herausnehmen, in einen Mixer geben und pürieren. Die Butter und die 100 g Zucker dazugeben und zu einer weichen Paste verarbeiten. So viel Schlagsahne unterrühren (immer nur 1 EL auf einmal), dass eine dicke, aber streichfähige Creme entsteht. Beiseite stellen.

◆ Den Backofen auf 200 °C vorheizen.

*Fortsetzung nächste Seite*

◆ Den Blätterteig zu einem 3 mm dicken Rechteck von 30 x 40 cm ausrollen und in 10 cm große Quadrate schneiden. Ein Teigquadrat in Gedanken diagonal falten, so dass ein Dreieck entsteht; etwa 1 EL Maronencreme in die Mitte des Dreiecks setzen. Alle vier Ränder des Quadrats anfeuchten und dieses zum Dreieck falten. Den Vorgang wiederholen, bis der ganze Teig aufgebraucht ist. Die gefüllten Dreiecke auf ein nicht gefettetes Backblech legen; 30 Minuten backen, bis der Blätterteig aufgegangen und goldbraun ist. Darauf achten, dass die Backdauer nicht zu kurz ist. Warm oder zimmerwarm servieren.

## Sautierte Zwetschgen mit Walnüssen

*Die gehackten Walnüsse nehmen während des Köchelns die Butter und den süßen Saft der Zwetschgen auf. Diese Mischung kann als Garnitur für Eiscreme, als Belag für Biskuit- oder Rührkuchen oder als Füllung für Crêpes verwendet werden.*

ERGIBT ETWA 650 ML; FÜR 4 ODER 5 PERSONEN

6 EL Butter
500 g entsteinte Zwetschgen, grob zerkleinert (etwa 1 kg vor dem Entsteinen)
150 g Walnüsse, grob gehackt

◆ In einer Pfanne die Butter bei mittlerer Temperatur zerlassen. Sobald sie schäumt, die Zwetschgen und die Walnüsse hinzufügen und unter häufigem Rühren 4 bis 5 Minuten sautieren, bis die Zwetschgen weich sind. Vom Herd nehmen und heiß servieren.

# Vin de noix

Vin de noix *wird in den Haushalten der ganzen Provence hergestellt, von Annot bis Sisteron und Cotignac und bis ins Jabron-Tal. Er zählt zu den elegantesten und haltbarsten* vins maison*, den selbstgemachten Aperitif- oder Dessertweinen. Das Restaurant des Hôtel Deux Lions serviert einen hausgemachten* vin de noix*, der ausschließlich aus Walnüssen aus dem Jabron-Tal hergestellt wird. Die grünen Walnüsse mit ihren noch weichen Schalen sorgen für ein kraftvoll würziges Aroma, das man dann später im gereiften Wein hera*[illegible]*ken kann.*

*Trad*[illegible]*ß können die Walnüsse ab dem 24. Juni, dem Johannistag, geerntet* [illegible]*rden;* [illegible]*Juli, Ste. Madeleine, sind sie bereits zu reif. In wärmeren Klimazonen* [illegible]*dsätzlich gilt: Die Walnüsse können verwendet werden, solange man sie m*[illegible]*t* [illegible] *durchstechen kann.*

ER[illegible]WA 8 FLASCHEN À 750 ML INHALT

35 grüne Walnüsse
6 ⅔ Flaschen (à 750 ml) trockener Rotwein, beispielsweise Zinfandel, Merlot, Pinot Noir oder Burgunder
1 l Wodka
1 kg Zucker

◆ Mit einem Fleischklopfer oder einem Holzlöffel die Walnüsse anschlagen, so dass die grüne Außenhülle aufbricht. Die Nüsse anschließend in ein sauberes, trockenes Glasgefäß oder einen Steinguttopf mit weiter Öffnung füllen; das Gefäß muss groß genug sein, um sowohl die Nüsse als auch den Wein aufzunehmen. Den Wein zugießen. Das Glas oder den Steinguttopf verschließen, an einen kühlen, dunklen Ort stellen und 40 Tage ruhen lassen. Nach dieser Zeit den Wein durch ein mit mehreren Lagen Musselin ausgelegtes feinmaschiges Sieb in ein sauberes, trockenes Glas, einen Steinguttopf oder ein anderes säurefestes Gefäß abgießen. Die Walnüsse wegwerfen.
◆ Den Wodka in einen säurefesten Topf oder eine Schüssel gießen. Den Zucker hinzufügen und etwa 10 Minuten rühren, bis er sich aufgelöst hat.

*Fortsetzung nächste Seite*

◆ Die acht 750-ml-Flaschen ausspülen und sterilisieren. Dann acht neue Weinkorken für 2 bis 3 Minuten in kochendes Wasser legen, um sie dadurch geschmeidig zu machen.

◆ Die Wodka-Zucker-Lösung zum Wein geben und gut umrühren. Mit Hilfe eines Trichters und einer Schöpfkelle den verstärkten Wein in die vorbereiteten Flaschen füllen; diese nur bis 4 oder 5 cm unter den Flaschenrand abfüllen. Die Korken so fest wie möglich in den Flaschenhals drücken, um die Flaschen möglichst luftdicht zu verschließen.

◆ Die Flaschen etikettieren und mit Datum versehen, dann an einem kühlen, dunklen Ort aufbewahren, wo sie einige Jahre gelagert werden können. Die Tradition besagt, dass vor dem Probieren erst 1 Jahr verstreichen sollte. Nach dem Öffnen die Flasche gut verkorkt im Kühlschrank oder an einem kühlen, dunklen Ort aufbewahren, wo sie bis zu einem Jahr haltbar ist. Den *vin de noix* etwas unter Zimmertemperatur servieren; jeweils 60 bis 90 ml in ein Glas gießen.

Honig
&
Früchte

REZEPTE

*Gegrillte Feigen mit Hühnerleber und Speck*

◆

*In Salz gebratene Entenschenkel mit Trauben*

◆

*Gebackene Quitten mit Brät-Korinthen-Walnuss-Füllung*

◆

*Apfel-Quitten-Puffer*

◆

*Frisches Apfelkompott*

◆

*Pain perdu mit Honigkruste*

◆

*Clafoutis mit frischen Aprikosen*

◆

*Dessertkuchen mit Äpfeln und getrockneten Aprikosen*

◆

*Tarte Tatin mit marinierten Birnen*

◆

*Blätterteig-Tarte mit gemischten Früchten*

◆

*Birnen-Beignets*

◆

*Crêpe-Päckchen mit getrockneten Früchten, Nüssen und Rum*

◆

*Pfirsich-Nektarinen-Gratin*

◆

*Melonensorbet*

◆

*Honig-Quitten-Eiscreme*

◆

*Gestürzte Vanillecreme mit Himbeeren und Erdbeeren*

◆

*Nougat noir*

◆

*Feigenmarmelade*

Als heimische Produkte der Haute Provence spielen Honig und Früchte sowohl in der Tradition als auch in der Küche der Region eine wichtige Rolle. *Nougat noir* aus Honig und Mandeln ist eines der klassischen Desserts, die zu dem am Heiligen Abend servierten Weihnachtsmenü gehören, genauso wie Muskattrauben, getrocknete Feigen, Rosinen, Wintermelonen und *pâte de coing,* eine Süßigkeit, die aus Quitten hergestellt wird. Das ganze Jahr über süßt man mit lokal hergestelltem Lavendel-, *millefleur-*, Linden- oder Kastanienhonig seinen Tee aus den in Feld und Wald gesammelten Kräutern und Blüten. Jede Jahreszeit kennt ihre eigenen *beignets* und *clafoutis*, zubereitet mit Aprikosen im Frühjahr, Pfirsichen im Sommer, Feigen im Herbst, Äpfeln und Birnen im Winter. Im Oktober, zur Zeit der *vendange,* wenn die Weintrauben zerstampft werden, stellt man aus Feigen, Quitten und Tafeltrauben Marmeladen und Gelees her.

Vor mehr als hundert Jahren war Honig in den ärmlichen Küchen der Haute Provence das einzige verfügbare Süßmittel; Zucker musste gekauft werden. Daher wurde stets Honig verwendet, wenn es ans Backen und Herstellen von Süßwaren ging, und man bestrich damit Tag für Tag seine morgendlichen und nachmittäglichen Brotschnitten wie auch den frisch der Form entnommenen Käse. Man kombinierte ihn zum Dessert mit Früchten und gab ihn an jedes pikante Gericht, das nach einem Hauch Süße verlangte. Bis zur ersten Hälfte des 20. Jahrhunderts unterhielten noch viele Familien Bienenkörbe, die sie im Frühling aufstellten, wenn die ersten Wildblumen zu blühen begannen. Heutzutage jedoch ist die Bienenhaltung und die Honigbereitung normalerweise Sache der professionellen Imker.

Lavendelhonig ist der bekannteste Honig der Region. Mitte bis Ende Juni, wenn die Lavendelstiele immer länger werden und die Knospen zu schwellen beginnen, suchen sich die Bienenzüchter für ihre Bienenkörbe einen geeigneten Platz an den Feldrändern. Bis Mitte Juli haben sich die Felder in Reihen leuchtenden Violetts verwandelt, die Hügel und Täler überziehen, und die Bienen schwärmen um die Blüten. Wenn der Lavendel für die Destillerie geschnitten und gebündelt wird, krabbeln die Bienen noch immer über die Schwaden auf der Suche nach Pollen. Lavendelhonig schmeckt nicht nach Lavendel, aber sein Duft erinnert an ihn. Wenn der Honig im Frühherbst frisch hergestellt wird, ist er hell bernsteinfarben und flüssig, doch kristallisiert er möglicherweise bereits innerhalb eines Monats aus, da er zu den Honigsorten gehört, bei denen dies in nicht pasteurisiertem Zustand besonders schnell geschieht. Er kann aber, wie jeder kristallisierte Honig, problemlos dadurch wieder verflüssigt werden, dass man ihn im Glas in leise köchelndes Wasser stellt oder ohne Glas direkt in einen Wasserbadeinsatz gibt.

*Millefleur,* die andere bekannte Honigsorte der Region, wird aus dem Nektar vieler verschiedener Blumen, Bäume und Sträucher, die in der Haute Provence blühen, hergestellt. Geschmack und Komplexität dieses »Tausend-Blüten«-Honigs variieren, je nachdem welche Pflanzen gerade blühten, als der Nektar gesammelt wurde. Der Honig hat eine kräftig goldene Farbe und bleibt länger flüssig als Lavendelhonig. Kastanienhonig, der in der Vorgebirgsregion der Alpen beheimatet ist, zeichnet sich durch einen intensiven und kräftigen Geschmack aus, der von Jahr zu Jahr unterschiedlich sein kann. In Riez, der alten Römerstadt am Fuße des Plateau de Valensole, gibt es einige Imker, die man während der Saison besuchen kann. Dort sieht man, wie der Honig aus den Waben geschleudert, gereinigt und in Gläser oder Kartonverpackungen gefüllt wird, die mit farbenfrohen Zeichnungen von Lavendelfeldern und der Aufschrift *miel de lavande* bedruckt sind. Straßenschilder, auf denen *»Miel du Pays Ici«* oder *»Miel de Lavande Ici«* steht, weisen auf eine solche Imkerei hin. Wie die lokalen Käse-, Wurst- Schinken- und Pastetenspezialitäten sind es diese handwerklich hergestellten Produkte wert, dass man sie ausfindig macht – nicht nur ihres authentischen Geschmacks, sondern auch des Abenteuers wegen, das mit einer Fahrt auf unbefestigten Straßen, wie sie gewöhnlich zu derlei Höfen und Betrieben führen, verbunden sein kann.

Ein solches Schild weist auch den Weg zu einem abgelegenen Anwesen bei Contadour. Als ich an einem herrlichen Nachmittag im Spätherbst – man konnte den

Beginn des Winters schon erahnen – bei strahlend blauem Himmel dort anhielt, war der Hof bereits für die bevorstehenden Monate bitterer Kälte und Stürme gerüstet. Davon zeugten das sorgfältig aufgestapelte Holz, die abgeernteten Weizenfelder und die im Innern des Hauses zu dreien und vieren auf massiven Holztischen aufgestellten Gläser mit Honig und *crème de marron*. An Honigsorten standen zur Auswahl: Lindenblütenhonig (von dem man sagt, er beruhige die Nerven), Lavendel-, Kastanien-, *millefleur-,* Akazien-, Rosmarin- und Pinienhonig. Auf dem Etikett der *crème de marron* stand zu lesen, dass bei der Herstellung ausschließlich Maronen, Zucker, Wasser und Vanille verwendet wurden. Nachdem ich das Haus mit zwei Gläsern Honig und einem Glas *crème de marron* verlassen hatte, hielt ich am Hang, an dem es stand, noch einmal inne und ließ den Blick über die Landschaft schweifen. Es schien, als erstrecke sich vor mir eine riesige Fläche, die die ganze Welt bogenförmig überspannte, sich in alle Richtungen ausbreitete und nur dem Himmel nahe war. Da verstand ich, was es bedeutete, wenn Jean Gionos Charaktere von der unendlichen Weite und der Einsamkeit der Hügel von Contadour, von Revest und des Plateau d'Albion sprachen.

In den Dörfern sieht man hin und wieder auch in Fenstern von Wohnhäusern oder an Garagentüren solche Schilder. Wenn man anklopft und eintritt, findet man einige Gläser Honig vor. Sie stammen aus der Überschussproduktion der Bienenkörbe, die noch nach traditionellem Muster der Eigenversorgung dienen.

In der Haute Provence stammt das meiste Obst aus dem regionalen Anbau; es kommt entweder aus einem Obstgarten oder von einzelnen Bäumen. Im Hausgarten oder auf dem Feld gedeihen Melonen und Beeren. Manche Früchte wachsen wild, wie beispielsweise die Sauerkirschen, die im Frühjahr von Bäumen geerntet werden, deren Standort die Ränder von Gebirgsschluchten sind, oder die winzigen Walderdbeeren, die im Sommer in den hoch gelegenen Wäldern gepflückt werden. Die einstmals in größerer Zahl gepflanzten Feigen- und Quittenbäume sind heute nur noch gelegentlich im Umkreis verlassener Bauernhäuser, in vergessenen Obstgärten oder als einzelne Bäume in der Nähe eines Küchengartens anzutreffen. Aus kleinen und größeren Obstgärten stammen Äpfel, Birnen, Pfirsiche, Kirschen, Zwetschgen und Aprikosen.

Da die Höhenlagen der Haute Provence von 100 bis 1200 Metern reichen, gibt es verschiedene Klimazonen, in denen man unterschiedliche Sorten der gleichen Baumfrüchte findet. Die meisten dieser Nutzbäume – mit Ausnahme der Feigen – benötigen eine Mindestzahl an Stunden mit einer Temperatur von unter 5 °C, um im darauf folgenden Jahr gut zu gedeihen und Früchte zu tragen.

An den südwestlichen Rändern der Haute Provence, bei Manosque, wird die Apfelsorte Golden Delicious, die 600 bis 700 kalte Stunden benötigt, sowohl in privaten als auch in kommerziellen Obstgärten angebaut. Diese Sorte findet man in den kleinen Lebensmittelgeschäften und lokalen Supermärkten am häufigsten im Angebot. Fährt man im Winter durch Quinson, Banon, Aups oder Castellane, kann man in der Auslage der Gemischtwarenläden stets eine Kiste mit Golden Delicious stehen sehen. Wenn der Winter fortschreitet und der Frühling langsam naht, werden die Äpfel zusehends runzlig. Doch so runzlig sie auch werden, verlieren sie doch nicht ihr süßes Aroma, und sie werden auch nicht zu weich.

Weiter im Norden, in den hoch gelegenen Tälern bei Sisteron, dominiert die Apfelsorte Reinette. Groß und rund, mit bronzefarbenen Flecken auf der dunkelgoldenen Schale bietet die Reinette einen prächtigen Anblick. Wie der Golden Delicious ist auch sie ein Apfel, der lange haltbar ist und seinen Geschmack bis in den Frühling hinein behält; sie wird jedoch nicht so leicht runzlig.

Verlässt man die Stadt Valensole und fährt die kurvige Straße entlang der Ravin de Vallongue hinab, kommt man geradewegs in die Apfelanbaugebiete, die den Fluss Durance ankündigen; geradeaus geht es nach Manosque, und auf der rechten Seite liegt die Autobahn nach Sisteron. Dieses durch die Vereinigung der Flüsse Durance und Verdon entstandene Schwemmland hat sich zum größten Zentrum des Apfelanbaus entwickelt. Mehr als 150 Betriebe haben sich zusammengeschlossen, um gemeinsam mehr als ein Dutzend verschiedener Apfelsorten zu produzieren und diese – verpackt von einer computergesteuerten Anlage – das ganze Jahr über zu verschicken. Es scheint Jahrhunderte her zu sein, dass ich mit Françoise im Winter in ihren Kellerraum hinabstieg, um Äpfel zu holen – dort waren die Golden Delicious auf dem gestampften Boden gelagert, nur mit Holzstäben von den Kartoffeln abgetrennt.

Françoise und Maurice besitzen einen kleinen Pfirsichgarten, ein halbes Dutzend Kirschbäume und ein paar Apfel- und Aprikosenbäume. Die Äpfel, Aprikosen und Kirschen sind für den Eigenbedarf und für Verwandte, Freunde und Nachbarn. Die Kirschbäume wurden besonders sorgfältig ausgewählt; ihre Früchte reifen der Reihe nach und gewährleisten so von Mitte Mai bis Mitte Juli die längstmögliche Versorgung. Das Kirschenpflücken ist für die Kinder, die ständig in der Nachbarschaft herumtollen, eine sehnlichst erwartete Zerstreuung. Man kann sich darauf verlassen, dass sie auch einen Korb voll Kirschen ernten – und dabei einige Hand voll gleich aufessen. Cereste, nicht weit von Forcalquier entfernt, ist bekannt für seine Kirschen; viele davon werden im benachbarten Apt zu Konfitüre verarbeitet.

Kirschen gehören im Frühjahr zu den beliebtesten Desserts, ob frisch oder gebacken, mit oder ohne Stein im *clafoutis*. Mittlerweile ziehe ich bei diesem Kirschkuchen oder -auflauf die Version mit unentsteinten Kirschen vor. Die Kirschen werden nicht so zerdrückt, die Steine geben zusätzlichen Geschmack ab und mir erspart es Zeit und Mühe, wenn ich das Entsteinen lasse. Ein Teil der Kirschen wird immer mit Zucker und Cognac vermischt in Einmachgläser abgefüllt, als Vorrat für den Winter.

Die Pfirsiche sind nicht vor Ende Juli reif, dafür gibt es sie noch bis Mitte September. Natürlich werden auch Freunde und Nachbarn wieder mit Pfirsichen versorgt, doch sind diese hauptsächlich für den Markt bestimmt, auf den Françoise und Maurice viermal die Woche fahren, mit Holzkisten voller Pfirsiche, die sie in ihren kleinen Renault-Lieferwagen zwängen. Maurice dünnt seine Pfirsichbäume sorgfältig aus, damit er große Pfirsiche erhält, die bei der Sommerkundschaft die besten Preise erzielen. Tatsächlich sind Maurices Pfirsiche die größten, die ich je gesehen habe, außerdem haben sie ein wunderbar süßes Aroma. So verwundert es nicht, dass zufriedene Kunden an seinem Stand Schlange stehen und im August und September wegen seiner Melonen wiederkommen.

Maurice ist *melonier* mit Leib und Seele. Jahr für Jahr bewahrte er seine Melonensamen auf und selektierte dabei erfolgreich seine eigenen Sorten. Inzwischen kauft er in zunehmendem Maße Hybridensamen ein und sammelt nur noch wenige Samen natürlich bestäubter Sorten, wie beispielsweise l'Américain. Dazu lässt er eine vollständig ausgereifte Melone noch weiter reifen. Dann höhlt er sie aus und gibt die Samen in ein Drahtsieb, das er zum Trocknen in die Sonne stellt. Sobald das Fruchtfleisch, das die Samen umhüllt, trocken ist, entfernt er es durch Abwaschen, trocknet die Samen erneut in der Sonne und füllt sie dann in ausgediente Keksdosen. In seinem selbst gebauten kleinen Gewächshaus zieht er seine eigenen Setzlinge. Mit Hilfe einer Form macht er kleine Erdblöcke, in die er jeweils einen Samen steckt. Die so bestückten Würfel lagert er in Regalen, damit er Platz für möglichst viele hat. Ist der Mai gekommen, setzt er die sorgfältig gepäppelten Pflänzchen, die nun fünf Zentimeter groß sind, im Freien in den vorbereiteten Boden. Sie werden gewöhnlich von Plastikplanen geschützt, die die Bodentemperatur gleichmäßig warm halten, da das Wetter im Mai unberechenbar sein kann. Manche Samen werden auch direkt in den Boden ausgesät und ebenfalls mit Plastikplanen abgedeckt. Sobald ein Sämling aus dem Boden kommt, wird ein Loch in die Plastikplane geschnitten, damit der Sämling hindurchwachsen kann. Charentais, Kantalup, Jaune Canary und l'Américain sind Maurices Lieblingssorten.

Maurice erzählte mir, dass letztere so genannt wurde, weil die Samen von amerikanischen Soldaten während des Zweiten Weltkriegs nach ihrem Nordafrikafeldzug in die Provence gebracht wurden. Meiner Meinung nach ähneln diese Melonen in Geschmack und Aussehen einer Wintermelone, deren Samen als Verte de Treste verkauft werden. Wintermelonen erntet man im Herbst und lagert sie an einem kühlen Ort auf Stroh. Sie können an Weihnachten und in den kalten Monaten des Jahres serviert werden.

Von Mitte Juli bis Ende September, wenn die letzten Melonen geerntet sind, sieht man Maurice Tag für Tag auf seinen Melonenfeldern, zuerst auf dem oberen Feld bei seinem Haus, dann auf dem unteren Feld, das sich in einem kleinen Tal auf einem Stück Land befindet, das er vor Jahren erworben hat. Beide Felder zusammengenommen ergeben gerade einmal eine Gesamtfläche von 1,2 Hektar. Die Melonen werden tagtäglich inspiziert: Irgendein Anzeichen für eine Krankheit? Für Insektenbefall? Speziell die Charentais-Melone, eine Kantalup, bedarf besonderer Aufmerksamkeit, da sie – im Gegensatz zur Netzmelone – nicht von selbst vom Stiel abfällt, wenn sie ausgereift ist. Daher muss man den exakt richtigen Zeitpunkt abwarten, um sie abzuschneiden. Ein *melonier* weiß jedoch genau, worauf er bei der Melonenernte achten muss: Die beiden Blätter, die dem Fruchtstiel am nächsten sind, beginnen welk und trocken zu werden. Auch der Stiel weist an der Basis erste Anzeichen von Austrocknung und eine leichte Farbveränderung von glänzendem Graugrün zu Graugrün mit einem Stich ins Strohgelbe auf. Ich kenne diese Regeln genau, doch musste ich erst ein Dutzend Misserfolge hinnehmen – einmal war die Melone zu reif, einmal noch unreif, dann zu hart, ein anderes Mal zu weich –, bevor ich schließlich den Bogen raus hatte. Ist die Melone erst einmal geerntet, muss man als nächstes bestimmen, wann sie den Höhepunkt ihres Geschmacks erreichen wird. Wann also soll man sie servieren: Heute zum Mittagessen oder lieber zum Abendessen? Oder morgen zum Mittagessen oder besser doch erst zum Abendessen? So lauten die Fragen, die Françoise und Maurice von ihren Kunden gestellt bekommen – und auf die diese stets die richtige Antwort erhalten.

Wie ihre anderen Erzeugnisse, so verteilen Françoise und Maurice auch ihre Melonen mit bemerkenswerter Großzügigkeit. Als meine Kinder noch klein waren, fand ich jeden Morgen auf der Türschwelle eine Holzkiste mit mehreren Melonen, die für diesen Tag gedacht waren, da am darauf folgenden Morgen bereits die nächste Kiste mit Melonen dastand. Wir aßen tapfer. Es gab bei uns Melone zum Frühstück mit Brot und Marmelade, zum Mittagessen mit Schinken und zum Abendessen als Dessert.

Françoise und Maurice versorgten uns auch mit Erdbeeren aus ihrem Garten, jedoch nicht ganz so verschwenderisch. Im Mai konnte ich mit ein bis zwei Kilogramm rechnen, das war genug, um eine große Schüssel Erdbeeren so zuzubereiten, wie ich sie am liebsten mag: in Scheiben geschnitten, mit etwas Zucker vermischt und in Rotwein mariniert. Gelegentlich serviere ich sie auch pur, manchmal mit Eiscreme, oder ich verwende sie als Belag für Kuchen.

Feigen, Trauben und Quitten, die Früchte des Herbstes, spielen im traditionellen Leben der Haute Provence eine ganz besondere Rolle. Getrocknet oder konserviert stellten sie zusammen mit Nüssen einen Teil des winterlichen Vorrats dar und waren so nicht nur ein wichtiger Bestandteil der täglichen Nahrung, sondern ergänzten diese um zusätzliche Aromen. Ein Zugeständnis an ihre besondere Bedeutung ist ihr Platz im traditionellen Weihnachtsmenü, das gewöhnlich aus sieben Gerichten und dreizehn Desserts besteht. Die sieben Gerichte sind *maigre,* enthalten also kein Fleisch, und die Desserts sind einfache, für die Region typische Naschereien. Getrocknete Feigen, Rosinen, Walnüsse und Mandeln – *les quatre mendiants*, »die vier Bettler«, genannt – gehören immer dazu; heutzutage werden sie manchmal durch andere getrocknete Früchte und Nüsse ergänzt.

Wenn die Feigen im August und September reifen, werden sie häufig zusammen mit dünnen Scheiben *jambon cru* als anspruchsvoll präsentierte Vorspeise serviert. Als Dessert verzehrt man sie pur oder mit Honig gebacken, oder sie werden für *clafoutis* verwendet. Man kann sie mit Essig, Zucker, Rotwein und Thymian einlegen, und eine hausgemachte Feigenmarmelade ist in der Haute Provence immer eine köstliche Bereicherung der Tafel.

Quitten, diese seltsam unförmigen Früchte mit ihrem verdickten Ende, sehen aus, als habe man einen Apfel mit einer Birne gekreuzt. Als man mir das erste Mal erklärte, dass Quitten zwar essbar seien, dazu aber vorher gekocht werden müssten, verstand ich das nicht. So kam es, dass ich zu einem späteren Zeitpunkt tatsächlich einmal in ein frisches Exemplar biss: Mein Mund zog sich sofort derart zusammen, dass ich den Bissen auf der Stelle wieder ausspuckte und mich wunderte, dass man so etwas überhaupt essen konnte, sei es nun gekocht oder ungekocht. Quittenbäume sind ein wundervoller Anblick; die oftmals alten Bäume haben gewundene Äste und silbern schimmernde Blätter, und im Frühling tragen sie Büschel aus blassrosafarbenen Blüten. Die Frucht selbst duftet herrlich intensiv, was richtig zur Geltung kommt, wenn sie an einem warmen Ort oder in einem Gefäß in der Küche gelagert wird. Gelees und Marmeladen aus Quitten werden hoch geschätzt und dienen oft als Geschenk. Quittenpaste, eine Art Konfekt, das in Würfel geschnitten und anschließend in Zucker gewälzt wird, ist bei Kindern eine beliebte Süßigkeit und gehört zu den 13 Weihnachtsdesserts.

Anfang November, wenn die Quitten reif sind, bieten die kleinen Lebensmittelgeschäfte selbst gemachte *pâte de coing* an. Sie wird in flachen Brotbackformen präsentiert und nach Gewicht verkauft, wobei eine zweieinhalb Zentimeter dicke Scheibe fast ein Viertelpfund wiegt. Man wälzt das Konfekt erst zu Hause, kurz vor dem Servieren, in Zucker. Besucht man in der Quittensaison Freunde und Nachbarn, kann man sicher sein, dass es zum Dessert oder zum Nachmittagstee hausgemachte Quittenpaste gibt.

Wie die Feigenbäume werden auch die Quittenbäume zusehends vernachlässigt, und nur noch wenige Quittenbäume werden neu gepflanzt. Doch mit dem Wiedererwachen des Interesses an allem, was das *terroir* hervorbringt, erobert sich auch die Quitte ihren Platz in der Küche, ja sogar in den Restaurants, zurück und ist nun wieder häufiger auf Märkten, gelegentlich auch in Supermärkten, anzutreffen. Die Früchte selbst besitzen wenig Süße, doch durch die Beigabe von Zucker beim Kochen werden sie sehr süß, und ihr helles Fruchtfleisch färbt sich wunderbar bernstein-orangefarben. Quitten können auch würzig zubereitet werden, wie säuerliche Äpfel oder Birnen.

## FRÜCHTE IN DER SONNE TROCKNEN

Feigen, Aprikosen, Süßkirschen und Zwetschgen eignen sich besonders gut zum Trocknen, da sie einen hohen Zuckergehalt aufweisen und die Feuchtigkeit beim Trocknen – bedingt durch die geringe Größe der Früchte – von der Mitte der Frucht schnell nach außen gelangt. Am besten verwendet man makellose Früchte, die sehr reif und leicht weich sind. Die Aprikosen und Zwetschgen halbieren und entsteinen. Die Kirschen nur entsteinen. Bei Feigen und Trauben ist keine weitere Vorbereitung nötig, doch sollte man die Traubenbeeren am Fruchtstand lassen, da sie so besser zu handhaben sind.

In der Haute Provence werden Früchte traditionell auf Matten oder Regalen aus Schilf oder auf Lattengestellen aus Holz getrocknet. Falls ein Schutz gegen Insekten erforderlich ist, wird das Obst mit einem feinmaschigen Netz abgedeckt. Eine gute Alternative ist auch ein mit Fliegengitter bespannter Holzrahmen.

Die Früchte werden nebeneinander in einer Lage auf dem Trockengestell ausgebreitet. Das Gestell sollte an einem Ort stehen, an dem direkte Sonneneinstrahlung und gute Luftzirkulation gewährleistet sind. Abends muss es an einen Ort gebracht werden, an dem die Früchte vor nächtlichem Tau geschützt sind. Der

Trocknungsvorgang kann 3 bis 10 Tage dauern; er hängt vom Klima, der Größe und dem Feuchtigkeitsgehalt der Früchte ab. Nach dem Trocknen werden diese in saubere Dosen, Gläser oder Plastiktüten gepackt und an einem kühlen, trockenen Ort oder im Kühlschrank gelagert. In der Vergangenheit wurden in der Haute Provence getrocknete Feigen in glasierte Töpfe gefüllt und mit etwas Eau de vie beträufelt; manchmal schnitt man sie auch auf, bevor sie in die Gefäße kamen, und steckte eine Mandel hinein. Die getrockneten Früchte können für sich serviert oder in süßen und pikanten Gerichten weiterverwendet werden.

### FRÜCHTE IN ALKOHOL EINLEGEN

Feste, makellose und gesäuberte Früchte verwenden. Kirschen, Aprikosen und Trauben eignen sich gut für diese Methode. Die Früchte ganz lassen. Ein sauberes, trockenes Einmachglas mit weiter Öffnung bis gut 2 cm unter den Rand mit den Früchten füllen; sie sollen dicht gepackt sein. Zucker und Cognac gut verrühren und über die Früchte gießen, bis sie vollständig bedeckt sind. Als Richtlinie gilt: auf 1 kg Früchte kommen 125 g Zucker und 125 ml Cognac. Das ergibt eine Gesamtmenge von etwa 1,5 l. Das Einmachglas gut verschließen oder fest verkorken. An einem kühlen, dunklen Ort aufbewahren und eine Woche lang jeden Tag umdrehen, bis sich der Zucker aufgelöst hat. Nach 1 Monat sind die Früchte zum Verzehr geeignet; sie halten sich 1 Jahr. In Cognac eingelegte Früchte können zu Eiscreme, Kuchen oder Baisers serviert werden; zusammen mit dem zuvor entfetteten Saft von gebratenem Fleisch ergeben sie eine delikate Sauce.

### KRISTALLISIERTEN HONIG FLÜSSIG MACHEN

Das Glas oder den Topf mit Honig in eine Kasserolle mit siedendem Wasser stellen. Das Glas sollte mindestens zu zwei Dritteln im Wasser stehen. So lange sieden lassen, bis der Honig flüssig wird, was 5 bis 10 Minuten dauert. Man kann den Honig auch in den Einsatz eines Wasserbades füllen und auf diese Weise erwärmen.

# Gegrillte Feigen mit Hühnerleber und Speck

*Die Kombination aus süßen Feigen, Hühnerlebern und der* roulade *der Haute Provence schmeckt köstlich als Hors d'oeuvre oder erster Gang; mit Polenta oder Reis und einem grünen Salat ergibt sie aber auch ein delikates Hauptgericht. Anstelle der frischen Feigen können auch getrocknete verwendet werden, solange sie noch etwas saftig sind.*

FÜR 6 BIS 8 PERSONEN ALS HORS D'ŒUVRE ODER FÜR 4 PERSONEN ALS ERSTER GANG

16 große, weiche, reife Feigen (eine beliebige Sorte)
8 Hühnerlebern
16 dünne Scheiben *roulade* oder Pancetta, ersatzweise luftgetrockneter durchwachsener Speck, je etwa 15 cm lang

◆ Ein Holzkohlen- oder Holzfeuer vorbereiten.
◆ Jede Feige vom Stiel zum Blütenansatz schlitzförmig einschneiden, jedoch nicht vollständig durchtrennen. Die Hühnerlebern mit Küchenpapier trockentupfen, halbieren und von allen Sehnen befreien. Die aufgeschnittenen Feigen mit jeweils einem Stück Hühnerleber füllen, dann die Feigen mit einer Scheibe *roulade* (beziehungsweise Pancetta oder durchwachsenem Speck) umhüllen. Jeweils 4 gefüllte und umhüllte Feigen auf einen Spieß stecken.
◆ Die bestückten Spieße in eine Grillform mit langem Griff geben. Die Form verschließen und über die Glut legen. (Man kann die Spieße auch direkt auf den Grillrost oder unter den vorgeheizten Grill legen.) 4 bis 5 Minuten grillen, dann wenden und mit dem Grillen fortfahren, bis die *roulade* leicht gebräunt ist und die Hühnerlebern durchgebraten sind, was weitere 3 bis 4 Minuten dauert. Die Hühnerlebern sollten eine rosabräunliche Farbe haben, wenn sie gar sind.
◆ Zum Servieren die Feigen von den Spießen nehmen und auf Teller verteilen.

# In Salz gebratene Entenschenkel mit Trauben

*Süße blaue oder weiße Trauben wie die Concord-, Cardinal- oder Muskattraube harmonieren besonders gut mit dem kräftigen Geschmack der Ente. Als Hauptgericht serviere ich diese Entenschenkel sehr gern aufgeschnitten auf einem Bett aus lockerem, kurz gedünstetem grünen Blattgemüse, begleitet von cremiger Polenta mit Parmesanhaube; als Vorspeise reiche ich sie einfach nur mit dem Gemüse. Die Trauben können auch durch frische oder getrocknete Zwetschgen oder Aprikosen oder durch Rumfrüchte ersetzt werden. Auch Hühnerschenkel eignen sich gut für diese einfache Zubereitungsart.*

FÜR 3 ODER 4 PERSONEN ALS VORSPEISE ODER FÜR 2 PERSONEN ALS HAUPTGERICHT

½ TL Salz
2 Entenschenkel
125 ml Riesling oder ein anderer fruchtiger Weißwein (oder Menge nach Bedarf)
2 EL frisch gepresster Zitronensaft
1 EL fein gehackte gelbe Zwiebel
1 EL fein geriebener frischer Ingwer
2 EL brauner Zucker
350 g süße Trauben (siehe oben), ohne Stiele

◆ Das Salz in eine antihaftbeschichtete Pfanne streuen, die gerade groß genug ist, um die Entenschenkel nebeneinander aufzunehmen. Das Salz bei hoher Temperatur erhitzen. Sobald die Pfanne sehr heiß ist, die Entenschenkel hineinlegen und scharf anbraten, bis die Haut knusprig braun ist, was auf jeder Seite 2 bis 3 Minuten dauert; einmal wenden. Die Schenkel aus der Pfanne nehmen und auf eine Platte legen. Auf niedrige Temperatur schalten, mit dem Weißwein und dem Zitronensaft ablöschen und den Bratensatz in der Pfanne mit einem Kochlöffel vollständig losschaben.

◆ Die gehackte Zwiebel dazugeben und die Entenschenkel wieder in die Pfanne legen. Den Deckel auflegen und die Schenkel bei niedriger Temperatur 12 bis 15 Minuten garen, wenn das Fleisch innen noch blutig (medium rare) sein soll; wenn es rosa (medium) sein soll, 4 bis 5 Minuten länger garen, oder die Garzeit nach Wunsch verlängern. Gelegentlich prüfen, ob weitere Flüssigkeit hinzugefügt werden muss; falls die Flüssigkeit in der Pfanne vollständig einzukochen beginnt, noch Wein oder Wasser dazugießen.

◆ Während die Entenschenkel garen, in einem kleinen Topf den Ingwer mit dem Zucker verrühren. Etwa 3 bis 4 Minuten, bevor das Fleisch voraussichtlich fertig gegart sein wird, die Trauben bis auf ungefähr 80 g um die Schenkel herum in der Pfanne verteilen. Mit der Ingwer-Zucker-Mischung bestreuen und wieder den Deckel auflegen. Nach 2 Minuten die Entenschenkel wenden und bei aufgelegtem Deckel noch 1 bis 2 Minuten köcheln lassen, bis die Trauben weich sind und der Zucker sich in der Sauce aufgelöst hat.

◆ Die Entenschenkel ganz oder aufgeschnitten auf vorgewärmten Tellern anrichten. Mit Sauce und Trauben überziehen und mit den zurückbehaltenen Trauben garnieren. Sofort servieren.

# Gebackene Quitten mit Brät-Korinthen-Walnuss-Füllung

*Wie Äpfel können auch die festfleischigen Quitten ausgehöhlt, würzig gefüllt und dann im Ofen gebacken werden.*

FÜR 4 PERSONEN

4 mittelgroße Quitten
2 EL Zucker
500 g Schweins- oder Geflügelwurstbrät
30 g Walnüsse, gehackt
1 EL fein gehackter frischer Salbei
40 g getrocknete Korinthen oder Rosinen

◆ Den Backofen auf 180 °C vorheizen.
◆ Von jeder Quitte am oberen Ende eine dünne Scheibe abschneiden, dann die Samen und einen Großteil des Fruchtfleischs herausschneiden und -schaben, dabei ringsum einen Rand von etwa 2 cm stehen lassen. Es ist ratsam, dabei vorsichtig vorzugehen, da Quitten leicht brechen. Doch auch eine so beschädigte Frucht kann man noch verwenden, da die gefüllten Quitten später eng aneinander in die Auflaufform gesetzt werden. Die Samen wegwerfen. Vom Fruchtfleisch etwa 80 g klein schneiden. Das übrige Fruchtfleisch anderweitig verwenden. Das Innere der Quitten mit Zucker ausstreuen. In einer Schüssel das zerkleinerte Fruchtfleisch, das Wurstbrät, die Walnüsse, den Salbei und die Korinthen oder Rosinen gründlich miteinander vermischen.
◆ Die ausgehöhlten Quitten in eine Auflaufform setzen, die gerade groß genug ist, um diese eng gepackt aufzunehmen. Jeweils ein Viertel der Masse in eine Quitte geben; die Füllung soll etwa 2 bis 3 cm überstehen. Die Auflaufform gut 1 cm hoch mit Wasser füllen und in den Ofen stellen. Etwa 40 Minuten backen, bis die Füllung gar und gebräunt ist und die Schale der Quitten sich mit einer Gabel leicht durchstechen lässt. Heiß servieren.

# Apfel-Quitten-Puffer

*Diese kleinen, leichten Puffer, die eher würzig als süß sind, eignen sich ideal als Beilage zu Wild, Braten,* daubes *und anderen gehaltvollen Gerichten.*

ERGIBT 12 BIS 14 PUFFER; FÜR 3 ODER 4 PERSONEN ALS BEILAGE

1 Apfel der Sorte Golden Delicious
1 Quitte
1 Ei
40 g Weizenmehl
1 Prise Salz
¼ TL schwarzer Pfeffer aus der Mühle
2 EL Butter

◆ Den Apfel und die Quitte schälen und bei beiden das Kerngehäuse herausschneiden. Dann den Apfel und die Quitte auf einer groben Reibe in eine Schüssel raspeln. Das Ei, das Mehl, das Salz und den Pfeffer dazugeben und alles gut vermischen.

◆ In einer großen Pfanne die Butter bei mittlerer Temperatur zerlassen. Sobald sie schäumt, eine kleine Menge Teig hineingeben. Wenn es zischt und der Teig sofort anbrät, ist die Pfanne heiß genug. Gehäufte Esslöffel Teig in die Pfanne geben, dazwischen jeweils 2 bis 3 cm Abstand lassen. Die Puffer etwa 1 Minute braten, bis sie auf der Unterseite goldbraun sind und zusammenhalten. Dann wenden und auf der anderen Seite eine weitere Minute goldbraun braten. Auf eine vorgewärmte Platte legen und warm stellen, bis alle Puffer fertig gebraten sind. Heiß servieren.

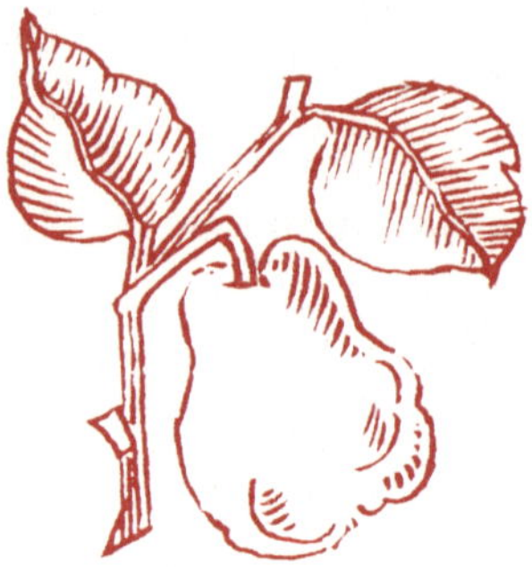

# Frisches Apfelkompott

*Dieses Rezept zeigt, wie man eine reiche Apfelernte auf einfache und köstliche Weise zumindest für ein paar Tage konservieren kann: Man pochiert die Äpfel in einem Wein-Zucker-Sirup und bewahrt sie im Kühlschrank auf. Das Kompott serviere ich sowohl zu Süßem, wie beispielsweise zu Löffelbiskuits oder Eiscreme, als auch zu einer ganzen Reihe von pikanten Gerichten, von Getreideprodukten über Gemüse bis hin zu Schweinebraten und Grillwürstchen. Das süße, warme Kompott passt auch gut zu gedünstetem Spinat oder Mangold, der mit Olivenöl, Knoblauch und etwas getrocknetem rotem Chili gewürzt wurde.*

*Einen auf gleiche Weise zubereiteten Sirup kann man auch zum Pochieren anderer Früchte, wie Pfirsiche, Nektarinen, Aprikosen und Birnen, verwenden. Für Feigen sollte man allerdings einen leichten Rotwein nehmen.*

ERGIBT ETWA 2 LITER; FÜR 8 PERSONEN

500 ml trockener Weißwein
250 ml Wasser
150 g Zucker
1 Stück getrocknete Orangenschale, etwa 8 cm lang
2 ganze Nelken
2 bis 2,5 kg Äpfel, geschält, das Kerngehäuse entfernt, in dünne Spalten geschnitten

◆ Den Wein, das Wasser, den Zucker, die Orangenschale und die Nelken in eine Kasserolle geben. Bei mittlerer Temperatur zum Kochen bringen und unter Rühren den Zucker auflösen. Etwa 5 Minuten kochen lassen, bis ein dünner Sirup entsteht. Die Temperatur so weit reduzieren, dass der Sirup nur noch schwach köchelt, dann die Äpfel dazugeben. Die Früchte 3 bis 4 Minuten pochieren, bis sie gerade gar sind; durch Einstechen prüfen, dass sie nicht zu weich werden. Vom Herd nehmen. Das Apfelkompott in eine hitzebeständige Schüssel aus Glas oder Email umfüllen. Abkühlen lassen, anschließend abdecken und in den Kühlschrank stellen, wo es bis zu 1 Woche haltbar ist. Das Kompott kann nach Wunsch wieder erwärmt werden. Man serviert es warm, zimmerwarm oder gekühlt.

# Pain perdu mit Honigkruste

*Für dieses Arme-Ritter-Rezept eignen sich Reste von kräftigem Landbrot genauso gut wie von feinen, locker-leichten Croissants, da der Honig hier den Ton angibt. Mit Rumfrüchten oder Eiscreme serviert, schmeckt das Dessert ebenfalls köstlich.*

FÜR 3 ODER 4 PERSONEN

2 Eier
4 große, dicke Scheiben 1 Tag altes Landbrot oder 2 Croissants vom Vortag, längs halbiert
3 EL Butter
4 EL flüssiger Honig, beispielsweise *millefleur-,* Lavendel- oder Kleehonig

◆ Die Eier in einer Schüssel gut verquirlen. Die Brotscheiben oder die halbierten Croissants in die Eimasse tauchen, so dass sie vollständig überzogen sind. In einer großen Pfanne die Butter bei mittlerer Temperatur zerlassen. Die Brotscheiben oder Croissanthälften auf der einen Seite mit 2 EL Honig beträufeln und mit der Honigseite nach unten in die heiße Butter legen. 1 bis 2 Minuten braten, damit sie anbräunen. In der Zwischenzeit die Oberseiten mit den restlichen 2 EL Honig bestreichen. Sobald die Unterseiten gebräunt sind, die Brotscheiben oder Croissanthälften wenden und 1 bis 2 Minuten von der anderen Seite braten. Heiß servieren.

# Clafoutis mit frischen Aprikosen

*Jeden Juni bereite ich mindestens zweimal diesen saftig-lockeren französischen Auflauf zu, einmal mit Aprikosen und einmal mit Sauerkirschen. Im Sommer verwende ich Nektarinen, Zwetschgen oder Feigen und im Winter dann Rumfrüchte. Es ist ein einfaches und herrlich vielseitiges Dessert.*

FÜR 6 BIS 8 PERSONEN

1½ TL Butter
250 ml Milch
60 ml Schlagsahne
60 g Kristallzucker oder brauner Zucker
3 Eier
1 EL Mandelextrakt
1 TL Salz
100 g Weizenmehl, gesiebt
18 Aprikosen, halbiert und entsteint
Puderzucker zum Bestäuben (nach Belieben)

◆ Den Backofen auf 180 °C vorheizen. Mit der Butter eine 5 cm tiefe Auflaufform von etwa 25 cm Durchmesser einfetten.
◆ In einer Schüssel die Milch, die Schlagsahne, den Kristallzucker oder den braunen Zucker, die Eier, den Mandelextrakt, das Salz und das Mehl vermischen. Mit dem Handrührgerät (mittlere Geschwindigkeit) etwa 5 Minuten schlagen, bis die Masse schaumig ist.
◆ So viel Teig in die Auflaufform gießen, dass er ½ cm hoch in der Form steht. Die Form für 2 Minuten in den vorgeheizten Backofen stellen, dann wieder herausnehmen. Die Aprikosenhälften mit der Schnittseite nach unten gleichmäßig auf der Teigschicht verteilen, die bereits leicht gestockt ist. Den restlichen Teig über die Aprikosen gießen.
◆ Die Auflaufform wieder in den Ofen stellen und 30 bis 35 Minuten backen, bis der Teig aufgegangen und gebräunt ist und an einem in der Mitte eingestochenen Messer kein Teig mehr haften bleibt. Aus dem Ofen nehmen, nach Belieben mit Puderzucker bestäuben und servieren.

# Dessertkuchen mit Äpfeln und getrockneten Aprikosen

*Die zugleich herb und leicht süßlich schmeckenden getrockneten Aprikosen verschmelzen mit den warmen, weichen Äpfeln. Mit der Teigkruste ergibt dies eine unwiderstehlich köstliche Kombination.*

FÜR 6 PERSONEN

1½ TL Butter
3 oder 4 zum Kochen geeignete Äpfel, beispielsweise Golden Delicious oder Granny Smith, geschält, das Kerngehäuse entfernt, in große Stücke geschnitten
150 g getrocknete Aprikosen, fein gehackt
1 TL frisch gepresster Zitronensaft
220 g brauner Zucker
100 g Kristallzucker
1 EL Maisstärke
1 TL gemahlener Zimt
½ TL frisch geriebene Muskatnuss
½ TL gemahlener Piment

*Teigdeckel:*
300 g Weizenmehl
4 TL Backpulver
½ TL Salz
1 TL Zucker
60 g Butter, gekühlt und in Würfel geschnitten, zusätzlich 1 EL Butter, zerlassen
200 ml Milch

◆ Den Backofen auf 200 °C vorheizen. Eine etwa 6 cm tiefe Auflaufform von 2 l Inhalt mit der Butter einfetten.

◆ In einer großen Schüssel die Äpfel, die Aprikosen und den Zitronensaft vermischen. In einer kleinen Schüssel die beiden Zuckersorten, die Maisstärke und alle Gewürze vermischen. Die Zuckermischung zu den Äpfeln und Aprikosen geben und miteinander mischen, so dass die Früchte gleichmäßig mit Zucker überzogen sind. Alles in die vorbereitete Auflaufform füllen und beiseite stellen.

◆ Für den Teigdeckel das Mehl mit dem Backpulver in eine Schüssel sieben, das Salz und den Zucker dazugeben. Mit den Fingerspitzen die gekühlten Butterwürfel schnell unter die Mehlmischung kneten, bis sich erbsengroße Streusel bilden. Nicht zu lange kneten. Nach und nach die Milch in kleinen Portionen zugießen, dabei mit einem Holzlöffel umrühren, bis ein homogener Teig entstanden ist. Den Teig schnell zu einer Kugel formen, dann die Teigkugel auf eine bemehlte Arbeitsfläche legen. Den Teig zu einer 1 cm dicken Platte von der Größe der Auflaufform ausrollen. Den ausgerollten Teig vorsichtig auf die Auflaufform heben und damit die Früchte bedecken, dabei die Ränder einrollen oder umschlagen. An den Rändern eine oder zwei Öffnungen lassen oder die gleiche Zahl Schlitze in den Teigdeckel schneiden, damit der beim Backen entstehende Dampf entweichen kann.

◆ Den Teigdeckel mit der zerlassenen Butter bestreichen. Dann den Kuchen 45 Minuten backen, bis der Teig goldbraun ist, die Äpfel weich sind und der sich bildende Saft blubbert. Aus dem Ofen nehmen und servieren. Mit dem Löffel portionsweise aus der Form heben.

# Tarte Tatin mit marinierten Birnen

*Die Hälfte der Birnen wird in einer Mischung aus braunem Zucker und Cognac mariniert, die andere Hälfte bleibt unmariniert. Die Tarte erhält einen dicken Deckel aus gehaltvollem Mürbeteig, dessen Ränder vom karamellisierenden Fruchtsaft knusprig werden. Die zurückbehaltene Cognacmarinade, die das Aroma der Birnen angenommen hat, wird später erwärmt und beim Servieren über die Tortenstücke gegossen. Statt der Birnen können auch Äpfel oder pochierte Quitten verwendet werden.*

FÜR 6 BIS 8 PERSONEN

4 feste, reife Birnen, beispielsweise Kaiser Alexander oder Anjou (etwa 1 kg)
125 ml Cognac
120 g brauner Zucker
300 g Weizenmehl
1 TL Salz
3 EL Margarine, gut gekühlt
250 g Butter, gut gekühlt
6 EL Wasser, eisgekühlt
100 g Kristallzucker

◆ 2 Birnen schälen. Der Länge nach halbieren und das Kerngehäuse entfernen. Jede Hälfte in 4 bis 5 Spalten schneiden. Den Cognac mit dem braunen Zucker in einer Schüssel gut verrühren, damit sich der Zucker auflöst, dann die Birnenspalten hineingeben. Abdecken und mindestens 6 Stunden bis höchstens 18 Stunden marinieren; gelegentlich umrühren.
◆ Das Mehl und das Salz in einer Schüssel vermischen. Die 3 EL Margarine und die Butter bis auf 1 EL in 1 cm große Würfel schneiden und zum Mehl geben. Mit dem Knethaken der Küchenmaschine oder mit zwei Messern Mehl, Margarine und Butter zu erbsengroßen Streuseln verarbeiten. Das Eiswasser esslöffelweise dazugeben; mit einer Gabel und dann mit den Fingerspitzen schnell in den Teig arbeiten, der dadurch locker wird. Den Teig nicht zu lange kneten, sonst wird er zäh. Anschließend den leicht krümeligen Teig zu einer Kugel formen, in Frischhaltefolie wickeln und für 15 Minuten in den Kühlschrank legen.

◆ Während der Teig gekühlt wird, die übrigen 2 Birnen schälen und wie die ersten beiden Birnen weiterverarbeiten, jedoch nicht in der Cognac-Zucker-Mischung marinieren.

◆ Den Backofen auf 190 °C vorheizen. Eine etwa 6 cm tiefe Tarteform von 22 bis 25 cm Durchmesser mit ½ EL Butter einfetten; die Form sollte vorzugsweise aus Glas sein, damit sich die Sirupbildung beobachten lässt.

◆ Die vorbereitete Tarteform mit 50 g Kristallzucker ausstreuen. Mit einem Sieblöffel die Birnenspalten aus der Cognacmarinade herausheben und die Flüssigkeit beiseite stellen. Dann die marinierten Birnen abwechselnd mit den frisch aufgeschnittenen Birnen in einer Lage dicht aneinander gedrückt in der Form anordnen. Die restliche Butter (½ EL) in Flöckchen schneiden und auf den Birnen verteilen. Mit dem übrigen Kristallzucker bestreuen und mit 2 EL Cognacmarinade beträufeln.

◆ Den Teig aus dem Kühlschrank nehmen, aus der Folie wickeln und auf eine bemehlte Arbeitsfläche legen. Einen Kreis ausrollen, der ungefähr die Größe der Tarteform hat und gut ½ cm dick ist. Den Teigkreis vorsichtig in die Tarteform über die Birnen legen. Die Teigränder ringsum bis zum Boden der Tarteform ziehen. Die Oberfläche mehrmals mit einer Gabel einstechen.

◆ Ungefähr 1 Stunde backen, bis der Teigdeckel leicht goldbraun ist und sich auf dem Boden der Tarteform ein dickflüssiger, goldfarbener Sirup gebildet hat.

◆ Die Tarte aus dem Ofen nehmen und 5 Minuten stehen lassen. Danach die Tarte, falls nötig, mit Hilfe eines Messers oder Spatels aus der Form lösen. Eine Kuchenplatte auf die Tarteform legen, beide mit Topflappen fest zusammenhalten und umdrehen. Die Tarteform abheben. Falls noch ein paar Birnenspalten in der Form haften, diese vorsichtig herauslösen und auf die gestürzte Tarte setzen.

◆ Die zurückbehaltene Cognacmarinade durch ein Sieb in eine kleine Kasserolle gießen; die im Sieb befindlichen Fruchtstücke wegwerfen. Die Marinade bei mittlerer Temperatur erhitzen und 4 bis 5 Minuten köcheln lassen, bis die Flüssigkeit um ungefähr ein Viertel eingekocht ist.

◆ Die Tarte warm servieren; dabei jedes Tortenstück mit Cognacsirup beträufeln.

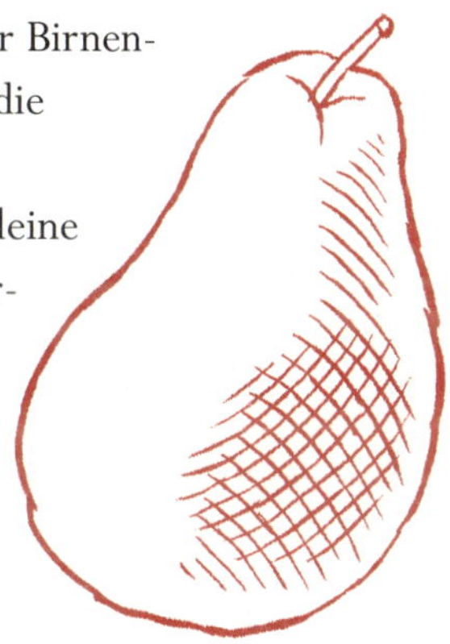

# Blätterteig-Tarte mit gemischten Früchten

*Mit Zucker vermischte Früchte werden auf einen Blätterteigboden gehäuft. Dann biegt man die Teigränder so nach oben, dass eine Teigform entsteht, von der die Obstfüllung zusammengehalten wird. Es können auch gehackte Nüsse zur Füllung gegeben werden. Den Blätterteig kann man tiefgekühlt kaufen.*

FÜR 6 BIS 8 PERSONEN

600 g Früchte, beispielsweise Birnen, Nektarinen, Pfirsiche oder Zwetschgen, in Spalten geschnitten, oder ganze Früchte wie Brombeeren, kernlose Trauben oder entsteinte Kirschen
60 g Zucker
1 EL Weizenmehl
2 EL frisch gepresster Zitronensaft
1 Stück vorbereiteter Blätterteig, 25 x 40 cm groß und ½ cm dick (aufgetaut, falls tiefgekühlt)
1 EL Butter, in kleine Stücke geschnitten

◆ In einer Schüssel die Früchte, den Zucker und das Mehl miteinander vermischen. Den Zitronensaft unterrühren. Den Blätterteig auf einer bemehlten Arbeitsfläche so ausrollen, dass ein ½ cm dicker Kreis von etwa 35 cm Durchmesser entsteht. Den Blätterteigkreis auf ein ungefettetes Backblech setzen und das Obst in die Mitte geben, dabei ringsum einen Rand von etwa 5 cm frei lassen. Die Früchte werden sich in der Mitte relativ hoch auftürmen, beim Backen fallen sie jedoch stark zusammen. Die freien Teigränder so weit wie möglich über die Füllung ziehen. Die Butterflöckchen auf den Früchten verteilen.

◆ Etwa 30 Minuten backen, bis der Blätterteig aufgegangen und goldbraun ist. Darauf achten, dass die Tarte nicht zu kurz gebacken wird. In Stücke geschnitten heiß servieren.

# Birnen-Beignets

*Obst-Beignets sind ein beliebter Nachmittagssnack für Kinder. Stücke von frischen oder getrockneten Früchten in einer Hülle aus knusprig goldenem Teig werden, mit Zucker bestreut, sehr heiß serviert. Ich erinnere mich, dass Françoise diese Beignets nicht nur mit Obst, sondern auch mit den langen weißen Blütenrispen der Scheinakazie (Robinie) oder mit Zucchiniblüten zubereitet hat.*

*Wenn man statt der Milch eisgekühltes Wasser oder kaltes Bier verwendet, kann man mit dem gleichen Ausbackteig auch Gemüse-Beignets zubereiten. Dazu eignen sich zum Beispiel Artischockenherzen, Paprikastreifen, Spargelspitzen und Auberginenscheiben.*

ERGIBT ETWA 24 BEIGNETS; FÜR 6 PERSONEN

250 g Weizenmehl
30 g Maisstärke
½ TL Salz
3 TL Backpulver
500 ml Milch
Pflanzenöl zum Frittieren
350 g Birnen, geschält, das Kerngehäuse entfernt und in 1 cm große Würfel geschnitten
Zucker zum Bestreuen

◆ In einer Schüssel das Mehl, die Maisstärke, das Salz und das Backpulver vermischen. Die Milch unter Rühren zugießen, dann schlagen, bis sich ein homogener Teig bildet.
◆ Das Öl 2½ cm hoch in eine Fritteuse oder eine tiefe Bratpfanne gießen und auf 180 °C erhitzen; ein in das heiße Öl gespritzter Teigtropfen sollte unter Zischen sofort frittiert werden. Die Birnenwürfel in den Ausbackteig geben und kurz vermischen. Dann mit einem Esslöffel die vom Teig umhüllten Birnenstücke portionsweise ins Öl geben; nicht zu viele Beignets auf einmal ausbacken. Die Beignets wenden, sobald sie auf der einen Seite goldbraun sind, und fertig ausbacken; insgesamt dauert dies 3 bis 4 Minuten. Mit einem Sieblöffel aus dem Öl nehmen und kurz auf Küchenpapier abtropfen lassen. Die Birnen-Beignets heiß und mit Zucker bestreut servieren.

# Crêpe-Päckchen mit getrockneten Früchten, Nüssen und Rum

*Dies ist meine Variante eines Desserts, das ich in der Haute Provence bei Freunden in der Woche vor Weihnachten serviert bekam. Die Zutaten dieses festlichen aromatischen Desserts stammen aus der regional geprägten winterlichen Vorratskammer.*

ERGIBT ETWA 16 GEFÜLLTE CRÊPES; FÜR 8 PERSONEN

*Crêpeteig:*
4 Eier
425 bis 450 ml Milch
3 EL Rum
250 g Weizenmehl
½ TL Salz
4 EL Zucker

*Füllung:*
50 g entsteinte Backpflaumen, gehackt
50 g getrocknete Aprikosen, gehackt
50 g Rosinen
40 g Mandeln, geröstet und gehackt
40 g Haselnüsse, geröstet und gehackt
2 EL Feigen- oder Aprikosenmarmelade
Saft von ½ Orange
2 EL geriebene Schale einer unbehandelten Orange
1 EL heißes Wasser

Etwa 60 g Butter
60 g Zucker
3 EL Rum (nach Belieben)

◆ Für den Teig in einer Schüssel die Eier, 425 ml Milch und den Rum gründlich vermischen. Das Mehl mit einem Schneebesen in kleinen Portionen unterschlagen, dann das Salz und den Zucker unter Schlagen dazugeben, so dass ein dünner Teig ohne Klümpchen entsteht. Man kann den Teig auch 2 bis 3 Minuten in der Küchenmaschine rühren. Den Teig abdecken und für 2 Stunden kühl stellen. Sollte der Teig danach zu dickflüssig sein – er sollte die Konsistenz von dicker Schlagsahne haben –, etwas zusätzliche Milch unterrühren.
◆ Für die Füllung in einer Schüssel die Backpflaumen, die Aprikosen, die Rosinen, die Mandeln und die Haselnüsse vermischen. Die Marmelade, den Orangensaft, die geriebene Orangenschale und das heiße Wasser hinzufügen und alle Zutaten gut vermischen.
◆ Den Backofen auf 200 °C vorheizen.
◆ Eine Pfanne mit 30 cm Durchmesser, vorzugsweise mit Antihaftbeschichtung, bei mittlerer Temperatur auf den Herd stellen. Die Pfanne hat die richtige Temperatur erreicht, wenn ein in die Pfanne gespritzter Wassertropfen zischend verdampft. 1 TL Butter in die Pfanne geben und zerlassen; die Pfanne schwenken, damit der Pfannenboden gleichmäßig mit Butter überzogen wird. Etwa 60 ml Teig in die Pfanne gießen, dann schnell die Pfanne kippen und schwenken, so dass der Boden mit Teig überzogen wird. Eventuell überschüssigen Teig ausgießen, die Pfanne wieder auf den Herd stellen und schwenken, damit sich der Teig gleichmäßig verteilt. Nach sehr kurzer Zeit beginnt der Teig Blasen zu schlagen, an den Rändern trocken zu werden und sich vom Pfannenboden abzulösen. Die Crêpe mit einem Spatel wenden und lediglich einen kurzen Moment von der anderen Seite backen. Herausnehmen, auf einen Teller legen und warm halten. Den Vorgang wiederholen, bis der gesamte Teig aufgebraucht ist; für jede Crêpe zuvor 1 TL Butter in die Pfanne geben.
◆ Um das Dessert fertigzustellen, 1 gehäuften EL Füllung in die Mitte jeder warmen Crêpe geben, dann die Seiten überlappend über die Füllung schlagen, so dass sie die Füllung einschließen und ein 5 x 10 cm großes Päckchen entsteht. Die Crêpe-Päckchen eng aneinander in eine Auflaufform setzen. Die restliche Butter in Flöckchen schneiden und diese auf den Crêpes verteilen, dann mit dem Zucker bestreuen. Die Crêpe-Päckchen 10 bis 15 Minuten backen, bis sie heiß sind und der Zucker geschmolzen ist. Nach Belieben mit Rum beträufeln und sofort heiß servieren.

# Pfirsich-Nektarinen-Gratin

*Eine kleine Menge Teig reicht hier völlig aus, um für den nötigen Zusammenhalt der zerkleinerten Früchte zu sorgen, und die Streusel aus Zucker, Walnüssen und Butter bedecken als knusprige Kruste das saftige Obst. Für dieses Rezept können auch andere Früchte, beispielsweise Birnen, Äpfel oder Zwetschgen, verwendet werden.*

FÜR 6 BIS 8 PERSONEN

4 EL Butter
6 EL Zucker
2 Pfirsiche, geschält, entsteint und geviertelt
2 Nektarinen, geschält, entsteint und geviertelt
1 Ei
60 ml Milch
40 g Weizenmehl
1 Prise Salz
30 g Walnüsse oder Mandeln, grob gehackt
½ TL getrocknete Lavendelblüten (nach Belieben)

◆ Den Backofen auf 220 °C vorheizen. Eine Auflaufform von etwa 22 cm Durchmesser mit 2 EL Butter großzügig einfetten, anschließend den Boden mit 2 EL Zucker bestreuen.
◆ Die geviertelten Früchte mit der Schnittseite nach unten in der Auflaufform anordnen. In einer Schüssel das Ei, die Milch, das Mehl und das Salz mit einem Schneebesen vermischen, dann so lange schlagen, bis keine Klümpchen mehr vorhanden sind. Den Teig gleichmäßig über das Obst gießen, so dass er in die Lücken zwischen den Fruchtstücken läuft.
◆ In einer kleinen Schüssel die restlichen 4 EL Zucker mit den Nüssen und, falls gewünscht, mit dem Lavendel vermischen und damit die Früchte bestreuen. Die übrigen 2 EL Butter in Flöckchen schneiden und auf dem Gratin verteilen.
◆ Etwa 15 Minuten backen, bis die Streusel knusprig und die Früchte weich sind (durch Einstechen mit einem Messer prüfen) und der Teig aufgegangen und durchgebacken ist. Heiß oder warm servieren.

# Melonensorbet

*Der intensive Melonengeschmack wird in diesem Sorbet durch einen Schuss Zitronensaft noch verstärkt. Versuchen Sie, drei verschiedene Sorten Sorbet herzustellen und pro Portion von jeder Sorte eine Kugel zu servieren, oder garnieren Sie eine einzelne Sorte Sorbet mit einer Spalte der Melone, aus der das Sorbet besteht.*

ERGIBT ETWA 1 LITER; FÜR 6 PERSONEN

500 g Zucker
250 ml Wasser
750 g Melone, beispielsweise Kantalup-, Honig- oder Charentais-Melone, geschält, die Samen entfernt, in große Würfel geschnitten
Saft von ½ Zitrone (etwa 1 EL)
Himbeeren, Brombeeren oder Melonenspalten zum Garnieren (nach Belieben)

◆ Den Zucker und das Wasser in eine kleine Kasserolle geben. Bei mittlerer Temperatur zum Simmern bringen und unter häufigem Rühren 5 Minuten köcheln lassen, bis sich der Zucker aufgelöst hat und ein dünnflüssiger Sirup entstanden ist. Vom Herd nehmen und abkühlen lassen.

◆ Nach dem Abkühlen den Sirup zusammen mit den Melonenwürfeln und dem Zitronensaft in einen Mixer oder eine Küchenmaschine geben und die Melone grob pürieren. Das Püree in eine Eismaschine füllen und nach den Anweisungen des Herstellers gefrieren.

◆ Zum Servieren von der Sorbetmasse Kugeln abstechen, auf gekühlte Teller oder in gekühlte Dessertschälchen geben und nach Wunsch mit Beeren oder Melonenspalten garnieren. Das Sorbet ist im Kühlschrank 2 Wochen haltbar.

# Honig-Quitten-Eiscreme

*Allein schon die ins Rosa spielende Bernsteinfarbe, die die Quitten der Eiscreme verleihen, ist Grund genug für deren Zubereitung. Doch der außergewöhnliche Farbton wird noch vom Geschmack übertroffen. Der Honig sorgt für die Süße, während die Quitte ihr typisches, leicht zitrusartiges Aroma beisteuert.*

ERGIBT ETWA 2 LITER

4 oder 5 große Quitten
1 kg Kristallzucker
500 ml Wasser
1 Vanilleschote, längs aufgeschnitten
2 EL frisch gepresster Zitronensaft
500 ml Schlagsahne
500 ml Milch
180 g heller, flüssiger Honig, beispielsweise *millefleur*-, Akazien- oder Kleehonig
100 g brauner Zucker
¼ TL Salz
4 Eigelbe
1 TL frisch geriebene Muskatnuss
¼ TL gemahlene Nelken

◆ Die Quitten schälen und das Kerngehäuse entfernen. Die Früchte in große Stücke schneiden und beiseite stellen. Den Kristallzucker, das Wasser, die Vanilleschote und den Zitronensaft in eine säurefeste Kasserolle geben, die groß genug ist, um später noch die Quittenstücke aufzunehmen. Bei mittlerer bis hoher Temperatur zum Kochen bringen und unter häufigem Rühren kochen lassen, bis ein dünner bis leicht dickflüssiger Sirup entstanden ist; dies dauert ungefähr 10 Minuten. Die Temperatur reduzieren und die Quitten hinzufügen. Etwa 15 Minuten pochieren, bis die Früchte gerade eben weich sind (durch Einstechen mit einer Gabel prüfen). Die Gardauer hängt davon ab, wie reif die Quitten sind.

◆ Die Quittenstücke mit einem Sieblöffel aus dem Sirup heben und gut abtropfen lassen. Den Sirup wegschütten oder anderweitig verwenden. Etwa 100 g von den Quittenstücken beiseite stellen. Den Rest im Mixer pürieren und in eine Schüssel füllen.

◆ In einer schweren Kasserolle die Schlagsahne, die Milch, den Honig, den braunen Zucker und das Salz verrühren. Bei mittlerer bis hoher Temperatur unter häufigem Rühren bis knapp unter den Siedepunkt erhitzen, bis sich der Zucker aufgelöst hat. In der Zwischenzeit in einer Schüssel die Eigelbe mit dem Schneebesen schlagen, bis sie hellgelb sind. Langsam unter Schlagen etwa 250 ml von der heißen Honigmilch zu den Eigelben gießen. Nun die Eigelbmasse unter Schlagen in die heiße Honigmilch geben; weiterschlagen und etwa 10 Minuten köcheln lassen, bis die Masse so eingedickt ist, dass sie die Rückseite eines Löffels überzieht. Vom Herd nehmen und die Masse lauwarm werden lassen.

◆ Etwa 250 ml von der gekochten Masse unter das Quittenpüree ziehen, dann alles zu der restlichen gekochten Masse geben, Muskat und gemahlene Nelken hinzufügen und alles gut verrühren.

◆ In eine Eismaschine füllen und nach den Anweisungen des Herstellers gefrieren. Zum Servieren von der Eiscreme Kugeln abstechen und in Dessertschälchen geben. Die zurückbehaltenen Quittenstücke klein schneiden und damit die Eisportionen garnieren.

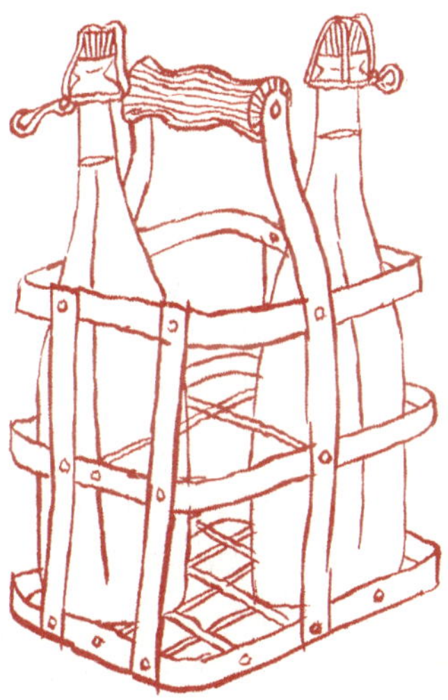

# Gestürzte Vanillecreme mit Himbeeren und Erdbeeren

*Die köstliche mit Beeren aromatisierte Creme zergeht auf der Zunge, und das Fruchtpüree, das mit der Creme serviert wird, schmeckt wunderbar säuerlich und erfrischend.*

FÜR 4 PERSONEN

1 EL Butter
Etwa 120 g Zucker (8 EL)
350 ml Milch
1 Vanilleschote, längs aufgeschnitten
2 Eier
100 g Himbeeren
50 g Erdbeeren, geputzt und grob zerkleinert
Kochendes Wasser nach Bedarf
1 EL Wasser

◆ Den Backofen auf 180 °C vorheizen. Vier Souffléförmchen mit jeweils etwa 200 ml Inhalt mit der Butter einfetten und pro Förmchen mit ½ EL Zucker gleichmäßig ausstreuen; den überschüssigen Zucker ausleeren. Beiseite stellen.
◆ Die Milch und die Vanilleschote in eine kleine Kasserolle geben und bei mittlerer Temperatur erhitzen; kurz bevor die Milch zu kochen beginnt, die Kasserolle vom Herd nehmen. In der Zwischenzeit in einer Schüssel die Eier mit 4 EL Zucker vermischen. Mit einem Schneebesen oder einem Handrührgerät etwa 10 Minuten schlagen, bis die Masse hellgelb und so dickflüssig ist, dass sie in Bändern vom Schneebesen tropft. Nach und nach die heiße Milch unter ständigem Rühren zu der Eimasse geben, dann die Eiercreme durch ein feinmaschiges Sieb in eine saubere Schüssel abgießen. Die Himbeeren und die Erdbeeren in einer Schüssel vermischen; 40 g davon für die Sauce abnehmen und beiseite stellen. Die Beeren unter die Creme rühren, danach die Beerencreme gleichmäßig auf die Souffléförmchen verteilen. Die Förmchen in eine Auflaufform stellen und diese so hoch mit kochendem Wasser füllen, dass die Förmchen bis zur Hälfte im Wasser stehen. In den Backofen stellen und 40 bis 45 Minuten garen, bis an einem eingestochenen Messer keine Creme mehr haften bleibt.

◆ Die Souffléförmchen aus dem Wasserbad nehmen und zum Abkühlen beiseite stellen. (Wenn die Vanillecreme noch warm serviert werden soll, die Förmchen in ein kaltes Wasserbad stellen, dem einige Eiswürfel hinzugefügt wurden, und 5 bis 10 Minuten stehen lassen, dann wie unten beschrieben stürzen.)

◆ Zum Stürzen die Creme mit Hilfe eines Messers von den Förmchen lösen. Einen Teller auf ein Förmchen legen, beides gut festhalten und dann umdrehen, worauf die Creme sanft auf den Teller gleitet. Das Förmchen abheben.

◆ Für die Sauce die beiseite gestellten Beeren mit den restlichen 2 EL Zucker und dem Wasser zerdrücken oder pürieren. Jede Vanillecreme mit etwas Sauce umgießen und servieren.

# Nougat noir

*Diese beliebte Festtagsschleckerei wurde in den Küchen der Haute Provence noch bis vor kurzem selbst hergestellt; man verwendete dazu einheimischen Honig und die in der Region geernteten Mandeln. Es ist immer noch eines der traditionellen 13 Weihnachtsdesserts für den Heiligen Abend, doch wird es inzwischen häufiger gekauft als selbst gemacht. Die Zubereitung ist nicht schwierig. Die Mandeln werden durch das Kochen im Honig geröstet und dann von dem zäh gewordenen Honig zusammengehalten. Der Trick dabei ist, die Masse zum exakt richtigen Zeitpunkt – wenn sie weder zu kurz noch zu lange erwärmt wurde – in die bereitstehende Form zu gießen. Für den* nougat noir *sollte ein heller Honig verwendet werden, da das Erhitzen möglicherweise den Geschmack eines dunklen Honigs beeinträchtigen würde.*

ERGIBT ETWA 18 STÜCKE

½ TL Butter
250 g heller Honig
250 g Mandeln, Haut nicht abgezogen

◆ Eine Form vorbereiten, beispielsweise einen Eiswürfelbehälter aus Aluminium ohne Einteilung; mit der Butter einfetten und mit Backpapier auskleiden.
◆ In einem schweren Topf den Honig bei mittlerer Temperatur unter Rühren erhitzen, bis er kocht. Dann unter Rühren die Mandeln dazugeben. Die Temperatur auf niedrig reduzieren, dabei immer weiter rühren. Die Masse dickt nun ein, die Mandeln werden geröstet und der Honig verändert seine Farbe von goldgelb in ein dunkles Karamellbraun. Es ist wichtig, dass die Masse ständig gerührt wird, da sonst die Mandeln verbrennen. Sobald sich die Masse braun gefärbt hat und ein Zuckerthermometer 120 °C anzeigt, wird der Nougat in die vorbereitete Form gegossen. Gleichmäßig verstreichen und mit einem Stück Backpapier abdecken. Mit einem Gewicht, beispielsweise einem Ziegel, beschweren und abkühlen lassen.
◆ Sobald der Nougat vollständig ausgekühlt ist, das Pergamentpapier abziehen, dann den Nougat in 2½ cm große Würfel schneiden. Er sollte zwar fest, aber gut zu schneiden sein. In einer luftdichten Dose aufbewahren. Die Nougatwürfel sind etwa 2 Wochen haltbar.

# Feigenmarmelade

*In der Vergangenheit, als die Hänge der Haute Provence noch von Feigenhainen gesäumt waren, gehörte Feigenmarmelade zu den täglichen Genüssen. Heute gibt es sehr viel weniger Feigenbäume, von denen die meisten wild wachsen. Feigenmarmelade ist daher zu einer Spezialität geworden. Sie ist ganz einfach zuzubereiten, und aus jeder Feigensorte entsteht eine Marmelade, die anders schmeckt und anders gefärbt ist.*

ERGIBT ETWA 1 L

1 kg weiche, reife Feigen (eine beliebige Sorte)
125 ml Wasser
2 EL frisch gepresster Zitronensaft
1 EL fein gehackte Schale einer unbehandelten Zitrone
450 g Zucker

◆ Die Feigen grob hacken und mit dem Wasser in eine Kasserolle geben. Bei mittlerer Temperatur zum Kochen bringen. 10 bis 15 Minuten köcheln lassen, bis sich die Feigen etwas aufgelöst haben und eine dickliche Masse entstanden ist. Den Zitronensaft, die Zitronenschale und den Zucker hinzufügen und die Temperatur auf mittel bis hoch schalten. Unter Rühren weitere 10 bis 15 Minuten köcheln lassen, bis ein in die Masse getauchtes Zuckerthermometer 100 °C anzeigt. Die Marmelade ist fertig, sobald sie einen horizontal gehaltenen Löffel überzieht und in einem Band, nicht mehr in einzelnen Tropfen, vom Löffel fällt.
◆ Zum Abfüllen der Marmelade sollten heiße, sterilisierte Einmachgläser mit Schraubverschlüssen oder mit Glasdeckeln und Gummiringen bereitstehen. Die Marmelade in die Einmachgläser füllen und diese fest verschließen. Abkühlen lassen und prüfen, ob ein Vakuum entstanden ist. Bei Gläsern mit Schraubverschluss sollte der Deckel konkav gewölbt sein. Bei Gläsern mit Glasdeckel und Gummiring darf sich der Glasdeckel nach Lösen des Bügels nicht anheben lassen. Wenn die Einmachgläser nicht richtig versiegelt sind, sollten sie im Kühlschrank aufbewahrt werden, wo sich die Marmelade bis zu 6 Monaten hält. Sind die Gläser richtig versiegelt, können sie an einem kühlen, dunklen Ort gelagert werden. Nach dem Öffnen ist die Feigenmarmelade im Kühlschrank noch bis zu 4 Wochen haltbar.

# Bibliographie


Aliquot, Hervé: *Les Alpes de Haute Provence.* Aubanel, Avignon 1976

Biehn, Michel: *Rezepte aus der Provence. 170 Spezialitäten aus der Küche der Kräuter und Düfte.* Heyne, München 1995

Brennan, Georgeanne:

*Potager: Fresh Garden Cooking in the French Style.* Chronicle Books, San Francisco 1992

*Einladung zum Aperitif. Mit 50 Rezepten für Drinks und kleine Leckerbissen.* Christian Verlag, München 1998

Damon, Jean-Louis: *La Cuisine au pays d'Annot et ses environs.* Serre Editeur, Nizza 1995

Domenge, Georges: *Cuisine de tradition du Var et des Alpes du Sud.* Edisud, Aix-en-Provence 1993

Evelegh, Tessa: *Lavendel.* Christian Verlag, München 1997

Font-Verger, Irène de: *Die Küche der Provence. Land und Menschen.* Hädecke, Weil der Stadt 1990

Gayler, Paul: *Köstliches mit Käse. 130 moderne Feinschmeckerrezepte.* Christian Verlag, München 1998

Guitteny, Marc: *Herbes et plantes de Provence.* Editions Marc Guitteny, La Bernerie 1993

*Il Tartufo – Trüffel. Vom Pilz mit dem unvergleichlichen Aroma.* Droemer Knaur, München 1995

Lichtner, Monique: *Knoblauch, Kräuter und Oliven. Spezialitäten der provencalischen Küche.* 4. Aufl., Kunstverlag Weingarten, Weingarten 1992

Mayle, Peter: *Mein Jahr in der Provence.* Droemer Knaur, München 1992

Meuth, Martina, und Neuner-Duttenhofer, Bernd: *Provence. Küche, Land und Leute. Kulinarische Landschaften.* Droemer Knaur, München 1990

Musset, Danielle: *Lavandes et plantes aromatiques: Un Itinéraire de découverte en Haute Provence.* Les Alpes de Lumière, Salagon 1989

Nazet, Marion: *Cuisine et fêtes en Provence.* Edisud, Aix-en-Provence 1992

Olney, Richard, und Gantié, Jacques: *Provence. Eine kulinarische Reise. Mit 213 Originalrezepten der Region.* 4. Aufl., Christian Verlag, München 1997

Reboul, J.-B: *La Cuisinière provençale.* 23. Aufl., Tacussel, Marseille 1985

Scotto, Elisabeth, und Forgeur, Brigitte: *Olivenöl. Das grüne Gold des Mittelmeers.* Droemer Knaur, München 1996

Wiescher, Gert: *Geliebte provenzalische Küche. Kulinarische Geschichten aus dem Midi.* Mary Hahn, München 1996

# Register


## A

*Aïoli*
Flusskrebse auf Blattsalaten mit Vinaigrette und Aïoli, 242–243
Le grand aïoli, 171–173
Albion, Plateau d', 20, 29, 254, 277
Alpes-de-Haute-Provence, 19, 20, 124
*Anchoïade,* 246
Rinderrouladen mit Anchoïade, 246–247
Anchovis
Fischsuppe »Haute Provence«, 236–237
kulinarische Bedeutung, 223–224
Rinderrouladen mit Anchoïade, 246–247
Tapenade von schwarzen Oliven, 71
Annot, 21, 63, 90, 252, 271
Äpfel, 278
Apfel-Quitten-Puffer, 288
Dessertkuchen mit Äpfeln und getrockneten Aprikosen, 292–293
Frisches Apfelkompott, 289
Ragout aus Schweinefleisch, Maronen und Winteräpfeln, 262–263
Aprikosen
Clafoutis mit frischen Aprikosen, 291
Crêpe-Päckchen mit getrockneten Früchten, Nüssen und Rum, 298–299
Dessertkuchen mit Äpfeln und getrockneten Aprikosen, 292–293
einlegen, in Alkohol, 283
trocknen, 282–283
Apt, 278
Argens, 222
Artignosc, 123
Artischocken
Artischockenpüree, 152
Barigoule von Artischocken und Dicken Bohnen, 153–154
Asse, 222
Auberginen
Auberginen-Ziegenkäse-Röllchen mit Tomaten-Concassé, 133–134
Salat von Oliven, gerösteter roter Paprika und Aubergine, 77
Sommergemüse mit Brot-Kräuter-Füllung, 168–169
Aups, 20, 96, 136, 251, 278

## B

Banon, 125, 189, 278
Barcelonnette, 189, 215
Barjols, 123
Basilikum, 31
Kichererbsensalat mit Basilikum, 39
Wildkräuter-Galettes, 41
*Beignets:* Birnen-Beignets, 297
*Bergeries,* 187–188
Bienenhaltung, 275–277
Birnen
Birnen-Beignets, 297
Birnen-Trauben-Salat mit Ziegenhartkäse, 132
Tarte Tatin mit marinierten Birnen, 294–295
Blätterteig, 112
Blätterteig-Tarte mit gemischten Früchten, 296
Blätterteigtaschen mit Maronencremefüllung, 269–270
Lauchtarte mit getrockneten Morcheln, 112–113
Blattsalate und -gemüse. *Siehe auch* einzelne Sorten
Birnen-Trauben-Salat mit Ziegenhartkäse, 132
Blattsalat mit Trüffelöldressing, 104
Flusskrebse auf Blattsalaten mit Vinaigrette und Aïoli, 242–243
Gedünstetes Blattgemüse mit schwarzen Oliven, 79
Gegrillte Wachteln im Wildkräuterbett, 43–44
Kombinieren von kräftigen und milden Aromen, 37
Wildkräuter-Galettes, 41
Wildkräutersalat, 37
Bléone, 222
Bohnen
Barigoule von Artischocken und Dicken Bohnen, 153–154
Frühlingstopf mit Lamm und jungen Gemüsen, 160–161
Gratin aus Lammfleisch, weißen Bohnen und getrockneten Tomaten, 203–205
Le grand aïoli, 171–173
Ragout von grünen Bohnen und Kartoffeln, 163
Bouches-du-Rhône, 147
Boudin noir, 199–201
Brät: Gebackene Quitten mit Brät-Korinthen-Walnuss-Füllung, 287
Brot
Brotpudding mit kandierten Walnüssen, 267
Gemischte Platte mit Tomaten, gehackten Zwiebeln und Schafskäse, 131
Häppchen mit pikanter Leberpastete, 73

Olivenbrot, 85–86
Pain perdu mit Honigkruste, 290
Sandwiches mit Tapenade, gerösteter roter Paprika und Ziegenfrischkäse, 78
Sommergemüse mit Brot-Kräuter-Füllung, 168–169
Waldpilzgratin, 107–109
Warmes Feigendessert mit Ziegenfrischkäse, 141–142
*Brouillade*, 102
Trüffel-Brouillade, 102–103
*Brousse,* 128
*Broussin,* 127

## C

*Cachaille,* 127
*Cachat,* 127
Caillette, 198–199
Cannelloni mit Daube-Füllung, 117–118
*Caseille,* 127
*Casse-dents,* 253
Castellane, 20, 29, 278
Castillon, 222
Cereste, 278
*Châtaigne,* 254
Chicorée, 175
Chicorée und Feldsalat, 175–176
*Clafoutis*
Clafoutis mit frischen Aprikosen, 291
mit nicht entsteinten Kirschen, 279
Col d'Allos, 122, 189, 252
Colmars, 122
Contadour, 20, 276–277
Cotignac, 62, 251, 271
*Coulis:* Tomaten-Coulis, 151
Crêpes
Crêpe-Päckchen mit getrockneten Früchten, Nüssen und Rum, 298–299
Polenta-Crêpes mit Pfirsichen und Ziegenfrischkäse, 139–140

## D

*Daube,* 114
Cannelloni mit Daube-Füllung, 117–118
Daube vom Rind mit getrockneten Steinpilzen, 114–116
Daube vom Wildschwein, 233–235
Hasen-Daube mit Teigdeckel, 230–232
Desserts
Blätterteig-Tarte mit gemischten Früchten, 296
Blätterteigtaschen mit Maronencremefüllung, 269–270
Brotpudding mit kandierten Walnüssen, 267
Clafoutis mit frischen Aprikosen, 291
Crêpe-Päckchen mit getrockneten Früchten, Nüssen und Rum, 298–299
Dessertkuchen mit Äpfeln und getrockneten Aprikosen, 292–293
Eiscreme mit grünen Mandeln 266
Frisches Apfelkompott, 289
Gebackene Feigen mit Honig und Lavendel, 54
Gestürzte Vanillecreme mit Himbeeren und Erdbeeren, 304–305
Honig-Quitten-Eiscreme, 302–303
Kandierte Walnüsse, 268
Mandelbaisers, 265
Melonensorbet, 301
Nougat noir, 306
Pain perdu mit Honigkruste, 290
Pfirsich-Nektarinen-Gratin, 300
Polenta-Crêpes mit Pfirsichen und Ziegenfrischkäse, 139–140
Rosmarin-Orangen-Sorbet, 53
Tarte Tatin mit marinierten Birnen, 294–295
traditionell zum Weihnachtsmenü servierte, 281, 306
Warmes Feigendessert mit Ziegenfrischkäse, 141–142
Dicke Bohnen
Barigoule von Artischocken und Dicken Bohnen, 153–154
Dicke Bohnen und Stockfisch in Knoblauchcreme, 155–156
Frühlingstopf mit Lamm und jungen Gemüsen, 160–161
Digne, 19, 20, 117, 158, 251
Drôme, 19, 29
Drosseln
Gegrillte Wacholder-Wachteln, 226–227
Jagd, 219–220
Durance, 19, 221, 278

## E

Echte Reizker, 91
Gegrillte Echte Reizker mit Knoblauch und Petersilie, 105
Eier
Le grand aïoli, 171–173
Löwenzahnsalat mit Speckstreifen und hart gekochten Eiern, 38
Omelett mit Ziegenkäse und roter Paprika, 134–135
Trüffel-Brouillade, 102–103
Eiscreme
Eiscreme mit grünen Mandeln, 266
Honig-Quitten-Eiscreme, 302–303
Endivie, glatte
Blattsalat mit Trüffelöldressing, 104
Endivien-Maronen-Salat mit Speckstreifen, 258
Gedünstetes Blattgemüse mit schwarzen Oliven, 79
Entbeinte Lammkeule vom Grill mit Kräutern der Provence, 46–47
Ente: In Salz gebratene Entenschenkel mit Trauben, 285–286

Entrevaux, 21, 62, 63, 90, 148, 215
Erbsen
Fettuccine mit grünen Erbsen und rohem Schinken, 156–157
Frühlingstopf mit Lamm und jungen Gemüsen, 160–161
Kichererbsen aus neuer Ernte mit Knoblauchwurst, 182–183
Kichererbsensalat mit Basilikum, 39
Lammragout mit frischen Erbsen, 205–206
Erdbeeren
Anbau, 281
Gestürzte Vanillecreme mit Himbeeren und Erdbeeren, 304–305
Esparron, 33, 190, 222

## F

Fasan mit Maronen, Steinpilzen und Kohl, 228–229
Feigen
Feigenmarmelade, 307
Gebackene Feigen mit Honig und Lavendel, 54
Gegrillte Feigen mit Hühnerleber und Speck, 284
kulinarische Bedeutung, 281
trocknen, 282–283
Warmes Feigendessert mit Ziegenfrischkäse, 141–142
Feldsalat: Chicorée und Feldsalat, 175–176
Fenchel
Fenchelsalat mit Zitronenvinaigrette, schwarzem Pfeffer und Ziegenhartkäse, 130–131
Fischsuppe »Haute Provence«, 236–237
Flusskrebse auf Blattsalaten mit Vinaigrette und Aïoli, 242–243
Flusskrebssauce für Pasta, 240–241
Kürbiscremesuppe mit Fenchelaroma, 42
Fettuccine
Fettuccine mit Erbsen und rohem Schinken, 156–157
Pasta mit Kirschtomaten und Ziegenfrischkäse, 138–139
Pasta mit Walnüssen und Gorgonzola, 259
Fisch. *Siehe auch* Anchovis
Fischen, 221–223
Fischsuppe »Haute Provence«, 236–237
Forelle mit gerösteten Mandeln, 264
Frittierte Stockfischküchlein mit Tomaten-Coulis, 239
Gegrillte Forelle mit Rosmarin, 238
Stockfisch entsalzen, 224
Stockfisch pochieren, 225
Flüsse, 221–222
Flusskrebse
Fang, 222–223
Flusskrebse auf Blattsalaten mit Vinaigrette und Aïoli, 242–243
Flusskrebssauce für Pasta, 240–241
Fond: Pilzfond, 100
Forcalquier, 254, 278
Forelle
Fischsuppe »Haute Provence«, 236–237
Forelle mit gerösteten Mandeln, 264
Gegrillte Forelle mit Rosmarin, 238
*Fricot*
Gratin aus Sommerkürbis, Paprika und neuen Kartoffeln, 166–167
Zucchini-Fricot, 164
Frisches Apfelkompott, 289
Frisée
Blattsalat mit Trüffelöldressing, 104
Friséesalat mit gebratenem Ziegenkäse, 129–130
Frittierte Stockfischküchlein mit Tomaten-Coulis, 239
Früchte. *Siehe auch* einzelne Obstarten
Anbau, 277–282
Blätterteig-Tarte mit gemischten Früchten, 296
Crêpe-Päckchen mit getrockneten Früchten, Nüssen und Rum, 298–299
einlegen, in Alkohol, 283
Gestürzte Vanillecreme mit Himbeeren und Erdbeeren, 304–305
Melonensorbet, 301
trocknen, 282–283

## G

*Galettes*: Wildkräuter-Galettes, 41
Gebackene neue Kartoffeln mit Rosmarin und Salbei, 180
Gebackene Quitten mit Brät-Korinthen-Walnuss-Füllung, 287
Gebäck
Blätterteigtaschen mit Maronencremefüllung, 269–270
Mandelbaisers, 256
Gebratene Ravioli mit Spinat-Knoblauch-Füllung, 158–159
Gedünstetes Blattgemüse mit schwarzen Oliven, 79
Gegrillte Forelle mit Rosmarin, 238
Gegrillte Wacholder-Wachteln, 226–227
Gemüse. *Siehe auch* einzelne Sorten
aus dem Küchengarten, 145–149
Frühlingstopf mit Lamm und jungen Gemüsen, 160–161
Le grand aïoli, 171–173
Potée aus Kohl, Kartoffeln, Rüben und Würstchen, 183–184
Gesalzenes Dorschfilet. *Siehe* Stockfisch
Gesprungene grüne Oliven, 65
Gestürzte Vanillecreme mit Himbeeren und Erdbeeren, 304–305

Giono, Jean, 20, 277
Gorgonzola
Chicorée und Feldsalat, 175–176
Kürbissuppe mit Frühlingszwiebeln und Gorgonzola, 176–177
Pasta mit Walnüssen und Gorgonzola, 259
Grüne Bohnen
Le grand aïoli, 171–173
Ragout von grünen Bohnen und Kartoffeln, 163
Grüner Salat. *Siehe* Blattsalate und -gemüse; Kopfsalat
Grüner Salat mit Ziegenkäse und gerösteten Mandeln, 256–257
Gruyère
Kürbisgratin, 178–179
Pfifferling-Pasta-Auflauf, 110–111
Ravioli mit Kürbisfüllung und Walnusssauce, 260–262
Sommergemüse mit Brot-Kräuter-Füllung, 168–169
Stockfisch-Kartoffel-Terrine, 244–245

## H

Häppchen mit pikanter Leberpastete, 73
Hase. *Siehe auch* Kaninchen
Hasen-Daube mit Teigdeckel, 230–232
Jagd, 215
Haselnüsse
Anbau, 252
Crêpe-Päckchen mit getrockneten Früchten, Nüssen und Rum, 298–299
Portulak-Haselnuss-Salat mit Zitronenvinaigrette, 257
Haut Var, 61, 62, 90, 123, 124
Haute Provence, geographische Beschreibung, 19–21
*Herbes de Provence,* 34. *Siehe auch* Kräuter
herstellen, 35
Himbeeren: Gestürzte Vanillecreme mit Himbeeren und Erdbeeren, 304–305
Honig
flüssig machen, kristallisierten, 283
Gebackene Feigen mit Honig und Lavendel, 54
Hähnchenbrust mit Honig-Lavendel-Glasur, 52
Herstellung, 275–277
Honig-Quitten-Eiscreme, 302–303
Honigsorten, 275–277
Nougat noir, 306
Pain perdu mit Honigkruste, 290
Hühnerleber
Gegrillte Feigen mit Hühnerleber und Speck, 284
Häppchen mit pikanter Leberpastete, 73
Huhn
Brathuhn mit ganzen Knoblauchknollen, 170
Brathuhn mit Thymianfüllung, 51
Hähnchenbrust mit Honig-Lavendel-Glasur, 52
Hühnerragout mit schwarzen Oliven, 82–83
Mit Tapenade gefüllte Hähnchenbrust, 81

## I

In Salz gebratene Entenschenkel mit Trauben, 285–286

## J

Jabron-Tal, 20, 215, 251–252, 271
Jagd, 215–220
*Jambon cru. Siehe* Schinken, luftgetrockneter roher

## K

Käse, 121–128. *Siehe auch* einzelne Sorten
aromatisierte Käsecremes, 128
Artischockenpüree, 152
Auberginen-Ziegenkäse-Röllchen mit Tomaten-Concassé, 133–134
Banon, 125–127
Birnen-Trauben-Salat mit Ziegenhartkäse, 132
Cannelloni mit Daube-Füllung, 117–118
Chicorée und Feldsalat, 175–176
Daube vom Rind mit getrockneten Steinpilzen, 114–116
Fenchelsalat mit Zitronenvinaigrette, schwarzem Pfeffer und Ziegenhartkäse, 130–131
Fettuccine mit Erbsen und rohem Schinken, 156–157
Flusskrebssauce für Pasta, 240–241
Friséesalat mit gebratenem Ziegenkäse, 129–130
Frittierte Stockfischküchlein mit Tomaten-Coulis, 239
Gemischte Platte mit Tomaten, gehackten Zwiebeln und Schafskäse, 131
Grüner Salat mit Ziegenkäse und gerösteten Mandeln, 256
Herstellung, 123–127
Kuhmilchkäse, 128
Kürbisgratin, 178–179
Kürbissuppe mit Frühlingszwiebeln und Gorgonzola, 176–177
Lammkoteletts mit Rosmarinsauce, 201–202
Lauchtarte mit getrockneten Morcheln, 112–113
Omelett mit Ziegenkäse und roter Paprika, 134–135
Pasta mit Kirschtomaten und Ziegenfrischkäse, 138–139
Pasta mit Walnüssen und Gorgonzola, 259
Pfifferling-Pasta-Auflauf, 110–111
Pizza provenzalisch, 136–138

Polenta-Crêpes mit Pfirsichen und Ziegenfrischkäse, 139–140
Ravioli mit Kürbisfüllung und Walnusssauce, 260–262
Sandwiches mit Tapenade, gerösteter roter Paprika und Ziegenfrischkäse, 78
Sauermilchkäse, 127
Schafskäse, 128, 131
Sommergemüse mit Brot-Kräuter-Füllung, 168–169
Stockfisch-Kartoffel-Terrine, 244–245
Warmes Feigendessert mit Ziegenfrischkäse, 141–142
Wildkräuter-Galettes, 41
Kandierte Walnüsse, 268
Kaninchen, 83. *Siehe auch* Hase
Kaninchenragout mit grünen Oliven, 83–84
Salbei-Kaninchen mit Kartoffeln, 48
Kartoffeln
Fischsuppe »Haute Provence«, 236–237
Flusskrebse auf Blattsalaten mit Vinaigrette und Aïoli, 242–243
Frühlingstopf mit Lamm und jungen Gemüsen, 160–161
Gebackene neue Kartoffeln mit Rosmarin und Salbei, 180
Gratin aus Sommerkürbis, Paprika und neuen Kartoffeln, 166–167
Hasen-Daube mit Teigdeckel, 230–232
Le grand aïoli, 171–173
Potée aus Kohl, Kartoffeln, Rüben und Würstchen, 183–184
Ragout von grünen Bohnen und Kartoffeln, 163
Salbei-Kaninchen mit Kartoffeln, 48
Stockfisch-Kartoffel-Terrine, 244–245
Warmer Kartoffel-Trüffel-Salat, 101
Zicklein mit Kartoffeln und Knoblauch, 207–208
Kastanien, 254. *Siehe auch* Maronen
Kastanienhonig, 276
Kerbel, 31
Kichererbsen, 182
Kichererbsen aus neuer Ernte mit Knoblauchwurst, 182–183
Kichererbsensalat mit Basilikum, 39
Kirschen
Anbau, 278–279
einlegen, in Alkohol, 283
trocknen, 282–283
Klassische Vinaigrette, 74
Knoblauch
Brathuhn mit ganzen Knoblauchknollen, 170
Dicke Bohnen und Stockfisch in Knoblauchcreme, 155–156
Entbeinte Lammkeule vom Grill mit Kräutern der Provence, 46–47
Gebratene Ravioli mit Spinat-Knoblauch-Füllung, 158–159
Gegrillte Echte Reizker mit Knoblauch und Petersilie, 105
Le grand aïoli, 171–173
Rinderrouladen mit Anchoïade, 246–247
rösten, 150
Zicklein mit Kartoffeln und Knoblauch, 207–208
Zucchini-Fricot, 164
Kohl
Fasan mit Maronen, Steinpilzen und Kohl, 228–229
Krautsalat mit rohem Schinken, 174
Potée aus Kohl, Kartoffeln, Rüben und Würstchen, 183–184
Kopfsalat
Grüner Salat mit Ziegenkäse und gerösteten Mandeln, 256
Portulak-Haselnuss-Salat mit Zitronenvinaigrette, 257
Kräuter, 29–35. *Siehe auch* einzelne Kräuter
Entbeinte Lammkeule vom Grill mit Kräutern der Provence, 46–47
*Herbes de Provence,* 34–35
kochen mit, 35–36
Lammkeule mit einer Kruste aus Kräutern der Provence, 45–46
trocknen, 35
Wildkräuter, 29–30
Kräuter der Provence. *Siehe Herbes de Provence;* Kräuter
Küchengarten, 145–149
Kürbis. *Siehe auch* Zucchini
Gratin aus Sommerkürbis und neuen Kartoffeln, 166–167
Kürbiscremesuppe mit Fenchelaroma, 42
Kürbisgratin, 178–179
Kürbissuppe mit Frühlingszwiebeln und Gorgonzola, 176–177
Musquée de Provence, 178
Ravioli mit Kürbisfüllung und Walnusssauce, 260–262
Kürbisblüten
Kürbisblütenreis, 165
pflücken und öffnen, 165
Kürbissuppe mit Frühlingszwiebeln und Gorgonzola, 176–177

## L

La Garde-Freinet, 252
*La grande transhumance. Siehe* Transhumanz
La Motte, 191
Lämmer, 189. *Siehe auch* Schafe
Lammfleisch
Entbeinte Lammkeule vom Grill mit Kräutern der Provence, 46–47

Frühlingstopf mit Lamm und jungen Gemüsen, 160–161
Gratin aus Lammfleisch, weißen Bohnen und getrockneten Tomaten, 203–205
Lammkeule mit einer Kruste aus Kräutern der Provence, 45–46
Lammkoteletts mit Rosmarinsauce, 201–202
Lammragout mit frischen Erbsen, 205–206
Lauch
Frühlingstopf mit Lamm und jungen Gemüsen, 160–161
Lauchtarte mit getrockneten Morcheln, 112–113
Lavendel, 29, 33–34
Gebackene Feigen mit Honig und Lavendel, 54
Hähnchenbrust mit Honig-Lavendel-Glasur, 52
Lavendelhonig, 276
Le grand aïoli, 171–173
Linsen
Linsen-Möhren-Gemüse mit Speck, 181
Oliven-Linsen-Salat, 76
Sorten, 76
Löwenzahn, 38
Löwenzahnsalat mit Speckstreifen und hart gekochten Eiern, 38
Wildkräuter-Galettes, 41
Lure, 20, 252

## M

Majoran, 32–33
Mandeln
Crêpe-Päckchen mit getrockneten Früchten, Nüssen und Rum, 298–299
Eiscreme mit grünen Mandeln 266
Forelle mit gerösteten Mandeln, 264
grüne, 253
Grüner Salat mit Ziegenkäse und gerösteten Mandeln, 256
kulinarische Bedeutung, 253
Mandelbaisers, 265
Nougat noir, 306
Pfirsich-Nektarinen-Gratin, 300
Tapenade von grünen Oliven und Mandeln, 72
Mangold: Gedünstetes Blattgemüse mit schwarzen Oliven, 79
Manosque, 19, 277
*Marjolaine*, 32–33
Marmelade: Feigenmarmelade, 307
Maronen
Anbau, 252, 254
Blätterteigtaschen mit Maronencremefüllung, 269–270
*châtaigne,* 254
Endivien-Maronen-Salat mit Speckstreifen, 258
Fasan mit Maronen, Steinpilzen und Kohl, 228–229
kochen, 255
*marron,* 254
Ragout aus Schweinefleisch, Maronen und Winteräpfeln, 262–263
rösten, 254–255
*Marron,* 254
Maure, 252
Melonen
Anbau, 279–280
Charentais, 280
Melonensorbet, 301
Menüvorschläge, 9–12
*Millefleur*-Honig, 276
Möhren
Frühlingstopf mit Lamm und jungen Gemüsen, 160–161
Le grand aïoli, 171–173
Linsen-Möhren-Gemüse mit Speck, 181
Rosmarin-Pasta mit schwarzen Oliven und Möhren, 80
Montmeyan, 20
Morcheln, 91
Lauchtarte mit getrockneten Morcheln, 112–113
*Morue salée,* 224. *Siehe auch* Stockfisch
Moustiers-Ste.-Marie, 20, 33, 52, 90, 148, 189, 251

## N

Nektarinen: Pfirsich-Nektarinen-Gratin, 300
Nougat noir, 275, 306
Noyers-sur-Jabron, 252
Nüsse, 251–254. *Siehe auch* einzelne Sorten
Nyons, 20, 62

## O

Oliven
Anbau, 57
einlegen, 68
entbittern mit Holzasche, 67
entbittern mit Lauge, 66
entbittern mit Salz, 67
entbittern mit Wasser, 65–66
Ernte, 59–60, 61–62
Gedünstetes Blattgemüse mit schwarzen Oliven, 79
Gesprungene grüne Oliven, 65
Häppchen mit pikanter Leberpastete, 73
Hühnerragout mit schwarzen Oliven, 82–83
Kaninchenragout mit grünen Oliven, 83–84
konservieren, 60–61, 65–68
kulinarische Bedeutung, 58
Mit Tapenade gefüllte Hähnchenbrust, 81
nicht entbitterte, 68
Olivenbrot, 85–86
Oliven-Linsen-Salat, 76
Pfeffrige grüne Oliven mit Zitronenaroma, 69
Reissalat mit Tomaten und Oliven, 75

Rosmarin-Pasta mit schwarzen Oliven und Möhren, 80
Salat von Oliven, gerösteter roter Paprika und Aubergine, 77
Schwarze Würzoliven, 70
Schwarzviolette Oliven, 65–66
Schweinemedaillons mit grünen Oliven, 212
Sorten, 60–61
Tapenade von grünen Oliven und Mandeln, 72
Tapenade von schwarzen Oliven, 71
Olivenbrot, 85–86
Olivenöl
aromatisiertes, 64–65
Gebackene neue Kartoffeln mit Rosmarin und Salbei, 180
Güteklassen, 64
Herstellung, 61–63
Klassische Vinaigrette, 74
kulinarische Bedeutung, 57–58
Le grand aïoli, 171–173
Rinderrouladen mit Anchoïade, 246–247
Omelett mit Ziegenkäse und roter Paprika, 134–135
Orangen: Rosmarin-Orangen-Sorbet, 53
Oregano, 32–33

## P

Pain perdu mit Honigkruste, 290
Pancetta. *Siehe* Speck, luftgetrockneter durchwachsener
Paprika
Gratin aus Sommerkürbis, Paprika und neuen Kartoffeln, 166–167
Omelett mit Ziegenkäse und roter Paprika, 134–135
rösten, 150
Salat von Oliven, gerösteter roter Paprika und Aubergine, 77
Sandwiches mit Tapenade, gerösteter roter Paprika und Ziegenfrischkäse, 78
Parmesan
Artischockenpüree, 152
Cannelloni mit Daube-Füllung, 117–118
Daube vom Rind mit getrockneten Steinpilzen, 114–116
Fettuccine mit grünen Erbsen und rohem Schinken, 156–157
Flusskrebssauce für Pasta, 240–241
Frittierte Stockfischküchlein mit Tomaten-Coulis, 239
Pizza provenzalisch, 136–138
Pasta
Cannelloni mit Daube-Füllung, 117–118
Daube vom Rind mit getrockneten Steinpilzen, 114–116
Fettuccine mit grünen Erbsen und rohem Schinken, 156–157
Flusskrebssauce für Pasta, 240–241
Gebratene Ravioli mit Spinat-Knoblauch-Füllung, 158–159
Pasta mit Kirschtomaten und Ziegenfrischkäse, 138–139
Pasta mit Walnüssen und Gorgonzola, 259
Pfifferling-Pasta-Auflauf, 110–111
Ravioli mit Kürbisfüllung und Walnusssauce, 260–262
Rosmarin-Pasta mit schwarzen Oliven und Möhren, 80
Pâte de coing, 275, 282
Pâté maison, 196–197
Périgord, 91
Petersilie
Gegrillte Echte Reizker mit Knoblauch und Petersilie, 105
Petersiliensalat mit Zitronenvinaigrette, 40
Wildkräuter-Galettes, 41
Pfeffrige grüne Oliven mit Zitronenaroma, 69
Pfifferling-Pasta-Auflauf, 110–111
Pfirsiche
Anbau, 279
Pfirsich-Nektarinen-Gratin, 300
Polenta-Crêpes mit Pfirsichen und Ziegenfrischkäse, 139–140
Pilzcremesuppe, 106
Pilze. *Siehe auch* einzelne Pilzarten
Arten, 90–91
Cannelloni mit Daube-Füllung, 117–118
Daube vom Rind mit getrockneten Steinpilzen, 114–116
einlegen, 99
Fasan mit Maronen, Steinpilzen und Kohl, 228–229
Gegrillte Echte Reizker mit Knoblauch und Petersilie, 105
Hasen-Daube mit Teigdeckel, 230–232
Lauchtarte mit getrockneten Morcheln, 112–113
Pfifferling-Pasta-Auflauf, 110–111
Pilzcremesuppe, 106
Pilzfond, 100
putzen, 97–98
sammeln, Wildpilze, 89–91, 98
trocknen, 98
Waldpilzgratin, 107–109
Pilzfond, 100
Pizza provenzalisch, 136–138
Polenta
Gratin aus Sommerkürbis, Paprika und neuen Kartoffeln, 166–167
Polenta-Crêpes mit Pfirsichen und Ziegenfrischkäse, 139–140
Pontevès, 123
Portulak-Haselnuss-Salat mit Zitronenvinaigrette, 257
*Potager. Siehe* Küchengarten
Prosciutto. *Siehe* Schinken, luftgetrockneter roher

Pudding: Brotpudding mit kandierten Walnüssen, 267
Puffer: Apfel-Quitten-Puffer, 288
Puget-Théniers, 117

## Q

Quinson, 20, 147, 189, 222, 251, 278
Quitten
  Apfel-Quitten-Puffer, 288
  Gebackene Quitten mit Brät-Korinthen-Walnuss-Füllung, 287
  Honig-Quitten-Eiscreme, 302–303
  kulinarische Bedeutung, 281–282

## R

Ragout
  Hühnerragout mit schwarzen Oliven, 82–83
  Lammragout mit frischen Erbsen, 205–206
  Ragout aus Schweinefleisch, Maronen und Winteräpfeln, 262–263
  Ragout von grünen Bohnen und Kartoffeln, 163
Ravioli
  Gebratene Ravioli mit Spinat-Knoblauch-Füllung, 158–159
  Ravioli mit Kürbisfüllung und Walnusssauce, 260–262
Redortières, 20
Regionale Produkte, 17, 19
Régusse, 251
Reis
  Kürbisblütenreis, 165
  Reissalat mit Tomate und Oliven, 75
Revest, 277
Rians, 148
Riez, 20, 189, 218, 276
Rinder
  Kuhmilchkäse, 128
  Zucht, 124, 189
Rindfleisch
  Daube vom Rind mit getrockneten Steinpilzen, 114–116
  Cannelloni mit Daube-Füllung, 117–118
  Rinderrouladen mit Anchoïade, 246–247
Rosmarin, 32
  Gebackene neue Kartoffeln mit Rosmarin und Salbei, 180
  Gegrillte Forelle mit Rosmarin, 238
  Lamm mit Rosmarinsauce, 201–202
  Rosmarin-Orangen-Sorbet, 53
  Rosmarin-Pasta mit schwarzen Oliven und Möhren, 80
Rote Bete: Le grand aïoli, 171–173
*Rôti de porc,* 195
Roulade. *Siehe* Speck, luftgetrockneter durchwachsener

## S

St. André-les-Alpes, 252
St. Benoit, 252
Ste.-Croix, 20, 122, 222
St. Julien-le-Montagnier, 122
St. Martin-de-Brome, 33
St.-Tropez, 252
Salat von wildem Spargel, 154
Salate
  Birnen-Trauben-Salat mit Ziegenhartkäse, 132
  Blattsalat mit Trüffelöldressing, 104
  Chicorée und Feldsalat, 175–176
  Endivien-Maronen-Salat mit Speckstreifen, 258
  Fenchelsalat mit Zitronenvinaigrette, schwarzem Pfeffer und Ziegenhartkäse, 130–131
  Flusskrebse auf Blattsalaten mit Vinaigrette und Aïoli, 242–243
  Friséesalat mit gebratenem Ziegenkäse, 129–130
  Grüner Salat mit Ziegenkäse und gerösteten Mandeln, 256–257
  Kichererbsensalat mit Basilikum, 39
  Krautsalat mit rohem Schinken, 174
  Löwenzahnsalat mit Speckstreifen und hart gekochten Eiern, 38
  Oliven-Linsen-Salat, 76
  Petersiliensalat mit Zitronenvinaigrette, 40
  Portulak-Haselnuss-Salat mit Zitronenvinaigrette, 257
  Reissalat mit Tomate und Oliven, 75
  Salat von Oliven, gerösteter roter Paprika und Aubergine, 77
  Salat von wildem Spargel, 154
  Warmer Kartoffel-Trüffel-Salat, 101
  Wildkräutersalat, 37
Salbei, 33
  Gebackene neue Kartoffeln mit Rosmarin und Salbei, 180
  Gegrillte Schweinekoteletts mit Salbei, 49
  Salbei-Kaninchen mit Kartoffeln, 48
Salernes, 62
Salz: In Salz gebratene Entenschenkel mit Trauben, 285–286
Sandwiches mit Tapenade, gerösteter roter Paprika und Ziegenkäse, 78
Saucen
  Flusskrebssauce für Pasta, 240–241
  Tomaten-Coulis, 151
Schafe, 124, 187–189. *Siehe auch* Lämmer; Lammfleisch
Schafskäse
  Gemischte Platte mit Tomaten, gehackten Zwiebeln und Schafskäse, 131

Kategorien, 128
Schinken, luftgetrockneter roher
Fettuccine mit grünen Erbsen und rohem Schinken, 156–157
Herstellung von *jambon cru,* 193–194
Krautsalat mit rohem Schinken, 174
Schnecken
sammeln, 220–221
Schnecken auf provenzalische Art, 247–248
Zucht und Vorbereitung, 225
Schwarze Würzoliven, 70
Schwarzviolette Oliven, 65
Schweine. *Siehe auch* Schweinefleisch
kulinarische Bedeutung, 194–195
Zucht, 187–188, 193–195
Schweinefleisch. *Siehe auch* Schinken; Speck; Wurst
Boudin noir, 199–201
Caillette, 198–199
Gegrillte Schweinekoteletts mit Salbei, 49
kulinarische Bedeutung, 194–195
Pâté maison, 196–197
Ragout aus Schweinefleisch, Maronen und Winteräpfeln, 262–263
Schweinebraten mit Rotweinglasur, 210–211
Schweinekoteletts vom Grill mit Lavendel, Thymian und Rosmarin, 50
Schweinemedaillons mit grünen Oliven, 212
Würziges Ragout vom Schwein, 208–209
Seen, 221–222
Sillans-la-Cascade, 222
Sisteron, 19–20, 45, 189, 215, 252, 271, 278
Sommergemüse mit Brot-Kräuter-Füllung, 168–169
Sorbet
Melonensorbet, 301
Rosmarin-Orangen-Sorbet, 53
Spargel
Frühlingstopf mit Lamm und jungen Gemüsen, 160–161
Salat von wildem Spargel, 154
wilder, Suche nach, 154
Speck, luftgetrockneter durchwachsener
Chicorée und Feldsalat, 175–176
Daube vom Rind mit getrockneten Steinpilzen, 114–116
Daube vom Wildschwein, 233–235
Endivien-Maronen-Salat mit Speckstreifen, 258
Gegrillte Feigen mit Hühnerleber und Speck, 284
Hasen-Daube mit Teigdeckel, 230–232
Herstellung, 194
Linsen-Möhren-Gemüse mit Speck, 181
Löwenzahnsalat mit Speckstreifen und hart gekochten Eiern, 38
Potée aus Kohl, Kartoffeln, Rüben und Würstchen, 183–184
Ragout aus Schweinefleisch, Maronen und Winteräpfeln, 262–263
Ragout von grünen Bohnen und Kartoffeln, 163
Salbei-Kaninchen mit Kartoffeln, 48
Spinat
Blattsalat mit Trüffelöldressing, 104
Cannelloni mit Daube-Füllung, 117–118
Frühlingstopf mit Lamm und jungen Gemüsen, 160–161
Gebratene Ravioli mit Spinat-Knoblauch-Füllung, 158–159
Gedünstetes Blattgemüse mit schwarzen Oliven, 79
Steckrüben
Frühlingstopf mit Lamm und jungen Gemüsen, 160–161
Potée aus Kohl, Kartoffeln, Rüben und Würstchen, 183–184
Steinpilze, 91
Daube vom Rind mit getrockneten Steinpilzen, 114–116
Fasan mit Maronen, Steinpilzen und Kohl, 228–229
Vorkommen, 90
Stockfisch
Dicke Bohnen und Stockfisch in Knoblauchcreme, 155–156
entsalzen, 224
Frittierte Stockfischküchlein mit Tomaten-Coulis, 239
kulinarische Bedeutung, 223–224
Le grand aïoli, 171–173
pochieren, 225
Stockfisch-Kartoffel-Terrine, 244–245
Suppen
Fischsuppe »Haute Provence«, 236–237
Kürbiscremesuppe mit Fenchelaroma, 42
Kürbissuppe mit Frühlingszwiebeln und Gorgonzola, 176–177
Pilzcremesuppe, 106

## T

Tapenade
Mit Tapenade gefüllte Hähnchenbrust, 81
Sandwiches mit Tapenade, gerösteter roter Paprika und Ziegenfrischkäse, 78

Tapenade von grünen Oliven und Mandeln, 72
Tapenade von schwarzen Oliven, 71
Tarte Tatin mit marinierten Birnen, 294–295
Tartes
Blätterteig-Tarte mit gemischten Früchten, 296
Lauchtarte mit getrockneten Morcheln, 112–113
Tarte Tatin mit marinierten Birnen, 294–295
Tavernes, 62
Thymian, 31
Brathuhn mit Thymianfüllung, 51
Tomaten
Auberginen-Ziegenkäse-Röllchen mit Tomaten-Concassé, 133–134
Fischsuppe »Haute Provence«, 236–237
Frittierte Stockfischküchlein mit Tomaten-Coulis, 239
Gemischte Platte mit Tomaten, gehackten Zwiebeln und Schafskäse, 131
Gratin aus Lammfleisch, weißen Bohnen und getrockneten Tomaten, 203–205
Grüner Salat mit Ziegenkäse und gerösteten Mandeln, 256
Hühnerragout mit schwarzen Oliven, 82–83
Kaninchenragout mit grünen Oliven, 83–84
Pasta mit Kirschtomaten und Ziegenfrischkäse, 138–139
Pizza provenzalisch, 136–138
Reissalat mit Tomate und Oliven, 75
Rinderroulade mit Anchoïade, 246–247
Schnecken auf provenzalische Art, 247–248
Sommergemüse mit Brot-Kräuter-Füllung, 168–169
Tomaten auf provenzalische Art, 162
Tomaten-Coulis, 151
Transhumanz, 188–189
Trauben
Birnen-Trauben-Salat mit Ziegenhartkäse, 132
einlegen, in Alkohol, 283
In Salz gebratene Entenschenkel mit Trauben, 285–286
kulinarische Bedeutung, 281
trocknen, 282–283
Trüffeln, 91–97
Blattsalat mit Trüffelöldressing, 104
hobeln, 98
Kauf, 96–97
putzen, 97
suchen, 89, 92–94
Trüffel-Brouillade, 102–103
Trüffelöl, 104
Warmer Kartoffel-Trüffel-Salat, 101
*Truite aux amandes,* 253, 264

## U

Ubaye, 189, 215

## V

Valensole, 20, 29, 90, 251, 276, 278
Vallongue, Ravin de, 278
Var, 19, 20, 147, 252
Vaucluse, 19, 29
Verdon, 19, 20, 222
Vin de noix, 253–254, 271–272
Vinaigrette, Klassische, 74

## W

Wacholder, 32
Gegrillte Wacholder-Wachteln, 226–227
Wachteln
Gegrillte Wacholder-Wachteln, 226–227
Gegrillte Wachteln im Wildkräuterbett, 43–44
Waldpilzgratin, 107–109
Walnüsse
Anbau, 251–252
Brotpudding mit kandierten Walnüssen, 267
Chicorée und Feldsalat, 175–176
Gebackene Quitten mit Brät-Korinthen-Walnuss-Füllung, 287
grüne, 252, 253, 271
Kandierte Walnüsse, 268
kulinarische Bedeutung, 253
Pasta mit Walnüssen und Gorgonzola, 259
Pfirsich-Nektarinen-Gratin, 300
Ravioli mit Kürbisfüllung und Walnusssauce, 260–262
Sautierte Zwetschgen mit Walnüssen, 270
Vin de noix, 253–254, 271–272
Warmer Kartoffel-Trüffel-Salat, 101
Warmes Feigendessert mit Ziegenfrischkäse, 141–142
Wein
Vin de noix, 253–254, 271–272
*Vins maison,* 271
Weiße Bohnen: Gratin aus Lammfleisch, weißen Bohnen und getrockneten Tomaten, 203–205
Wildschweine
Alter, 233
Daube vom Wildschwein, 233–235
Jagd, 215–218
Winterbohnenkraut, 31–32
Würziges Ragout vom Schwein, 208–209
Wurst
Boudin noir, 199–201

Häppchen mit pikanter Leberpastete, 73
Kichererbsen aus neuer Ernte mit Knoblauchwurst, 182–183
Potée aus Kohl, Kartoffeln, Rüben und Würstchen, 183–184

## Z

Zickleinfleisch. *Siehe auch* Ziegen
traditionelle Zubereitung von Zicklein, 192
Zicklein mit Kartoffeln und Knoblauch, 207–208
Ziegen. *Siehe auch* Zickleinfleisch
Zucht, 124, 187–189, 190–192
Ziegenkäse
Auberginen-Ziegenkäse-Röllchen mit Tomaten-Concassé, 133–134
Banon, 125–126
Birnen-Trauben-Salat mit Ziegenhartkäse, 132
Fenchelsalat mit Zitronenvinaigrette, schwarzem Pfeffer und Ziegenhartkäse, 130–131
Friséesalat mit gebratenem Ziegenkäse, 129–130
Grüner Salat mit Ziegenkäse und gerösteten Mandeln, 256
Kategorien, 127
Lammkoteletts mit Rosmarinsauce, 201–202
Lauchtarte mit getrockneten Morcheln, 112–113
Omelett mit Ziegenkäse und roter Paprika, 134–135
Pasta mit Kirschtomaten und Ziegenfrischkäse, 138–139
Pfifferling-Pasta-Auflauf, 110–111
Pizza provenzalisch, 136–138
Polenta-Crêpes mit Pfirsichen und Ziegenfrischkäse, 139–140
Sandwiches mit Tapenade, gerösteter roter Paprika und Ziegenfrischkäse, 78
Sauermilchkäse, 127
Warmes Feigendessert mit Ziegenfrischkäse, 141–142
Zitronen
Fenchelsalat mit Zitronenvinaigrette, schwarzem Pfeffer und Ziegenhartkäse, 130–131
Petersiliensalat mit Zitronenvinaigrette, 40
Pfeffrige grüne Oliven mit Zitronenaroma, 69
Portulak-Haselnuss-Salat mit Zitronenvinaigrette, 257
Zucchini. *Siehe auch* Kürbis
Gratin aus Sommerkürbis, Paprika und neuen Kartoffeln, 166–167
Sommergemüse mit Brot-Kräuter-Füllung, 168–169
Zucchini-Fricot, 164
Zwetschgen
Crêpe-Päckchen mit getrockneten Früchten, Nüssen und Rum, 298–299
Sautierte Zwetschgen mit Walnüssen, 270
trocknen, 282–283
Zwiebeln
Boudin noir, 199–201
Gemischte Platte mit Tomaten, gehackten Zwiebeln und Schafskäse, 131